El Yllmo. Sr. D. Fr. Diego de Landa, natural de Cifuentes, España, Obispo de Yucatán. Siendo Guardián de este Convento de S. Antonio, 1553, fabricó el primitivo claustro y esta Yglesia y Santuario de la Inmaculada Concepción Nra. Sra. de Izamal, cuya milagrosa imagen inauguró trayéndola de Guatemala, costeada por el Pueblo Izamalense, año de 1559. Trajo a la vez otra igual que dejó en Mérida y habiéndose aburado la una después de 310 años en el incendio de esta Yglesia el 17 ... la otra.

Diego de Landa (1524–1579)

Der Franziskanermönch Diego de Landa, der etwa dreißig Jahre auf der mexikanischen Halbinsel Yucatán lebte, verfaßte 1566 diese Chronik, in der er die Sitten und Bräuche der Maya schildert, ihre Lebensweise in Familie und Gemeinschaft, ihre Religion, Ackerbau- und Jagdmethoden und ihre Kriegführung. Er erläutert Schrift und Zeitrechnung der Maya, beschreibt die Bauwerke, berichtet von der Besiedlung der Halbinsel durch die Ureinwohner nach deren Angaben und erzählt von der Ankunft der Spanier, ihren Ansichten und Zielen, aber auch von ihren Grausamkeiten. Als eifriger Missionar und erster Bischof der Region war Diego de Landa maßgeblich an der Zerstörung der Maya-Kultur beteiligt. Er ließ die ihren Glauben bewahrenden Indios verfolgen und in den Tod treiben, ihre Tempel schleifen und ihre Schriften verbrennen. Er beschrieb, was er zerstörte, ohne Achtung und Verständnis für die andere Kultur. Dennoch ist sein Bericht ein wichtiger Schlüssel zur Erforschung der Maya-Kultur, eine Möglichkeit, „andere Welten zu erkunden, wenn die bloße Möglichkeit des Exotischen in unserer eigenen Welt endgültig verschwunden ist". (C. Rincón)

# Diego de Landa

# BERICHT AUS YUCATÁN

Aus dem Spanischen von Ulrich Kunzmann

RECLAM VERLAG LEIPZIG

Herausgegeben und mit einem Nachwort
von Carlos Rincón

Mit einem Aufsatz von Linda Schele und Mary Ellen Miller

Mit 16 farbigen und zahlreichen schwarzweißen Abbildungen sowie einer Karte

ISBN 3-379-00528-2

© Reclam Verlag Leipzig 1990 (für diese Ausgabe)

Reclam-Bibliothek Band 1347
2. Auflage, 1993
Reihengestaltung: Hans Peter Willberg
Umschlaggestaltung: Petra Lurette Oberberg und Ute Puder unter
Verwendung einer Schrift aus dem „Codex Dresdensis" (Sächsische
Landesbibliothek, Abteilung Deutsche Fotothek, Dresden)
Printed in Germany
Druck und Binden: Offizin Andersen Nexö Leipzig GmbH
Gesetzt aus Garamond-Antiqua

# Fray* Diego de Landa
## MDLXVI

### KAPITEL I
### Das Land Yucatán[1]

Yucatán ist keine Insel und auch keine Landspitze, wie einige gemeint haben, sondern Festland; und man hat sich durch das Kap Cotoch** täuschen lassen, das vom Meer umschlossen ist, bevor dieses in die Bahía*** de la Ascensión zum Golfo Dulce hin einströmt, wie auch durch die Landspitze, die an dieser anderen Seite, vor Campeche nach Mexiko hin, von La Desconocida[†] gebildet wird, oder durch die ausgedehnten Lagunen, die das Meer entstehen läßt, das in Puerto Real und Dos Bocas einströmt.

Und es ist ein sehr flaches Land, das nicht von Gebirgsketten durchzogen wird, weshalb man es von den Schiffen aus erst entdeckt, sobald man dem Ufer ganz nahe ist, außer zwischen Campeche und Champotón, wo man ein paar kleine Bergketten und eine zu ihnen gehörende Felskuppe sieht, die man den Morro de los Diablos[††] nennt.

Von Veracruz aus zum Kap Cotoch liegt es unterhalb des zwanzigsten Breitengrades und an der Einfahrt von Puerto Real über dem dreiundzwanzigsten; und von einem Ende zum anderen hat es in gerader Linie eine Länge von gut einhundertdreißig Meilen.

Seine Küste ist seicht, und darum fahren die großen Schiffe in einiger Entfernung vom Land.

Und die Küste ist mit schroffen Klippen und Schieferfelsen stark verunreinigt, die den Schiffstauen großen Schaden zufügen und in viel Schlick eingebettet sind, weshalb die Schiffe, selbst wenn sie an den Strand laufen, wenig Leute verlieren.

Die Ebbe hat eine solche Stärke, besonders in der Bucht

---

* „Bruder": Titel der Mönche einiger Orden.
** Catoche.
*** Bucht.
† „Die Unbekannte": Kap an der Küste von Campeche.
†† „Felskuppe der Teufel".

von Campeche, daß das Meer an einigen Stellen oftmals eine halbe Meile weit austrocknet.

Bei solchen kräftigen Ebben bleiben zwischen den Algen, im Schlick und in den Wasserlachen zahlreiche kleine Fische zurück, von denen sich viele Leute ernähren.

Von einer Seite zur anderen wird Yucatán von einer kleinen Bergkette durchzogen, die bei Champotón beginnt und bis zum Städtchen Salamanca reicht, das an dem Champotón entgegengesetzten Ende liegt.

Diese Bergkette[2] trennt Yucatán in zwei Teile; und der südliche, nach Lacandón und Taiza zu liegende Teil ist unbewohnt, da Wasser fehlt, das nur vorkommt, wenn es regnet. Der andere, nördliche Teil ist bewohnt.

Es ist ein sehr heißes Land, und die Sonne brennt stark, obwohl es nicht an frischen Winden fehlt, etwa einer Brise oder dem Ostwind, der dort sehr häufig auftritt, und dem Seewind, der nachmittags weht.

In diesem Land leben die Leute sehr lange, und man hat einen Hundertvierzigjährigen gefunden.

Der Winter beginnt am Tag des heiligen Franziskus und dauert bis Ende März, denn in dieser Zeit wehen die Nordwinde und führen zu heftigen Erkältungen und Fieberanfällen, da die Leute nur mangelhaft bekleidet sind.

Gegen Ende Januar und im Februar gibt es eine kurze warme Periode mit kräftigem Sonnenschein, und in dieser Zeit regnet es nur in den ersten Tagen nach Neumond.

Die Regenfälle beginnen im April und gehen bis Ende September weiter, und in dieser Zeit werden dort alle Feldfrüchte ausgesät und reif, obwohl es immerzu regnet, und um den Tag des heiligen Franziskus säen sie eine gewisse Maissorte, die bald geerntet wird.

Diese Provinz heißt in der Sprache der Indios *Ulumil cutz yetelceh,* das heißt „Land der Truthähne und Hirsche"; und sie haben sie auch *Petén* genannt, das heißt „Insel", denn sie ließen sich durch die erwähnten Buchten und Baien täuschen.

Als Francisco Hernández de Córdoba zu diesem Land kam und es auf der Landspitze betrat, die er Kap *Cotoch* nannte, entdeckte er ein paar indianische Fischer, und er fragte sie, welches Land das sei, worauf sie ihm antworteten: *Cotoch,* das heißt „unsere Häuser und unsere Heimat"; und darum gab man der Landspitze diesen Namen. Und da er sie weiter durch Zeichen fragte, warum das Land ihnen gehöre, antworteten sie: *ciuthan*, das heißt „man sagt es"; und die Spanier nannten es „Yucatán". Dies hat man von Blas Hernández erfahren, einem der alten Konquistadoren, der an der ersten Überfahrt mit dem Adelantado* teilnahm.

Yucatán hat im südlichen Teil die Flüsse von Taiza und das Lacandón-Gebirge; südwestlich von Yucatán liegt die Provinz Chiapa, und um zu ihr zu gelangen, mußte man die vier Flüsse überqueren, die sich aus dem Gebirge ergießen und die zusammen mit anderen den San Pedro y San Pablo bilden, einen Fluß, den Grijalva in Tabasco entdeckt hat; im Westen liegen Xicalango und Tabasco, die zu ein und derselben Provinz gehören.

Zwischen dieser Provinz Tabasco und Yucatán befinden sich die beiden Durchlässe, die sich zum Meer öffnen und dessen größerer eine gute Meile breit ist, während der andere sich nicht allzuweit ausdehnt.

Das Meer strömt mit solchem Ungestüm in diese Durchlässe ein, daß sich eine große Lagune bildet, in der es von Fischen aller Art wimmelt und wo es derart viele Eilande gibt, daß die Indios sich Zeichen an den Bäumen machen, damit sie den Weg finden, den sie zwischen Tabasco und Yucatán hin- oder herfahren können; und die Küsten und Sandstrände dieser Inseln sind voll von so mannigfaltigen Seevögeln, daß es ein erstaunlicher und schöner Anblick ist; es gibt auch unendlich viel Wildbret, Hirsche, Kaninchen, die Schweine jenes Landes und Affen, die in Yucatán nicht vorkommen.

Es gibt so viele Leguane, daß man sich hierüber verwundern kann; und auf einem (der Eilande) liegt eine Ortschaft, die sie *Tixchel* nennen.

Nördlich von Yucatán befindet sich die Insel Kuba, sechzig Meilen entfernt liegt Havanna gerade vor ihm und etwas weiter eine kleine kubanische Insel, die man „Isla de Pinos" nennt.

Östlich von ihm liegt Honduras, und zwischen Honduras und Yucatán gibt es eine sehr große Meeresbucht, die Grijalva „Bahía de la Ascensión" genannt hat und die so viele

---

* Statthalter.

**Siedlungsgebiet der Maya**

Ag.    Aguateca
B.     Benque Viejo
D P.   Dos Pilas
Kab.   Kabah
L T.   Los Tapiales
M.     Mixco Viejo
N.     Naranjo
Na.    Naachtun
Nk.    Nakum
Taba.  Tabasqueno
Xcal.  Xcalumkin

GOLF VON MEXIKO

Jaina
Campeche

Xicalango
Comalcalco    Jonuta        El Tigre
Villahermosa ⊙  **TABASCO**           Morales
**VERACRUZ**
Tortuguero ●
Palenque ●        Chinikiha
Chiapa de Corzo    Piedras Negras
**OAXACA**          Tonina ●       Yaxchilan
Tuxtla Gutiérrez ⊙          Bonampak
Xoc ●
Altar de Sacrificios
**CHIAPAS**   Chinkultic ●
Lagartero ●
Chama ●
Nebaj ●
STILLER OZEAN   Zaculeu ●
Utatlan Zacualpa
N          Izapa ●   L T.  Iximche  M ●
Altamira ●  Salcaja ●
Ocos ●     Abaj      Kaminaljuyu ● ⊙
Salinas la Blanca   Takalik    El Baul

0   50   100  150  200  250  300 km

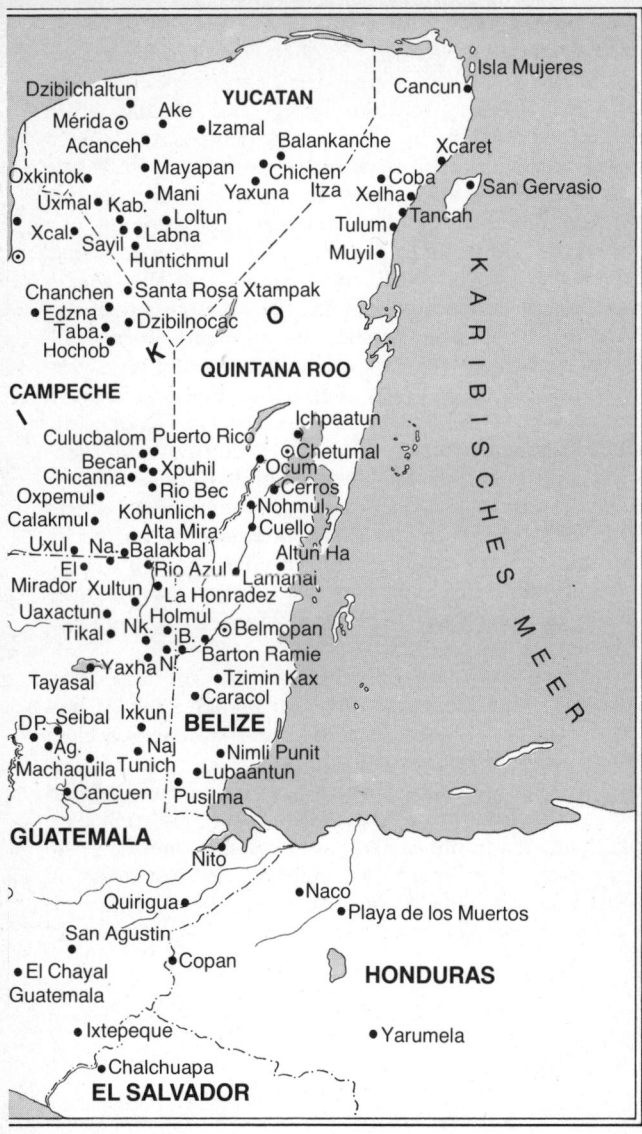

Dzibilchaltun
Mérida ⊙
Ake
Acanceh
Oxkintok
Uxmal
Kab.
Mani
Xcal
Sayil
Labna
Loltun
Huntichmul
Chanchen
Santa Rosa Xtampak
Edzna
Taba.
Dzibilnocac
Hochob

YUCATAN
Izamal
Mayapan
Yaxuna
Balankanche
Chichen
Itza
Xelha
Cancun
Isla Mujeres
Xcaret
Coba
San Gervasio
Tulum
Tancah
Muyil

O

K

CAMPECHE
QUINTANA ROO

Culucbalom
Becan
Chicanna
Oxpemul
Calakmul
Uxul
Na.
El
Mirador
Xultun
Uaxactun
Tikal
Nk.
Tayasal
Yaxha
DP.
Seibal
Ag.
Machaquila
Tunich
Cancuen
Puerto Rico
Xpuhil
Rio Bec
Kohunlich
Alta Mira
Balakbal
Rio Azul
Holmul
N!
Ixkun
Naj
Pusilma
Ichpaatun
Chetumal
Ocum
Cerros
Nohmul
Cuello
Altun Ha
Lamanai
La Honradez
B.
Belmopan
Barton Ramie
Tzimin Kax
Caracol
BELIZE
Nimli Punit
Lubaantun

KARIBISCHES MEER

GUATEMALA
Nito
Quirigua
San Agustin
El Chayal
Guatemala
Copan
Ixtepeque
Chalchuapa
EL SALVADOR
Naco
Playa de los Muertos
HONDURAS
Yarumela

Eilande enthält, daß Schiffe an ihnen stranden, insbesondere die Handelsschiffe von Yucatán nach Honduras; vor ungefähr fünfzehn Jahren ging eine Barke mit vielen Menschen und Hausgerätschaften unter, und als das Schiff scheiterte, ertranken alle außer einem (gewissen) Majuelas und weiteren vier, die sich an ein großes Stück des Mastbaums klammerten und solcherart drei oder vier Tage umhertrieben, ohne daß sie ein Eiland erreichen konnten, und da ihnen die Kräfte ausgingen, ertranken alle außer Majuelas, der halbtot zu einem Eiland gelangte und sich wieder erholte, indem er kleine Schnecken und Muscheln aß; von der kleinen Insel zum Festland setzte er auf einem Floß über, das er sich aus Astwerk gebaut hatte, so gut er es vermochte; und als er das Festland erreicht hatte, suchte er am Strand nach etwas Eßbarem und entdeckte eine Krabbe, die ihm den Daumen am ersten Gelenk abschnitt, was ihm sehr weh tat. Und er suchte aufs Geratewohl den Weg nach dem Städtchen Salamanca, indem er einen dichten Wald durchstreifte; beim Anbruch der Nacht kletterte er auf einen Baum, und von dort aus erblickte er einen großen Tiger*, der gerade eine Hirschkuh belauerte; und er sah, wie der Tiger sie tötete, und am (folgenden) Morgen aß er von den Überresten.

Yucatán hat etwas unterhalb und gegenüber von Kap *Cotoch* bis *Cuzmil*** eine Meerenge, die fünf Meilen breit ist und eine sehr starke Strömung hat; das Meer läßt sie zwischen dem Kap und der Insel entstehen.

*Cuzmil* ist eine fünfzehn Meilen lange und fünf Meilen breite Insel, auf der nur wenige Indios leben, und sie haben Sprache und Sitten mit denen von Yucatán gemeinsam; sie liegt auf dem zwanzigsten Grad nördlich des Äquators.

Die Isla de las Mujeres*** liegt dreizehn Meilen unterhalb von Kap *Cotoch* und zwei Landmeilen gegenüber von *Ekab*.

* Jaguar.
** Cozumel.
*** „Fraueninsel".

## KAPITEL II

## Ankunft der Spanier

Die ersten Spanier, die nach Yucatán kamen, waren, wie erzählt wird, Gerónimo de Aguilar[3], der aus Écija stammte, und seine Gefährten, die im Jahre 1511, als El Darién von den Zwistigkeiten zwischen Diego de Nicuesa[4] und Vasco Núñez de Balboa verwüstet wurde, sich Valdivia anschlossen, der in einer Karavelle nach Santo Domingo fuhr, um dem Admiral und dem Gouverneur über die Vorfälle zu berichten und zwanzigtausend Dukaten für den König zu überbringen; und als diese Karavelle nach Jamaika kam, geriet sie in die Untiefen, die man „Bajos de Vívoras"* nennt, wo sie unterging; nur zwanzig retteten sich, sie stiegen mit Valdivia in ein Boot, das ein paar notdürftige Ruder und keine Segel hatte; und ohne jede Nahrung ruderten sie dreizehn Tage über das Meer. Nachdem beinahe die Hälfte verhungert war, gelangten sie zur Küste Yucatáns, zu einer Provinz, die man „La Maya" nennt und nach der die Sprache Yucatáns *Mayathan* heißt, das bedeutet: *die Maya-Sprache.*

Diese armen Leute gerieten in die Gewalt eines bösen Kaziken, der Valdivia und weitere vier seinen Götzen opferte, und hierauf bewirtete er die Seinen (mit) deren (Fleisch); Aguilar, Guerrero und fünf oder sechs andere ließ er am Leben, um sie zu mästen; diese entkamen aus der Gefangenschaft und flohen in ein Waldgebiet. Und sie gerieten zu einem anderen Häuptling, der mit dem ersten verfeindet und barmherziger war und sich ihrer als Sklaven bediente; der Nachfolger dieses Häuptlings behandelte sie mit großer Freundlichkeit, doch aus Herzeleid starben sie alle, nur Gerónimo de Aguilar und Gonzalo Guerrero blieben übrig, und von ihnen war Aguilar ein guter Christ; er hatte ein Stundenbuch, aus dem er sich über die kirchlichen Festtage unterrichtete. Und dieser Mann wurde im Jahre 1519 durch die Ankunft des Marqués Hernando Cortés gerettet; Guerrero ging, da er die einheimische Sprache verstand, nach *Chectemal*, welches das Salamanca von Yucatán ist, und dort nahm ihn ein Häuptling auf, der *Nachancán* hieß; er über-

* „Vipern-Sandbänke".

trug ihm die Kriegsangelegenheiten, was Guerrero sehr gut erledigte, denn mehrmals besiegte er die Feinde seines Herrn und lehrte die Indios den Kampf, indem er ihnen zeigte, (wie) man Schanzen und Bollwerke anlegt; dadurch und weil er sich wie ein Indio benahm, erwarb er großes Ansehen, und sie verheirateten ihn mit einer sehr vornehmen Frau, mit der er Kinder hatte; und deshalb versuchte er niemals, sich zu retten, wie Aguilar es getan hatte, vielmehr schnitt er sich Zeichnungen in die Haut, ließ sich das Haar wachsen und durchbohrte sich die Ohren, damit er Ohrringe wie die Indios tragen konnte, und man darf glauben, daß er wie sie zum Götzendiener wurde.

In der Fastenzeit des Jahres 1517 segelte Francisco Hernández de Córdoba[5] mit drei Schiffen von Santiago de Cuba ab, um Sklaven für die Bergwerke einzuhandeln, da die Arbeitskräfte in Kuba allmählich knapp wurden. Andere sagen, er sei ausgefahren, um Land zu entdecken. Als Steuermann nahm er Alaminos mit, und er kam zur Isla de las Mujeres; er gab ihr diesen Namen wegen der Götzenbilder, die er dort fand und die Darstellungen der Göttinnen jenes Landes waren, wie etwa *Aixchel, Ixchebeliax, Ixbunic* und *Ixbunieta*; sie waren von der Lendengegend an bekleidet und trugen die Brüste bedeckt, wie es bei den Indias üblich ist; das Gebäude war aus Stein, was sie in Erstaunen setzte; und sie fanden einige goldene Gegenstände, die sie mitnahmen. Dann kamen sie zum Kap *Cotoch*; von dort segelten sie weiter an der Küste entlang bis zur Bucht von Campeche, wo sie am Sonntag des Lazarus* das Land betraten, und darum wurde sie von ihnen „Lázaro" genannt. Und der dortige Häuptling empfing sie freundlich, während die Indios beim Anblick der Spanier erschraken und deren Bart und Körper betasteten.

Bei Campeche entdeckten sie ein Bauwerk im Meer, das sich in Landnähe befand, ganz quadratisch und mit Stufen bedeckt war; und an seiner Spitze stand das Bild eines Götzen, dem zwei wilde Tiere die Weichteile zerfraßen, und eine lange und dicke Schlange aus Stein schluckte dort einen Löwen hinunter; die Tiere waren ganz mit dem Blut der Opfer beschmiert.

---

* Der fünfte Sonntag in der Fastenzeit: 22. März.

In Campeche hörten sie zum ersten Mal, es gebe in der Nähe einen großen Ort; damit war Champotón gemeint. Als sie dort angekommen waren, erfuhren sie, daß sein Häuptling den Namen *Mochcouoh* hatte, dies war ein kampflustiger Mann, der seine Leute gegen die Spanier anrücken ließ, was Francisco Hernández bekümmerte, denn er sah voraus, welches Ende das nehmen würde; und damit er sich nicht mutlos zeigte, ließ er seine Männer auch in Schlachtordnung aufstellen und die Schiffsgeschütze abfeuern; und obwohl der Klang, der Rauch und das Feuer der Schüsse den Indios neu waren, griffen sie doch weiter unter großem Geschrei an; und die Spanier wehrten sich, indem sie entsetzliche Wunden schlugen und viele töteten. Doch der Häuptling spornte (die Indios) derart an, daß sie die Spanier zum Rückzug zwangen und zwanzig töteten, fünfzig verwundeten und zwei lebend gefangennahmen, die sie danach opferten. Francisco Hernández trug dreiunddreißig Wunden davon, und darum fuhr er traurig nach Kuba zurück, wo er öffentlich bekanntgab, das Land sei sehr gut und reich, was er mit dem Gold begründete, das er auf der Isla de las Mujeres gefunden hatte.

Diese Nachrichten versetzten Diego Velázquez, den Gouverneur Kubas, und viele andere in Aufregung, und er schickte seinen Neffen Juan de Grijalva mit vier Schiffen und zweihundert Mann aus;[6] mit ihm fuhr Francisco de Montejo, dem eines von den Schiffen gehörte; sie liefen am ersten Mai 1518 aus.

Sie nahmen wieder Alaminos[7] als Steuermann mit und kamen zur Insel *Cuzmil*, und der Steuermann erblickte von ihr aus Yucatán; da er Yucatán bei der vorigen Fahrt mit Francisco Hernández nach rechts umsegelt hatte, wollte er es umkreisen, (um festzustellen,) ob es eine Insel sei, und er wandte sich nach links und segelte durch die Bucht weiter, die sie „Bahía de la Ascensión"* nannten, weil sie an diesem Tag in sie eingefahren waren; und sie segelten die ganze Küste entlang, bis sie abermals nach Champotón kamen, wo ihnen, als sie Wasser geholt hatten, die Indios einen Mann töteten und fünfzig verwundeten, darunter auch Grijalva, den sie mit zwei Pfeilschüssen trafen und ihm anderthalb

* „Himmelfahrtsbucht".

13

Zähne herausbrachen. Und darum fuhren sie weiter und nannten diesen Hafen „El Puerto de la Mala Pelea"*; und während dieser Fahrt entdeckten sie Neuspanien, Pánuco und Tabasco;[8] hierfür brauchten sie fünf Monate, und in Champotón wollten sie an Land gehen, doch die Indios verwehrten es ihnen mit so wütendem Ungestüm, daß sie mit ihren Kanus bis zu den Karavellen vordrangen und sie mit Pfeilen beschossen; darum segelten die Spanier ab und ließen die Indios hinter sich zurück.

Als Grijalva von seiner Entdeckungs- und Handelsreise nach Tabasco und Ulúa zurückkehrte, befand sich der große Hauptmann Hernando Cortés in Kuba, und da er von einem so großen Land und solchen Schätzen hörte, wollte er sie sehen und sie auch für Gott und seinen König, für sich und seine Freunde gewinnen.

Hernando Cortés fuhr von Kuba mit elf Schiffen ab, deren größtes ein Schiff von hundert Tonnen war; er setzte elf Kapitäne auf ihnen ein, wobei er selbst einer von ihnen war; er nahm fünfhundert Soldaten und einige Pferde mit, außerdem Waren für den Tauschhandel, Francisco de Montejo als einen Kapitän und den obengenannten Steuermann Alaminos als Obersteuermann der Flotte; und auf seinem Flaggschiff hißte er eine Fahne mit weißen und blauen Feuern, um die Heilige Jungfrau zu ehren, deren Bild er zusammen mit dem Kreuz überall aufstellte, wo er Götzenbilder entfernte; und auf der Fahne war ein rotes Kreuz, das eine folgendermaßen lautende Inschrift umgab: *amici sequamur crucem, & si nos habuerimus fidem in hoc signo vincemus.***

Mit dieser Flotte und ohne weitere Zurüstungen fuhr er ab und kam nach *Cuzmil* mit zehn Schiffen, weil ein weiteres sich wegen eines Scharmützels von ihm getrennt hatte, und danach stieß es an der Küste wieder zu ihm. Er war am nördlichen Teil von *Cuzmil* angekommen, wo er stattliche Gebäude aus Stein für die Götzenbilder und einen ansehnlichen Ort fand; und die Einwohner flohen in die Berge, als sie sahen, wie so viele Schiffe erschienen und die Soldaten an Land sprangen.

* „Der Hafen des Schlimmen Kampfes".
** „Freunde, folgen wir dem Kreuz, und wenn wir Glauben haben, so sollen wir in diesem Zeichen siegen."

Nachdem die Spanier in den Ort eingedrungen waren, plünderten sie ihn und quartierten sich in ihm ein; und da sie im Wald nach Menschen suchten, stießen sie auf die Frau des Häuptlings und ihre Kinder, von denen sie mit Hilfe Melchors[9], des indianischen Dolmetschers, der an den Fahrten des Francisco Hernández und Grijalva teilgenommen hatte, erfuhren, daß sie die Frau des Häuptlings war. Ihr und ihren Kindern gab Cortés zahlreiche Geschenke; er trug ihnen auf, den Häuptling holen zu lassen. Als dieser kam, behandelte er ihn sehr freundlich und machte ihm ein paar kleine Geschenke, und er übergab ihm die Frau, die Kinder und alle Sachen, die sie im Ort an sich genommen hatten. Er bat ihn, er solle die Indios nach Hause holen, und nach ihrer Rückkehr ließ er einem jeden sein Eigentum zurückgeben. Und als sie sich beruhigt hatten, hielt er ihnen eine Predigt über die Eitelkeit der Götzenbilder und redete ihnen zu, sie sollten das Kreuz anbeten. Er stellte das Kreuz und ein Bild der Heiligen Jungfrau in ihre Tempel, und damit hörte der öffentliche Götzendienst auf.

Dort erfuhr Cortés, daß sechs Tagereisen weiter ein paar bärtige Männer in der Gewalt eines Häuptlings seien; und Cortés beredete die Indios, daß sie diese holen sollten; er fand Leute, die diesen Botengang übernahmen, wenn auch mit Schwierigkeiten, weil sie sich vor dem Häuptling fürchteten, der die Bärtigen in seiner Gewalt hatte. Und Cortés schrieb ihnen diesen Brief:

„Edle Herren! Ich bin aus Kuba mit einer Flotte von elf Schiffen und fünfhundert Spaniern abgefahren und hierher nach *Cuzmil* gekommen, von wo aus ich Euch diesen Brief schreibe. Die Einwohner dieser Insel haben mir versichert, es gebe im Land fünf oder sechs bärtige Männer, die uns selbst in allem sehr ähnlich seien. Sie können mir keine anderen Zeichen nennen, doch schon diese allein lassen mich vermuten und für sicher halten, daß Ihr Spanier seid. Ich und die Hidalgos, die mit mir hergekommen sind, um diese Länder zu entdecken und zu besiedeln, bitten Euch sehr, daß Ihr Euch innerhalb von sechs Tagen, nachdem Ihr dieses Schreiben erhalten habt, ohne weiteren Verzug und ohne Euch mit etwas anderem zu entschuldigen, bei uns einfindet. Wenn Ihr erscheint, werden wir das gute Werk anerkennen und belohnen, das dieser Flotte von Euch zuteil wird. Ich schicke eine Brigantine, damit Ihr auf ihr herfahrt, und zur Sicherheit zwei Vollschiffe."

Die Indios nahmen diesen Brief mit, den sie ins Haar gewickelt hatten, und übergaben ihn Aguilar; auf den Schiffen glaubte man, weil die Indios mehr Zeit als die vorgesehene Frist brauchten, daß man sie getötet hätte, und die Schiffe kehrten in den Hafen von *Cuzmil* zurück; als Cortés erfuhr, daß die Indios und auch die Bärtigen nicht wiedergekommen waren, stach er am nächsten Tag in See. Doch gerade an jenem Tag wurde eines von ihren Schiffen leck, und sie mußten in den Hafen zurückfahren; während sie (das Schiff) ausbesserten, überquerte Aguilar, der den Brief erhalten hatte, auf einem Kanu die Meerenge zwischen Yucatán und *Cuzmil*, und da die Männer auf den Schiffen ihn erblickten, kamen sie zu ihm, weil sie sehen wollten, wer es sei; Aguilar fragte sie, ob sie Christen seien, und sie bejahten es und sagten, sie seien Spanier; hierauf weinte er vor Freude, er kniete nieder, dankte Gott und erkundigte sich bei den Spaniern, ob Mittwoch sei.

Die Spanier brachten ihn so nackt, wie er war, vor Cortés, und dieser versah ihn mit Kleidern und behandelte ihn sehr freundlich. Aguilar erzählte nun von dem Schiffbruch, von seinen Drangsalen und dem Tod seiner Gefährten und daß es in so kurzer Zeit unmöglich gewesen wäre, Guerrero zu benachrichtigen, weil er über achtzig Meilen entfernt sei.

Mit Hilfe dieses Aguilar, der ein sehr guter Dolmetscher war, hielt Cortés abermals eine Predigt über die Anbetung des Kreuzes und entfernte die Götzenbilder aus den Tempeln; und man sagt, diese Predigt des Cortés habe auf die Bewohner von *Cuzmil* einen solchen Eindruck gemacht, daß sie, wenn Spanier vorbeikamen, zum Strand liefen und ihnen zuriefen: *Maria, Maria; Cortés, Cortés.*[10]

Cortés segelte weiter und landete kurz in Campeche, dann fuhr er ohne Aufenthalt bis nach Tabasco; dort übergaben ihm die Eingeborenen mehrere Gegenstände und Indias als Geschenk, und darunter auch eine India, die später den Namen Marina[11] erhielt und aus Xalisco stammte, sie war die Tochter vornehmer Eltern, und man hatte sie als kleines Kind geraubt und in Tabasco verkauft; von dort verkaufte man sie nach Xicalango und Champotón weiter, wo sie die Sprache Yucatáns erlernte, mit der sie nun Aguilar verstand; und solcherart wurde Cortés von Gott mit guten und treuen Dolmetschern versehen. Hierdurch lernte er die Verhältnisse Mexikos kennen und verstehen, von denen Marina vieles wußte, weil sie mit indianischen Kaufleuten und vornehmen Herrschaften zusammengekommen war, die jeden Tag hierüber redeten.


KAPITEL III

## Die früheren Siedler

Einige alte Leute in Yucatán erzählen, sie hätten von ihren Voreltern gehört, jenes Land hätten Menschen besiedelt, die aus dem Osten gekommen seien, und Gott habe sie errettet, indem er ihnen zwölf Wege durch das Meer gebahnt hätte. Wenn dies wahr sein sollte, so müßten alle Bewohner der Indias von Juden abstammen,[12] denn nachdem sie über die Magalhäesstraße hinausgelangt wären, hätten sie sich mit der Zeit über mehr als zweitausend Meilen Land ausbreiten müssen, das heute von Spanien beherrscht wird.

Die Sprache dieses Landes ist überall ein und dieselbe, und dies war eine große Hilfe bei seiner Bekehrung, obwohl es an den Küsten einen gewissen Unterschied bei den Wörtern und der Redeweise gibt; so sind die Küstenbewohner in Betragen und Sprache feiner, und ihre Frauen tragen die Brüste bedeckt, was bei denen aus dem Landesinneren nicht üblich ist.

Dieses Land ist in Provinzen eingeteilt, die den am nächsten gelegenen spanischen Städten unterstehen. Die Provinz *Chectemal* und *Bachalal* untersteht Salamanca; die Provinzen *Ekab* und *Cochuah* und die Provinz *Kupul* unterstehen Valladolid; die Provinz *Ah Kin Chel* und *Izamal,* die Provinzen *Zotuta, Hocabai Humun, Tutuxiú, Cehpech* und *Chakan* unterstehen der Stadt Mérida; die Provinzen *Camol, Campech, Champutun* und *Tixchel* halten sich an San Francisco de Campeche.

In Yucatán gibt es viele und sehr schöne Bauwerke, was das Merkwürdigste ist, das man in den Indias entdeckt hat; sie alle bestehen aus festem, sehr gut bearbeitetem Mauerwerk, und dabei gibt es in Yucatán keinerlei Metall, mit dem man Steine behauen könnte.

Diese Bauwerke stehen sehr nahe beieinander, und es sind
Tempel; der Grund, warum es so viele gibt, ist, daß die Ortschaften oft verlegt werden; und in jeder Ortschaft bauten
sie einen Tempel, denn es gibt große Vorräte an Steinen,
Kalk und einer gewissen weißen Erde, die sich für Gebäude
vortrefflich eignet. Diese Bauwerke sind nicht von anderen
Völkern, sondern von Indios errichtet, dies ist an nackten
männlichen Steinfiguren zu erkennen, deren Scham mit
langen Streifen bedeckt ist, die sie in ihrer Sprache *Ex**
nennen, und an anderen Kennzeichen, die für die Tracht
der Indios eigentümlich sind.

Als der Ordensbruder, der das vorliegende Werk geschrieben hat, sich in jenem Land aufhielt, fand man beim Abriß
eines Gebäudes einen großen Krug mit drei Henkeln, der
außen mit versilberten Flammen bemalt war und die Asche
eines verbrannten Leichnams, ein paar wunderbar dicke
Arm- und Beinknochen sowie drei schöne Steinkugeln enthielt, wie die Indios sie als Geld benutzten.

Diese Bauwerke in *Yzamal* waren insgesamt elf oder zwölf,
doch von ihren Erbauern fehlt jede Erinnerung; im Jahre
1549 wurde auf Bitten der Indios in einem von diesen Gebäuden ein Kloster mit dem Namen des heiligen Antonius
eingerichtet.

Die zweitwichtigsten Bauwerke sind die von *Tikoch* und
*Chichenizá*, die wir später darstellen werden.

*Chichenizá* ist ein sehr ansehnlicher Ort, der zehn Meilen
von *Izamal* und elf von Valladolid entfernt liegt; dort
herrschten, wie man erzählt, drei Brüder als Häuptlinge, die
aus dem Westen in jenes Land gekommen waren; sie waren
sehr fromm, und darum erbauten sie überaus schöne Tempel. Sie lebten höchst ehrsam ohne Frauen; und der eine
von ihnen starb oder zog weiter, und daraufhin wurden die
beiden anderen selbstherrlich und unehrenhaft, weshalb
man sie tötete.

Das Bild des Hauptgebäudes werden wir später wiedergeben, und wir werden (be)schreiben, wie der Brunnen beschaffen war, in den man lebende Menschen und andere
kostbare Dinge hinabwarf, um sie zu opfern. (Der Brunnen) reicht bis zum Wasser über sieben Klafter hinab und

* Lendenschurz aus gewebter Baumwolle.

ist viel mehr als hundert Fuß (breit); er wurde kreisförmig aus einem Felsen gehauen, daß es ein wunderbarer Anblick ist; und das Wasser sieht grün aus: Man sagt, daß dies von der Baumgruppe bewirkt werde, von der er umstanden ist.

Es ist eine bei den Indios verbreitete Ansicht, daß mit den *Yzaes*[13], die *Chichenizá* erbauten, ein großer Herr namens *Cuculcán*[14] regierte; und das Hauptgebäude zeigt, daß dies wahr ist, denn es heißt *Cuculcán*; und sie erzählen, daß er aus dem Westen gekommen wäre, doch sind sie unterschiedlicher Meinung, ob er vor oder nach den *Yzaes* oder auch gemeinsam mit ihnen kam, und sie sagen, daß er ein wohlgestalter Mann gewesen sei und weder Frau noch Kind gehabt hätte; nach seiner Rückkehr[15] habe man ihn in Mexiko für einen Gott gehalten und *Cezalcuati* genannt; und auch in Yucatán hielt man ihn für einen Gott, weil er ein verdienter Staatsmann war, und dies erwies sich an dem Ort, den er in Yucatán nach dem Tod der Häuptlinge gründete, um den Zwist zu besänftigen, den ihr Tod im Lande hervorgerufen hatte.

Dieser *Cuculcán* errichtete noch eine weitere Stadt, wobei er mit den einheimischen Landesherren verabredete, daß er und sie (in die Stadt) kämen und alle Dinge und Gewerbe dorthin gebracht würden; hierfür wählten sie einen sehr gut gelegenen Ort aus, acht Meilen weiter landeinwärts als das heutige *Mérida* und fünfzehn oder sechzehn Meilen vom Meer entfernt; dort umgaben sie ein Gelände von ungefähr einer halben Viertelmeile mit einer sehr breiten, nicht allzu hohen Steinmauer, in der sie nur zwei enge Tore einsetzten, und inmitten dieses ummauerten Bezirks erbauten sie ihre Tempel; den größten, der wie jener in *Chichenizá* aussieht, nannten sie *Cuculcán*; und sie erbauten einen weiteren Tempel, der rund ist, vier Tore hat und sich von allen übrigen in jenem Land unterscheidet, sowie viele andere im Umkreis, die nahe beieinanderstehen; innerhalb dieser Mauern bauten sie Häuser, die nur für die Häuptlinge bestimmt waren, unter denen sie das Land verteilten, wobei sie einem jeden so viele Orte gaben, wie es dem Alter seines Geschlechts und seinem persönlichen Ansehen entsprach. Und *Cuculcán* gab der Stadt einen Namen, allerdings nicht seinen eigenen, wie es die *Ahizaes* in *Chichenizá* getan hatten, das *Brunnen der Aizaes* bedeutet, vielmehr nannte er sie *Mayapán*, das heißt *Das Banner der Maya*, denn die Landessprache nennt man *Maya*; und die Indios nennen (die Stadt) *Ychpa*, das heißt *Innerhalb der Mauern.*

Dieser *Cuculcán* lebte mit den Häuptlingen einige Jahre in jener Stadt zusammen; dann ließ er sie in tiefstem Frieden und Freundschaft zurück. Er kehrte auf demselben Weg nach Mexiko heim, wobei er in Champotón einen kurzen Halt machte, und zur Erinnerung an ihn und seinen Aufbruch errichtete er im Meer ein stattliches Bauwerk nach der Art desjenigen von *Chicheniza*, einen reichlichen Steinwurf vom Ufer entfernt, und so hinterließ *Cuculcán* in Yucatán ein immerwährendes Andenken.

Nach dem Aufbruch *Cuculcáns* beschlossen die Häuptlinge, damit das Gemeinwesen von Dauer wäre, daß das Geschlecht der *Cocomes* die Oberherrschaft ausüben sollte, weil es das älteste und reichste Geschlecht und sein damaliges Oberhaupt der tapferste Mann war; danach ordneten sie an, da es in dem ummauerten Bezirk nur Tempel und Häuser für die Häuptlinge und den Oberpriester gab, daß man Häuser außerhalb der Mauer bauen sollte, wo jeder von ihnen einige Leute zu seiner Bedienung unterbringen könnte und wo die Einwohner der Orte sich einzurichten hätten, wenn sie in geschäftlichen Angelegenheiten zur Stadt kämen; in diesen Häusern setzte jeder einen Verwalter ein, der als Zeichen einen dicken und kurzen Stab trug und den man *Caluac* nannte; dieser Verwalter führte Rechenschaft über die Orte und über deren Vorsteher, und sie ließen einander Mitteilungen zugehen, was im Haus des Häuptlings benötigt wurde, wie etwa Vögel, Mais, Honig, Salz, Fische, Wildbret, Kleidung und andere Dinge; der *Caluac* suchte stets das Haus des Häuptlings auf, um nachzusehen, was in ihm benötigt wurde, und alsbald schaffte er es herbei, denn sein Haus war gleichsam die Vorratskammer seines Herrn.

Ihrer Sitte gemäß holten sie in den Ortschaften die Lahmen und Blinden zusammen und versorgten sie mit dem Notwendigen.

Die Häuptlinge setzten Vorsteher (in den Orten) ein, und wenn diese ihnen ergeben waren, bestätigten sie deren Söhne in den Ämtern; und sie empfahlen ihnen, die kleinen Leute gut zu behandeln, Frieden im Ort zu wahren und sich der Arbeit zu widmen, damit sie und die Häuptlinge ihren Unterhalt fänden.

Alle Häuptlinge ließen es sich angelegen sein, den *Cocom* in Ehren zu halten, zu besuchen und zu erheitern, indem sie ihn begleiteten, ihn vergnügten und sich an ihn mit den schwierigen Fragen wandten; und untereinander lebten sie in tiefem Frieden und verbrachten viel Zeit mit ihren gewöhnlichen Lustbarkeiten, Tänzen, Gastmählern und Jagd.

Die Bewohner Yucatáns waren ebenso eigentümlich bei den religiösen Angelegenheiten wie bei den Regierungsformen; sie hatten einen Oberpriester, den sie *Ah Kin May* nannten,[16] und mit Namen hieß er *Ahau Can May*, das bedeutet *der (Ober-) Priester May*; er wurde von den Häuptlingen sehr verehrt und bekam Indios als Diener zugeteilt, die Häuptlinge überreichten ihm Spenden und machten ihm außerdem Geschenke, und alle Priester der Ortschaften entrichteten ihm Abgaben; diesem folgten seine Söhne oder nächsten Verwandten im Amt, und er besaß den Schlüssel ihrer Wissenschaften, mit denen sie sich am meisten beschäftigten; sie berieten die Häuptlinge und beantworteten deren Fragen; mit Opfern befaßten sie sich selten, außer bei den wichtigsten Festen oder bei sehr bedeutenden Angelegenheiten; und sie versahen die Orte mit Priestern, wenn diese fehlten; sie prüften diese in ihren Wissenschaften und Zeremonien, übertrugen ihnen die Aufgaben ihres Amtes und wiesen sie an, dem Ort ein gutes Beispiel zu geben, und versorgten sie mit ihren Büchern; und diese versahen den Dienst in den Tempeln, lehrten ihre Wissenschaften und schrieben Bücher hierüber.

Sie unterrichteten die Söhne der anderen Priester und die zweitgeborenen Söhne der Häuptlinge. Diese brachten ihre Söhne deshalb schon im Kindesalter zu ihnen, damit sie sehen sollten, ob die Kinder sich für dieses Amt eigneten.

Die Wissenschaften, die sie lehrten, waren die Berechnung der Jahre, Monate und Tage, die Feste und Zeremonien, die Ausspendung ihrer Sakramente, die verhängnisvollen Tage und Zeiten, ihre Arten der Weissagung, Heilmittel für die Krankheiten, ihre alten Geschichten, das Lesen und Schreiben mit ihren Buchstaben und Zeichen, wobei sie mit Bildern schrieben, welche die Schrift darstellten.

Sie schrieben ihre Bücher[17] auf einem langen, in Falten zusammengelegten Blatt, das man dann ganz mit zwei Platten bedeckte, wie sie diese sehr kunstvoll anfertigten, und sie schrieben auf beiden Seiten in senkrechten Reihen, wie es den Falten entsprach; dieses Papier stellten sie aus den Wurzeln eines Baums her, und sie gaben ihm eine weißschimmernde Farbe, auf der man gut schreiben konnte; einige vornehme Herren hatten sich aus Neugier mit diesen Wissenschaften vertraut gemacht, und deshalb war ihr Ansehen größer, obwohl sie von ihren Kenntnissen keinen öffentlichen Gebrauch machten.

Die Indios erzählen, daß aus dem Süden viele Menschen mit ihren Häuptlingen nach Yucatán kamen; anscheinend sind sie aus Chiapa gekommen, obwohl die Indios es nicht wissen; doch der Autor des vorliegenden Werkes vermutet es, weil viele Ausdrücke und Wortverbindungen in Chiapa dieselben wie in Yucatán sind, und in Chiapa gibt es sehr deutliche Spuren von verlassenen Ortschaften; man sagt weiter, diese Menschen seien vierzig Jahre lang durch die Einöden von Yucatán gewandert, wo es kein Wasser gibt, außer wenn es regnet; dann seien sie schließlich zu den Bergen gelangt, die bei der Stadt *Mayapán*[18], zehn Meilen von ihr entfernt, liegen, und dort hätten sie ihre ersten Siedlungen angelegt und vielerorts sehr stattliche Bauwerke errichtet; die Einwohner von *Mayapán* hätten feste Freundschaft mit ihnen geschlossen und sich gefreut, daß sie den Boden wie die Einheimischen bearbeiteten; so unterwarfen sich diese *Tutu Xiú* den Gesetzen von *Mayapán*, und sie verschwägerten sich miteinander; und da *Xiú*[19], der Häuptling der *Tutu Xiues*, sich solcherart verhielt, wurde er nun von allen hochgeschätzt.

Diese Leute lebten so ruhig, daß es keinerlei Streitigkeiten gab, sie gebrauchten nicht einmal den Bogen oder andere Waffen, selbst für die Jagd nicht, während sie jetzt vortreffliche Bogenschützen sind, sie benutzten lediglich Schlingen und Fallen, mit denen sie viel Wild fingen; die Priester verstanden sich darauf, Speere mit einem dicken Stück Holz zu verschießen, das etwa drei Finger breit, ungefähr an einem Drittel durchlöchert und sechs Spannen lang war, mit ihm und ein paar Stricken schossen sie kräftig und treffsicher.

Sie hatten Gesetze gegen die Übeltäter und wandten sie

streng an, wie etwa gegen den Ehebrecher, den sie dem Beleidigten überantworteten, damit er ihn tötete, indem er einen großen Stein auf dessen Kopf herabstürzen ließ, oder damit er ihm vergab, wenn er wollte; über die Ehebrecherinnen verhängten sie als einzige Strafe die Ehrlosigkeit, die bei ihnen etwas sehr Ernstes war; den Jungfrauenschänder steinigten sie zu Tode; und sie erzählen einen solchen Fall: Der Häuptling der *Tutu Xiues* hatte einen Bruder, der dieses Verbrechens angeklagt wurde, und er ließ ihn steinigen und danach mit einem großen Steinhaufen bedecken; und sie sagen, daß sie ein anderes Gesetz gehabt hätten, bevor sie diese Stadt gründeten, und dieses Gesetz hätte geboten, den Ehebrechern die Eingeweide aus dem Nabel herauszuziehen.

Den Gouverneur *Cocom* gelüstete es auf einmal nach Reichtümern, und darum verhandelte er mit den Besatzungen, welche die Könige Mexikos in Tabasco und Xicalango hatten, daß er ihnen die Stadt übergeben wollte, und so brachte er mexikanisches Kriegsvolk nach *Mayapán*, bedrückte die Armen und machte viele zu Sklaven; und die Häuptlinge hätten ihn getötet, wenn sie sich nicht vor den Mexikanern gefürchtet hätten. Der Häuptling der *Tutu Xiues* fand sich niemals damit ab, und da die Bewohner Yucatáns sich (unterdrückt) sahen, lernten sie von den Mexikanern das Waffenhandwerk, und so wurden sie zu Meistern im Gebrauch von Pfeil und Bogen, Lanze und Handbeil, von besonderen Rundschilden und dichten, mit Salz und Baumwolle gepolsterten Mänteln sowie von anderen Kriegsgeräten; sie staunten nicht mehr über die Mexikaner und fürchteten sie auch nicht, vielmehr kümmerten sie sich kaum noch um sie. Und darüber vergingen einige Jahre.

Jener *Cocom* war der erste, der die Sklaverei einführte, doch die Folge dieses Übels war, daß sie zu den Waffen griffen, um sich zu verteidigen, damit sie nicht alle zu Sklaven würden.[20]

Unter den Nachfolgern des Geschlechtes *Cocom* war einer, der überaus hochmütig auftrat und jenen anderen *Cocom* nachahmte; dieser schloß ein neues Bündnis mit den Leuten von Tabasco, und er brachte noch mehr Mexikaner in die Stadt, tyrannisierte und versklavte die kleinen Leute;

darum schlossen sich die Häuptlinge in der Partei des *Tutu Xiú* zusammen, der ein großer Staatsmann wie seine Vorfahren war; sie verabredeten, *Cocom* zu töten, und das führten sie aus, wobei sie auch alle seine Kinder umbrachten; nur einen ließen sie übrig, der außer Landes war, sie plünderten sein Haus und rissen seine Grundstücke an sich, die er mit Kakao[21] und anderen Früchten bepflanzt hatte; sie sagten, damit würden sie sich für das schadlos halten, was er ihnen geraubt hätte; und die Parteiungen bei den *Cocomes* – die sagten, man habe sie zu Unrecht vertrieben – und den *Xiues* hielten sich so lange, daß sie, nachdem sie über fünfhundert Jahre in jener Stadt gewohnt hatten, sie verließen und entvölkerten, und ein jeder ging in sein Land.

Der Berechnung der Indios zufolge wurde *Mayapán*[22] vor ungefähr einhundertzwanzig Jahren entvölkert; und auf dem Hauptplatz jener Stadt stehen sieben oder acht Steine,[23] von denen jeder zehn Fuß lang ist, die auf einer Seite rund und sorgfältig bearbeitet sind und die einige Schriftzeichen tragen, wie sie diese gebrauchen; das Wasser hat sie ausgewaschen, so daß man sie nicht lesen kann; doch die Indios meinen, dies sei eine Erinnerung an die Gründung und Zerstörung jener Stadt. Weitere ähnliche Steine, die indes höher sind, stehen in *Zilán*, einem Ort an der Küste; und als man die Eingeborenen befragte, was diese seien, antworteten sie, sie hätten den Brauch gehabt, einen derartigen Stein alle zwanzig Jahre zu errichten, denn mit dieser Zahl berechnen sie ihre Zeitalter. Doch es scheint, (daß diese Erklärung) unbegründet ist, denn ihr zufolge müßte es viel mehr Steine geben, und vor allem gibt es sie außer in *Mayapán* und *Zilán* an keinem anderen Ort.

Das Wichtigste, was diese Häuptlinge, die *Mayapán* verließen, in ihre Heimat mitnahmen, waren die Bücher, die ihre Wissenschaft enthielten; denn sie folgten immer sehr gehorsam den Ratschlägen ihrer Priester, und darum gibt es in jenen Provinzen so viele Tempel.

Der Sohn des *Cocom*, der dem Tod entronnen war, weil er das Land verlassen hatte und sich auf einer Handelsreise im Gebiet von Ulúa befand, das jenseits der Kleinstadt Salamanca liegt, kehrte alsbald zurück, als er den Tod seines Vaters und die Zerstörung der Stadt erfuhr; er vereinigte sich mit seinen Verwandten und Vasallen und gründete einen Ort, den er *Tibulón* nannte, das bedeutet *Man hat uns übel mitgespielt;* und sie erbauten zahlreiche andere Orte in jenen Wäldern, denn viele Familien dieser *Cocomes* siedelten dort gemeinsam. Die Provinz, in der dieser Häuptling herrscht, heißt *Zututa.*

Diese Häuptlinge von *Mayapán* rächten sich nicht an den Mexikanern, die *Cocom* geholfen hatten, weil der Gouverneur des Landes sie überredet hatte und sie Ausländer waren; darum taten sie ihnen nichts zuleide und erlaubten ihnen, daß sie einen abgesonderten Ort für sich allein gründeten oder das Land verließen, wobei sie keine Einheimischen, sondern nur untereinander heiraten durften. Und sie entschieden sich, in Yucatán zu bleiben und nicht zu den Lagunen und Moskitos von Tabasco zurückzukehren; sie besiedelten die Provinz *Canul,* die ihnen zugewiesen wurde, und dort erhielten sie sich bis zum zweiten Krieg mit den Spaniern.

Sie erzählen, unter den zwölf Priestern von *Mayapán* habe es einen gegeben, der sehr weise gewesen sei und eine einzige Tochter gehabt hätte, die er mit einem edlen Jüngling namens *Ah Chel* vermählte; dieser habe Söhne gehabt, die der Landessitte gemäß denselben Namen wie der Vater erhielten; und sie erzählen auch, der Priester habe seinem Schwiegersohn die Zerstörung jener Stadt vorausgesagt, und der Schwiegersohn habe sich viel von dessen Wissenschaften angeeignet; der Priester, so erzählen sie weiter, habe ihm gewisse Buchstaben auf die linke Armschiene geschrieben, die sehr bedeutsam und darum hoch verehrt gewesen seien; und mit diesem Gunsterweis siedelte er sich an der Küste an, bis er sich schließlich in *Tikoch* niederließ, wohin ihm sehr viele Leute folgten, und deshalb wurde jener Ort der *Cheles* über die Maßen herrlich, und sie gründeten die herrlichste Provinz von Yucatán, die sie nach jenem Namen die Provinz *Ah Kin Chel* nannten, und das ist die Provinz *Ytzamal,* wo diese *Cheles* ihren Sitz hatten; und sie mehrten sich in Yucatán bis zur Ankunft des Adelantado Montejo.

Unter drei vornehmen Herrengeschlechtern, den *Cocomes, Xiues* und *Cheles,*[24] gab es großen Parteienhader, und heutzutage gibt es ihn immer noch, obwohl sie sich zum Christen-

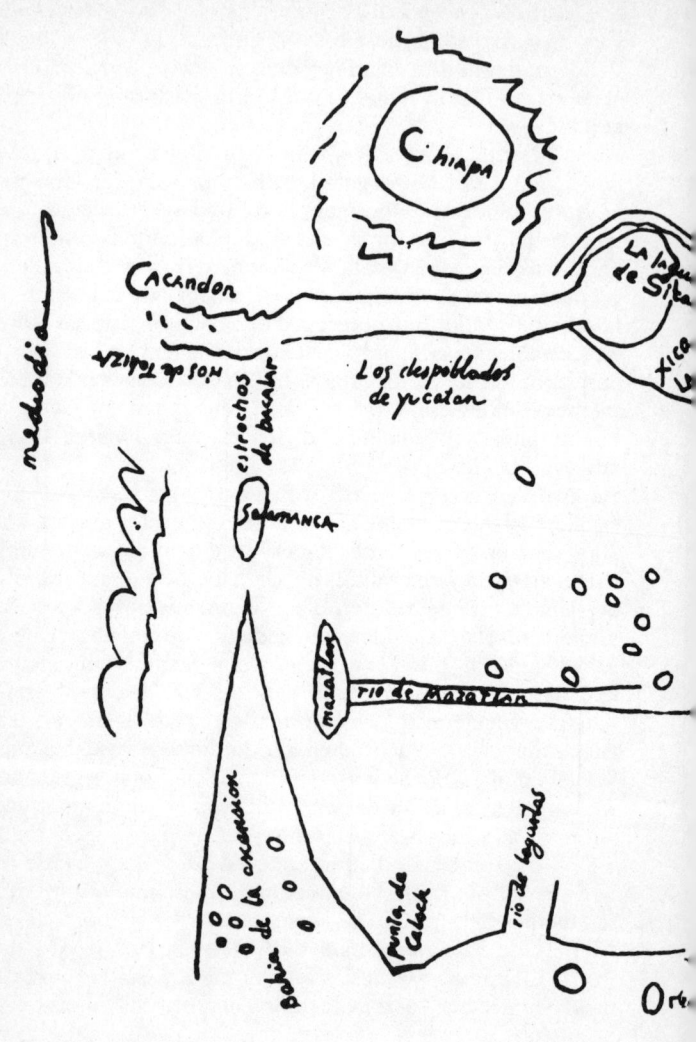

Im *Bericht* enthaltene Karte Yucatáns

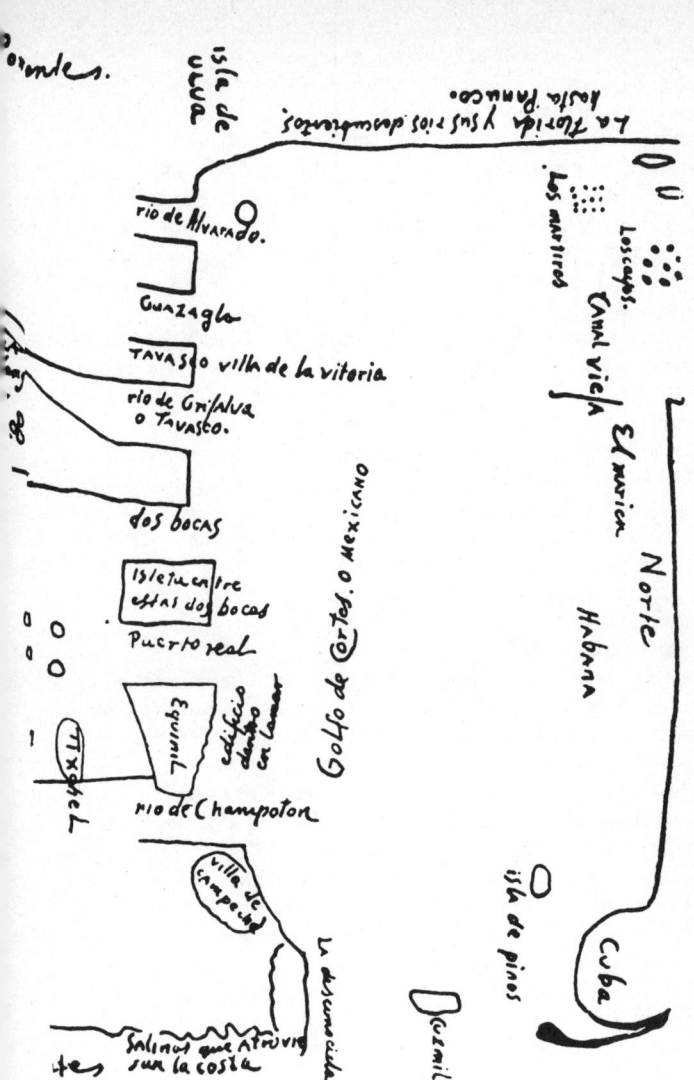

isla de Cuba

La florida y sus rios descubiertos hasta Panuco.

Los caypos.

Los martires

rio de Alvarado.

Guazacla

TAVASCO villa de la vitoria

rio de Grijalva o Tavasco.

dos bocas

Isleta entre estas dos bocas

Puerto real

Equimil

edificio dentro en la mar

Tixchel

rio de Champoton

villa de campeche

La desumcida

Salinas que Atruvie sun la costa

Canal vieja

El marica

Norte

Habana

Golfo de Cortes o Mexicano

isla de pinos

Cuzmil

Cuba

ontes.

tes

tum bekehrt haben. Die *Cocomes* sagten den *Xiues*, sie seien Ausländer und Verräter, da sie ihren vornehmen Herrn getötet und sein Vermögen geraubt hätten. Die *Xiues* sagten, sie seien ebenso gut, ebenso alt und ebensolche Herren wie jene, und sie hätten das Vaterland nicht verraten, sondern befreit, da sie den Tyrannen töteten. Der *Chel* sagte, er sei von ebenso vornehmer Abkunft wie sie, da er der Enkel eines Priesters, des in *Mayapán* am höchsten geachteten, sei, und persönlich wäre er besser als sie, weil er es verstanden hätte, sich zu einem so großen Herrn wie sie zu machen. Daher bereiteten sie einander Schwierigkeiten bei der Zufuhr von Nahrungsmitteln, denn der *Chel*, der an der Küste saß, wollte dem *Cocom* keinen Fisch und kein Salz geben und zwang ihn, es aus großer Entfernung zu holen, und der *Cocom* ließ den *Chel* kein Wildbret oder Obst nehmen.

Diese Menschen lebten über zwanzig Jahre in Überfluß und Wohlstand, und sie mehrten sich so sehr, daß das ganze Land aus einem einzigen Ort zu bestehen schien; damals wurden die Tempel in solch großer Zahl errichtet, wie man sie heutzutage überall sieht, und wenn man die Wälder durchquert, erblickt man Siedlungen mit wunderbar gestalteten Häusern und öffentlichen Gebäuden zwischen den Baumgruppen.

Nach dieser glücklichen Zeit kam an einem Winterabend gegen sechs Uhr ein Wind auf und wuchs langsam an,[25] bis er zu einem Orkan wurde, der in alle Richtungen blies, und dieser Sturm riß alle großen Bäume um, wodurch vielerlei Wild in großer Zahl starb, und er ließ alle hohen Häuser einstürzen, die, da sie aus Stroh sind und wegen der Kälte im Inneren von einem Feuer erwärmt wurden, in Brand gerieten, so daß ein großer Teil der Menschen in den Flammen starb, und wenn einige dem Feuer entkamen, wurden sie von dem herabstürzenden Holz zerschmettert; dieser Orkan dauerte bis zur zwölften Stunde des nächsten Tages, und nun konnte man sehen, daß diejenigen sich gerettet hatten, die in kleinen Häusern wohnten, darunter die neuvermählten jungen Leute, die in jenem Land die Sitte hatten, kleine Hütten vor den Häusern ihrer Eltern oder Schwiegereltern zu bauen, in denen sie während der ersten Jahre lebten; und so verlor das Land damals den Namen *Land der Truthähne und Hirsche,* mit dem sie es früher gewöhnlich bezeichnet hatten, und es hatte derart viele Bäume eingebüßt, daß diejenigen, die es jetzt gibt, so aussehen, als hätte man sie zusammen gepflanzt, denn sie sind alle gleichmäßig gewachsen, und sobald man das Land von einigen erhöhten Stellen aus betrachtet, macht es den Eindruck, als sei es ganz mit einer Schere zurechtgestutzt.

Die Überlebenden faßten wieder Mut, sie bauten Häuser und bestellten den Boden, sie mehrten sich sehr, und für sie kamen sechzehn Jahre des Wohlergehens und guter Witterung, und das letzte Jahr war das fruchtbarste von allen; als sie gerade die Felder abernten wollten, traten im ganzen Land pestilenzialische Fieberanfälle auf, die vierundzwanzig Stunden dauerten, und als sie vorbei waren, schwollen (die Kranken) an, und ihre wurmzerfressenen Leiber zerbarsten; an dieser Pestilenz starben viele Menschen, und ein großer Teil der Früchte blieb auf dem Feld.

Nach dem Ende der Pest hatten sie wieder sechzehn gute Jahre, in denen die Feindseligkeiten und Parteiungen neu auflebten, so daß einhundertfünfzigtausend Mann in den Schlachten starben, und nach diesem Gemetzel beruhigten sie sich, sie schlossen Frieden und erholten sich zwanzig Jahre lang; hierauf befiel sie eine Pestilenz von großen Blattergeschwüren, die einen schlimmen Gestank verbreiteten und ihren Körper verfaulen ließen, so daß ihnen in vier oder fünf Tagen die Glieder stückweise abfielen. Diese letzte Plage endete vor mehr als fünfzig Jahren, und zu dem Gemetzel in den Kriegen war es zwanzig Jahre früher gekommen, und die Pest, da ihnen die Leiber anschwollen und von Würmern zerfressen wurden, soll sechzehn Jahre vor den Kriegen aufgetreten sein, der Orkan war weitere sechzehn Jahre früher, zweiundzwanzig oder dreiundzwanzig Jahre nach der Zerstörung der Stadt *Mayapán*. Dieser Rechnung zufolge wurde (die Stadt) vor einhundertfünfundzwanzig Jahren vernichtet, und seit jener Zeit haben die Einwohner dieses Landes die erwähnten Heimsuchungen erduldet, außerdem viele andere, die begannen, als die Spanier in das Land eindrangen, denn Gott schickt sowohl Kriege als auch andere Strafen;[26] so ist denn die Zahl der Menschen, die es heute gibt, ein Wunder, obwohl sie nicht sehr viele sind.

## KAPITEL IV

## Konquistadoren und Geistliche

Wie die Mexikaner durch Zeichen und Weissagungen von dem Ende ihrer Herrschaft und Religion und der Ankunft der Spanier erfuhren, so geschah es auch bei den Einwohnern Yucatáns einige Jahre vor ihrer Unterwerfung durch den Adelantado Montejo: In den Bergen von *Maní*, in der Provinz *Tutu Xiú*, sagte ihnen öffentlich ein Indio namens *Ah Cambal*, der das Amt des *Chilán** innehatte – also jener, der beauftragt ist, die Antworten des Teufels wiederzugeben –, daß sie bald von Fremdlingen unterjocht würden, und diese sollten ihnen einen Gott und die übernatürliche Kraft eines Holzes predigen, das er in ihrer Sprache *Vahomché*** nannte, das heißt „aufrechtstehendes Holz, das mit großer Kraft gegen die Teufel wirkt".

Der Nachfolger der *Cocomes*, der Don Juan Cocom nach seiner Bekehrung zum Christentum hieß, war ein hochangesehener Mann, der sehr erfahren in ihren Angelegenheiten, sehr klug und verständig in den Dingen des Landes war; und er war ein enger Vertrauter Fray Diego de Landas, des Autors dieses Buches; er erzählte ihm viele alte Geschichten und zeigte ihm ein Buch, das seinem Großvater gehört hatte, dem Sohn jenes *Cocom*, den man in *Mayapán* tötete, und in dem Buch war ein Hirsch abgebildet; und sein Großvater soll ihm gesagt haben, wenn große Hirsche in jenes Land kämen, denn so nennen sie die Kühe, würde die Verehrung der Götter aufhören; und dies wäre in Erfüllung gegangen, weil die Spanier große Kühe herbrachten.

Der Adelantado Francisco de Montejo stammte aus Salamanca, und nachdem die Stadt Santo Domingo gegründet und die Isla Española*** besiedelt wurde, begab er sich nach Westindien, während er sich zuerst einige Zeit in Sevilla aufgehalten hatte, wo er einen kleinen Sohn zurückließ; er kam in die Stadt Kuba, wo er sich seinen Lebensunterhalt verdiente und wegen seiner vornehmen Herkunft viele Freunde hatte, darunter Diego Velázquez, den Gou-

---

* Weissagender Priester.
** „Baum des Lebens".
*** Haïti.

verneur der Insel, und Hernando Cortés; da der Gouverneur beschloß, seinen Neffen Juan de Grijalva in das Gebiet von Yucatán zu entsenden, damit er dort Tauschhandel treiben und weiteres Land entdecken sollte, nachdem Francisco Hernández de Córdoba von der ersten Entdeckung des Landes die Kunde mitgebracht hatte, daß es reich sei, bestimmte jener darüber hinaus, daß Montejo zusammen mit Grijalva fahren sollte. Da (Montejo) reich war, stellte er ein Schiff und viel Proviant; und so gehörte er zu den Spaniern, die als zweite Yucatán erkundeten. Und als er die Küste Yucatáns erblickt hatte, kam ihm der Wunsch, Schätze lieber dort als in Kuba zu erwerben; da Hernando Cortés sich zu seinem Unternehmen entschlossen hatte, folgte er ihm und stellte ihm sein Vermögen und sich selbst zur Verfügung; Cortés übergab ihm ein Schiff und machte ihn zu dessen Kapitän. In Yucatán nahmen sie Gerónimo de Aguilar zu sich, der Montejo über die Sprache und die Beschaffenheit jenes Landes unterrichtete. Als Cortés in Neuspanien angekommen war, gründete er spanische Orte, und die erste Stadt nannte er La Vera-Cruz* nach dem Wappen auf seiner Fahne; in diesem Ort wurde Montejo zum Alkalden des Königs ernannt, und dieses Amt versah er ständig mit Umsicht; so gab es Cortés deshalb bekannt, als er dorthin zurückkehrte, nachdem er das Land umsegelt hatte; und darum schickte er ihn nach Spanien als einen Rechtsvertreter Neuspaniens, wobei er auch den Auftrag hatte, das Fünftel für den König und einen Bericht über das neuentdeckte Land und ihre ersten Unternehmungen zu überbringen.

Als Francisco de Montejo an den kastilischen Hof kam, war Juan Rodríguez de Fonseca, der Bischof von Burgos, Vorsitzender des Westindienrates[27], und ihn hatte Diego Velázquez, der Gouverneur Kubas, der auch Anspruch auf Neuspanien erhob, gegen Cortés voreingenommen; die meisten Mitglieder des Rates waren gegen geschäftliche Unterhandlungen mit Cortés, so daß es schien, als schickte er dem König kein Geld, sondern verlangte es von ihm, und da Montejo verstand, daß die Verhandlungen ungünstig verliefen, weil der Kaiser sich in Flandern aufhielt, harrte er

* „Das Wahre Kreuz".

sieben Jahre aus, seitdem er 1519 die Indias verlassen hatte, bis er 1526 die Rückreise antrat, und mit dieser Beharrlichkeit wies er den Vorsitzenden des Rates und den Papst Hadrian ab, der damals Regent war, und er sprach mit dem Kaiser, was er sehr gut zu nutzen wußte, denn die Angelegenheit des Cortés wurde so entschieden, wie es recht und billig war.

Als Montejo sich am Hof aufhielt, erreichte er durch Verhandlungen, daß ihm selbst die Konquista Yucatáns übertragen wurde, obwohl er auch etwas anderes hätte aushandeln können;[28] ihm wurde der Titel eines Adelantado verliehen;[29] dann reiste er nach Sevilla, wobei er sich von einem dreizehnjährigen Neffen begleiten ließ, der denselben Namen wie er hatte, und in Sevilla fand er seinen achtundzwanzigjährigen Sohn wieder, den er mit sich nahm. Er gelobte einer Dame aus Sevilla, einer reichen Witwe, die Ehe, und so konnte er fünfhundert Mann sammeln, die er auf drei Schiffen unterbrachte. Er setzte die Fahrt fort und landete auf der zu Yucatán gehörenden Insel *Cuzmil*, wo die Indios sich nicht auflehnten, weil Cortés und seine Spanier sie befriedet hatten; dort war er eifrig bemüht, viele Wörter der Indios kennenzulernen, damit er sich mit ihnen verständigen konnte; von *Cuzmil* segelte er nach Yucatán und ergriff Besitz von ihm, indem ein Fähnrich mit der Fahne in der Hand sagte: „Im Namen Gottes ergreife ich Besitz von diesem Land für Gott und für den König von Kastilien."

So fuhr er weiter die Küste abwärts, die damals dichtbesiedelt war, bis er nach *Conil* kam, einem Ort an der dortigen Küste; und die Indios entsetzten sich, als sie so viele Pferde und Männer erblickten; sie benachrichtigten das ganze Land über das Vorgefallene und warteten ab, welches Ziel die Spanier verfolgten.

Die indianischen Häuptlinge der Provinz *Chicaca* kamen zum Adelantado, sie suchten ihn in friedlicher Absicht auf und wurden freundlich empfangen; doch zu ihnen gehörte ein sehr kräftiger Mann, der einem Negerknaben den Säbel entriß, den dieser seinem Herrn nachtrug, und mit dem Säbel wollte er den Adelantado töten; dieser setzte sich zur Wehr, und als Spanier hinzueilten, wurde der Aufruhr erstickt; sie verstanden aber, daß man sich vorsichtig verhalten mußte.

Der Adelantado wollte erfahren, was die größte Ortschaft sei, und er erhielt die Auskunft, dies sei *Tekoch*[30], dessen Herren die *Cheles* waren und das weiter unterhalb an der Küste lag, an dem Weg, den die Spanier nahmen; die Indios, die meinten, sie zögen ab, um das Land zu verlassen, empörten sich nicht und verlegten ihnen auch nicht den Weg; so kamen sie nach *Tekoch*, und sie entdeckten, daß es ein größerer und besserer Ort war, als sie gedacht hatten. (Der Adelantado) war erfreut, daß nicht die *Couohes* von Champotón die Herren jenes Landes waren, die stets mehr Mut als die *Cheles* gezeigt hatten, während diese durch das Priesteramt, das sie bis heute innehaben, nicht so stolz wie andere sind, und darum gestatteten sie dem Adelantado, einen Ort für seine Leute zu gründen; man gab ihnen hierfür das Gebiet von *Chichenizá*, das sieben Meilen von dort entfernt ist und sich ganz vortrefflich eignet; von da aus eroberte er allmählich das Land, was ihm ohne große Mühe gelang, weil die Leute von *Ah Kin Chel* ihm keinen Widerstand leisteten und die von *Tutu Xiú* ihm halfen; und darum setzten die übrigen sich kaum zur Wehr.

So verlangte der Adelantado denn nach Arbeitskräften, um in *Chichenizá* zu bauen; und in kurzer Zeit errichtete er einen Ort; die Häuser machte er aus Holz und das Dach aus gewissen Palmblättern und langem Stroh nach der Art der Indios. Und da er also erkannte, daß die Indios ohne Widerwillen dienten, zählte er die Landesbewohner, die sehr viele waren, und teilte die Ortschaften unter die Spanier auf, und, wie man erzählt, wem am wenigsten zufiel, der erhielt zwei- oder dreitausend Indios als Repartimiento; und daher befahl er nun den Eingeborenen, wie sie seiner Stadt dienen sollten, und dies behagte den Indios nicht allzusehr, obwohl sie sich damals verstellten.[31]

Der Adelantado Montejo hatte den Ort nicht der Lage eines Mannes entsprechend gewählt, der Feinde hat, weil jener Ort zu weit vom Meer entfernt lag, um einen sicheren Weg von und nach Mexiko und zu den Zufuhren aus Spanien zu haben; und da es den Indios ein hartes Los schien, Fremdlingen in jenem Land zu dienen, wo sie selbst die Herren waren, griffen sie den Adelantado auf einmal überall an; obwohl er sich mit seinen Pferden und seinen Männern verteidigte und viele von den Indios tötete, erhielten diese jeden

Tag neue Verstärkungen, so daß ihnen das Essen ausging. Schließlich gaben die Spanier eines Nachts die Stadt auf, wobei sie einen am Glockenschwengel festgebundenen Hund zurückließen, dem sie in einiger Entfernung etwas Brot hingelegt hatten, damit er es nicht erreichen konnte, und einen Tag zuvor hatten sie die Indios mit Scharmützeln ermüdet, damit sie nicht die Verfolgung aufnähmen; und der Hund läutete die Glocke, um das Brot zu erreichen, was die Indios sehr erstaunte, da sie dachten, die Spanier wollten gegen sie ausrücken; doch nachdem sie die Täuschung entdeckt hatten, waren sie darüber sehr ergrimmt und beschlossen, den Spaniern in mehreren Richtungen nachzusetzen, weil sie nicht wußten, welchen Weg diese genommen hatten. Diejenigen, die dem Weg der Spanier folgten, holten sie ein und schrien laut hinter ihnen her, als seien es Flüchtige; sechs Reiter erwarteten sie deshalb auf einer Lichtung und stießen viele mit der Lanze nieder. Ein Indio packte ein Pferd am Bein und hielt es fest, als wäre es ein Hammel. Die Spanier kamen nach *Zilán*, einem sehr schönen Ort, dessen Häuptling ein Jüngling der *Cheles* war, der sich schon zum Christentum bekehrt und Freundschaft mit den Spaniern geschlossen hatte, und er behandelte sie gut. *Zilán* lag sehr nahe bei *Ticokh*, das, wie auch alle anderen Ortschaften an jener Küste, den *Cheles* untertan war: Und darum behelligte man sie einige Monate lang nicht.

Da der Adelantado sah, daß er sich von dort aus nicht mit Zufuhren aus Spanien versorgen konnte und sie, wenn die Indios sie erneut angriffen, verloren wären, beschloß er, nach Campeche und (von dort) nach Mexiko zu gehen, so daß er in Yucatán keine Leute zurückließ. Von *Zilán* nach Campeche betrug die Entfernung achtundvierzig Meilen, auf einem Weg, der durch dichtbesiedeltes Gebiet führte. Sie teilten dies *Namux Chel* mit, dem Häuptling von *Zilán*, und er erbot sich, den Weg für sie zu sichern und sie zu begleiten. Der Adelantado verhandelte mit dem Onkel des Häuptlings von *Zilán*, der Häuptling von *Yobain* war, daß er ihm seine zwei stattlichen Söhne als Begleiter mitgäbe, so daß sie mit drei Jünglingen, die Vettern waren, zweien im Halseisen und der aus *Zilán* auf einem Pferd, sicher nach Campeche gelangten, wo sie friedlich empfangen wurden. Die *Cheles* verabschiedeten sich, und da sie in ihre Heimatorte zurückkehrten, fiel der aus *Zilán* tot um. Von dort brachen sie nach Mexiko auf, wo Cortés dem Adelantado, obwohl dieser abwesend war, Indios zugeteilt hatte.

Als der Adelantado mit seinem Sohn und seinem Neffen in Mexiko angekommen war, trafen bald auf der Suche nach ihm auch seine Frau Doña Beatriz de Herrera und ihre gemeinsame Tochter Doña Catalina de Montejo ein. Der Adelantado hatte Doña Beatriz de Herrera heimlich in Sevilla geheiratet, und manche behaupten, daß er sie nicht anerkannte; doch Don Antonio de Mendoza, der Vizekönig Neuspaniens, griff vermittelnd ein, und darum nahm er sie zu sich; und der Vizekönig selbst schickte ihn als Gouverneur nach Honduras, wo er seine Tochter mit dem Lizentiaten Alonso Maldonado, dem Vorsitzenden der Audiencia de los Confines*, verheiratete; einige Jahre später wurde er nach Chiapa versetzt, und von dort entsandte er seinen Sohn als Bevollmächtigten nach Yucatán, und dieser eroberte und befriedete das Land.

Dieser Don Francisco, der Sohn des Adelantado, wurde am Hof des Katholischen Königs erzogen, und sein Vater brachte ihn nach Westindien, als er dorthin zurückkehrte, um Yucatán zu erobern, und von dort ging er mit ihm nach Mexiko; der Vizekönig Don Antonio und der Marqués Don Hernando Cortés waren ihm zugetan, und er begleitete den Marqués auf dem Zug nach Kalifornien. Nach der Rückkehr übertrug ihm der Vizekönig die Regierung Tabascos, und er ehelichte Doña Andrea del Castillo, eine Dame, die als junges Mädchen mit Verwandten nach Mexiko übergesiedelt war.

Nachdem die Spanier aus Yucatán abgezogen waren, wurde das Wasser im Lande knapp, und da sie ihren Mais in den Kriegen mit den Spaniern verbraucht hatten, ohne Vorsorge zu treffen, suchte sie eine große Hungersnot heim, die so schlimm war, daß sie schließlich Baumrinde aßen, insbesondere die eines Baums, den sie *Cumché*** nennen, der im Inneren schwammig und weich ist. Wegen dieser Hungersnot beschlossen die *Xiues*, die Herren von *Maní*,

---

* „Obergericht der Grenzlande"; koloniales Verwaltungsorgan für Zentralamerika.
** Wilder Melonenbaum.

den Götzenbildern ein feierliches Opfer darzubringen und eine bestimmte Anzahl von Sklaven und Sklavinnen in den Brunnen von *Chichenizá* zu stürzen. Da sie jedoch den Ort der *Cocomes* passieren mußten und jene Herren ihre Hauptfeinde waren, da sie auch glaubten, in einem solchen Augenblick würden die alten Haßgefühle wieder erwachen, schickten sie Boten zu ihnen und baten sie, ihnen den Durchzug durch deren Land zu erlauben. Die *Cocomes* täuschten sie, indem sie ihnen freundlich antworteten, und nachdem sie alle gemeinsam in einem großen Haus untergebracht hatten, steckten sie es in Brand und töteten diejenigen, die zu entkommen suchten; und dies war der Grund für große Kriege. (Außerdem) nahm fünf Jahre lang bei ihnen die Heuschreckenplage zu, die ihnen nichts Grünes übrigließ; und der Hunger wurde so schlimm, daß sie auf den Wegen tot umfielen. Als die Spanier zurückkehrten, erkannten sie deshalb das Land nicht wieder, obwohl jene sich in vier guten Jahren nach der Heuschreckenplage etwas erholt hatten.

Dieser Don Francisco zog über die Flüsse von Tabasco nach Yucatán, und er betrat das Land, indem er die Lagunen von Dos Bocas überquerte; der erste Ort, zu dem er gelangte, war Champotón, dessen Häuptling *Moch Kovoh* sowohl Francisco Hernández als auch Grijalva einen schlimmen Empfang bereitet hatte; da er jedoch nicht mehr am Leben war, leistete man dort keinen Widerstand, die Einwohner des Ortes unterstützten vielmehr zwei Jahre lang Don Francisco und seine Männer; in dieser Zeit konnte er nicht weiter vorrücken, da er auf heftigen Widerstand stieß. Hierauf zog er nach Campeche weiter und schloß enge Freundschaft mit den Einwohnern jenes Ortes. Dank der Hilfe der Leute von Campeche und Champotón vollendete er die Konquista, und er versprach ihnen, sie sollten ihrer großen Treue wegen vom König belohnt werden, was der König jedoch bisher noch nicht erfüllt hat.

Der Widerstand, auf den Don Francisco stieß, reichte nicht aus, um ihn und sein Heer auf dem Marsch nach *Tihó* aufzuhalten; dort wurde die Stadt Mérida gegründet; sie ließen den Troß in Mérida zurück und setzten die Konquista fort, wobei sie Hauptleute in verschiedene Richtungen ausschickten. Don Francisco schickte seinen Vetter Francisco de Montejo in die Kleinstadt Valladolid, um die Ortschaften zu befrieden, deren Einwohner sich etwas rebellisch verhielten, und um jene Kleinstadt so anzulegen, wie sie heute aussieht. In *Chectemal* gründete er die Kleinstadt Salamanca, und Campeche hatte er bereits als spanische Siedlung gegründet. (Dann) erließ er Anordnungen über die Dienstleistungen der Indios und die Regierungsform der Spanier, bis der Adelantado, sein Vater, mit seiner Frau und seinem Anhang aus Chiapa kam, um die Regierung zu übernehmen; in Campeche wurde er freundlich empfangen und nannte es nach seinem Namen Villa de San Francisco. Hierauf begab er sich in die Stadt Mérida.

Die Indios nahmen das Joch der Knechtschaft widerwillig auf sich, doch die Spanier hatten die Orte so gut unter sich aufgeteilt, daß sie sich des ganzen Landes bemächtigten, obwohl es bei den Indios nicht an Aufwieglern fehlte, worauf sehr grausame Strafen verhängt wurden, welche die Leute einschüchterten. Einige Oberhäuptlinge der Provinz *Cupul* wurden lebendig verbrannt und andere erhängt. Es wurde ein Verfahren gegen die Einwohner von *Yobain*, einem Ort der *Cheles*, eingeleitet, und man nahm die Oberhäuptlinge fest, legte ihnen Fußeisen an und sperrte sie in ein Haus, das man anzündete, und mit allergrößter Grausamkeit wurden sie lebendig verbrannt; Diego de Landa sagt, er habe in der Nähe des Ortes einen großen Baum gesehen, an dessen Zweigen ein Hauptmann viele indianische Frauen aufhängte und ihre kleinen Kinder an ihren Füßen. In demselben Ort und in einem zwei Meilen von ihm entfernten anderen, den sie *Verey* nennen, erhängte man zwei Indias, eine Jungfrau und eine Neuvermählte, deren einzige Schuld darin bestand, daß sie sehr schön waren und man befürchtete, das spanische Heer würde sich über sie hermachen, und die Indios sollten denken, den Spaniern seien Frauen gleichgültig; dieser zwei Frauen erinnert man sich bei Indios und Spaniern sehr lebhaft, weil sie außerordentlich schön waren und man sie so grausam umgebracht hatte.

Die Indios der Provinzen *Cochua* und *Chectemal* empörten sich, und die Spanier zwangen sie auf eine solche Art zur Ruhe, daß, während diese beiden Provinzen die am dichtesten besiedelten und volkreichsten gewesen waren, sie nun zu den elendesten jenes ganzen Landes wurden.[32] Sie verübten (an den Indios) unerhörte Grausamkeiten, sie schnitten Nasen, Arme und Beine und den Frauen die Brüste ab, banden ihnen Kalebassen an die Füße und warfen sie in tiefe Lagunen; den Kindern versetzte man Degenstöße, weil sie nicht so schnell wie die Mütter liefen, und wenn man sie in Halseisen mitführte und sie krank wurden oder nicht so schnell wie die anderen liefen, schlug man ihnen die Köpfe ab, damit man nicht halten mußte, um sie loszumachen. Und mit einer derartigen Behandlung holten sie viele gefangene Frauen und Männer zu ihrem Dienst zusammen. Es wird versichert, daß Don Francisco de Montejo keine derartigen Grausamkeiten beging und auch nicht bei solchen anwesend war, vielmehr hielt er sie für ganz abscheulich, doch er konnte (sie) nicht (verhindern).

Die Spanier rechtfertigten sich damit, daß sie sagten, weil sie wenige wären, könnten sie so viele Menschen nicht unterwerfen, ohne sie mit schrecklichen Strafen einzuschüchtern, und als Beispiel führen sie die alte Geschichte vom Zug der Hebräer ins Gelobte Land an, (bei dem) auf Gottes Geheiß große Grausamkeiten (begangen wurden); und andererseits hatten die Indios recht, als sie ihre Freiheit verteidigten und auf die äußerst tapferen Hauptleute vertrauten, die sie führten und von denen sie dachten, daß sie sich deshalb den Spaniern entgegenstellen könnten.

Man erzählt von einem spanischen Armbrustschützen und einem indianischen Bogenschützen, die, da sie beide sehr geschickt waren, einander töten wollten, wobei doch keiner den anderen überrumpeln konnte; der Spanier stellte sich unaufmerksam, er stützte ein Knie auf die Erde, und der Indio traf ihn mit einem Pfeil in die Hand, der Pfeil drang ihm nach oben in den Arm ein und drückte ihm die beiden Ellbogenbeine auseinander; aber gleichzeitig schoß der Spanier die Armbrust ab und traf den Indio in die Brust; als dieser spürte, daß er tödlich verwundet war, schnitt er eine Liane ab, die wie eine Weidenrute, allerdings viel länger ist, und erhängte sich an ihr vor aller Augen, damit man nicht sagen könnte, daß ein Spanier ihn getötet hätte. Für derartige Mutbeweise gibt es viele Beispiele.

Bevor die Spanier jenes Land eroberten, lebten die Eingeborenen zusammen in Ortschaften, sie sorgten für gute

Ordnung und hielten das Land ganz sauber, hatten es von schädlichen Pflanzen befreit und mit sehr guten Bäumen gefüllt; und ihre Wohnorte sahen so aus: In der Mitte der Ortschaft befanden sich die Tempel mit dazugehörenden schönen Plätzen, rings um die Tempel standen die Häuser der Häuptlinge und Priester, danach folgten die der vornehmsten Herrschaften, und so kamen die reichsten und am höchsten geschätzten Einwohner diesen am nächsten, und an den Enden des Ortes standen die Häuser der niedrigsten Leute. Wo es wenig Brunnen gab, lagen sie in der Nähe der Häuptlingshäuser, und ihre Grundstücke hatten sie mit Weinbäumen bepflanzt, außerdem bauten sie Baumwolle, Pfeffer und Mais an; in diesen Gemeinschaften lebten sie aus Angst vor ihren Feinden, die sie gefangennahmen; und infolge der Kriege mit den Spaniern zerstreuten sie sich in den Wäldern.

Die Indios von Valladolid verschworen sich wegen ihrer schlechten Veranlagung oder wegen der schlechten Behandlung durch die Spanier, diese zu töten, sobald sie sich aufteilten, um die Tribute einzutreiben; und an einem Tag töteten sie siebzehn Spanier und vierhundert Diener der toten und der überlebenden Spanier; hierauf schickten sie etliche Arme und Füße im ganzen Land umher als Zeichen für ihre Tat, damit die übrigen sich auch empörten; doch diese wollten es nicht, und deshalb konnte der Adelantado den Spaniern von Valladolid zu Hilfe kommen und die Indios bestrafen.

Der Adelantado hatte Mißhelligkeiten mit den Leuten von Mérida und noch viel größere auf Grund des kaiserlichen Erlasses, der allen Gouverneuren die Indios entzog; ein Untersuchungskommissar begab sich nach Yucatán und nahm dem Adelantado die Indios fort, um sie auf den Namen des Königs einzutragen; danach prüfte die Königliche Audiencia von Mexiko seine Amtsführung und schickte ihn zum Königlichen Westindienrat nach Spanien; dort starb er, von den Drangsalen seines langen Lebens erschöpft, und bei seinem Tode hinterließ er in Yucatán seine Gattin Doña Beatriz als eine noch reichere Frau, außerdem seinen in Yucatán verheirateten Sohn Don Francisco de Montejo und seine Tochter Doña Catalina, die mit dem Lizentiaten Alonso Maldonado, dem Vorsitzenden der Audiencias[33] von

Honduras und Santo Domingo – der Isla Española –, verheiratet war, weiterhin Don Juan Montejo, einen Spanier, und Don Diego, einen Mestizen, den er mit einer India hatte.

Nachdem dieser Don Francisco seinem Vater, dem Adelantado, die Regierung überlassen hatte, lebte er als ein Privatmann, der an der Staatsverwaltung unbeteiligt war, obwohl ihm alle große Achtung bezeigten, weil er jenes Land erobert, aufgeteilt und regiert hatte. Als seine Amtsführung untersucht wurde, begab er sich nach Guatemala; dann kehrte er nach Hause zurück. Seine Kinder waren Don Juan de Montejo, den er mit Doña Isabel, einer aus Salamanca gebürtigen Dame, verheiratete, Doña Beatriz de Montejo, der er seinen Onkel, den Vetter seines Vaters, zum Mann gab, und Doña Francisca de Montejo, die er mit dem aus Guadalajara stammenden Don Carlos de Arellano vermählte. Nachdem er die Heirat aller erlebt hatte, starb er an den Folgen einer langen Krankheit.

Fray Jacobo de Testera[34], ein Franziskanermönch, ging nach Yucatán und unterrichtete die Söhne der Indios in der christlichen Lehre; doch die spanischen Soldaten verlangten so viele Dienstleistungen von den jungen Leuten, daß diesen keine Zeit blieb, um den Katechismus zu lernen; und andererseits zeigten die Spanier auch Abneigung gegen die Mönche, als diese sie tadelten, daß sie die Indios schlecht behandelten, und darum kehrte Fray Jacobo nach Mexiko zurück, wo er starb. Hierauf wurden Mönche von Fray Toribio Motolinía aus Guatemala geschickt, und Fray Martín de Hojacastro schickte weitere aus Mexiko; alle ließen sich in Campeche und Mérida nieder, was ihnen durch die Gunst des Adelantado und seines Sohns Don Francisco gewährt wurde, die für sie in Mérida ein Kloster erbauten, wie es gesagt worden ist; und sie bemühten sich, die Sprache der Indios zu erlernen, was sich als schwierig erwies.

Am besten erlernte sie Fray Luis de Villalpando[35], der sich die ersten Kenntnisse mit Hilfe von Zeichen und Steinchen aneignete; er faßte sie in einer Art von Sprachlehre zusammen und schrieb in jener Sprache einen christlichen Katechismus. Allerdings waren ihnen die Spanier oft hinderlich, sie traten als absolute Herren auf und wollten, daß alles im Interesse ihres Gewinns und ihrer Tribute geschähe; und auch die Indios verhielten sich ablehnend, weil sie weiter bei ihren Götzendiensten und Trinkgelagen bleiben wollten; vor allem war es eine sehr mühevolle Aufgabe, weil sie so weit verstreut in den Wäldern wohnten.

Die Spanier sahen mit großem Unwillen, daß die Mönche sich Klöster bauten, und sie verjagten die Söhne der Indios aus ihren Repartimientos, damit sie nicht die Christenlehre besuchten; zweimal verbrannten sie das Kloster in Valladolid und seine Kirche, die aus Holz und Stroh war, so daß die Mönche schließlich bei den Indios leben mußten; und als sich die Indios jener Provinz erhoben, schrieben sie dem Vizekönig Don Antonio[36], sie hätten dies aus Liebe zu den Mönchen getan; der Vizekönig nahm eine Untersuchung vor und ermittelte, daß zu der Zeit, da der Aufstand der Indios begann, die Mönche noch gar nicht in jene Provinz gekommen waren; (die Encomenderos) ließen (sogar) nachts die Mönche nicht aus den Augen, was Ärgernis bei den Indios erregte, und sie stellten Nachforschungen über deren Leben an und nahmen ihnen die Almosen fort.

Angesichts dieser Gefahr schickten die Mönche einen Ordensbruder zu dem ganz vortrefflichen Richter Cerrato, dem Vorsitzenden der Audiencia von Guatemala, um ihm über die Vorfälle zu berichten, und wegen der Zügellosigkeit und des unchristlichen Lebenswandels der Spanier, die ohne königliche Anordnung die Tribute und alles, was sie konnten, uneingeschränkt an sich rissen (und die Indios) zu persönlichen Dienstleistungen bei allen Arten von Arbeiten (zwangen), sie sogar als Lastträger vermieteten, verfügte er eine bestimmte Steuer, die recht hoch, wenn auch vorübergehend war, und in dieser Verfügung setzte er fest, was dem Indio gehören sollte, nachdem er seinem Encomendero den Tribut bezahlt hatte, und daß dem Spanier nicht uneingeschränkt alles gehören sollte.

(Die Encomenderos) legten Berufung ein, und aus Angst vor der Steuer nahmen sie den Indios noch mehr als bisher ab; nun wandten sich die Mönche erneut an die Audiencia und führten Beschwerde in Spanien; sie unternahmen so viel, daß die Audiencia von Guatemala einen Oberrichter schickte, der das Land mit Steuern belegte, die persönlichen Dienstleistungen aufhob und einige Spanier zur Heirat zwang, als er ihnen die Häuser nahm, die sie voll mit

Frauen hatten. Dies tat Lizentiat Tomás López aus Tendilla, und daraufhin haßten sie die Mönche noch mehr, so daß sie Schmähschriften gegen diese verfaßten und nicht mehr die Messe hörten.

Dieser Haß bewirkte, daß sich andererseits die Indios sehr gut mit den Mönchen standen, da sie die Drangsale sahen, die jene ohne allen Eigennutz auf sich nahmen, um ihnen die Freiheit zu geben, so daß sie nichts ausführten, ohne die Mönche zu unterrichten oder sie um Rat zu fragen, und dies veranlaßte die Spanier, aus Neid zu behaupten, die Mönche hätten dies getan, um die Indias zu regieren und sich das anzueignen, was man ihnen entzogen hätte.

Die Laster der Indios waren, daß sie Götzen anbeteten, ihre Frauen verstießen, sich in aller Öffentlichkeit betranken sowie Sklaven verkauften und kauften, und weil die Mönche sie davon abbringen wollten, zogen diese sich deren Haß zu; wer jedoch von den Spaniern die Mönche am meisten bedrängte, wenn auch heimlich, waren die Priester, da sie ihr Amt und seine Einnahmen verloren hatten.

Folgendermaßen katechisierte man die Indios: Man holte die kleinen Söhne der Häuptlinge und der vornehmsten Herren zusammen und brachte sie bei den Klöstern in Häusern unter, die jeder Ort für seine Angehörigen baute und wo alle aus einem Dorf gemeinsam wohnten; das Essen brachten ihnen die Eltern und Verwandten; zusammen mit diesen Kindern wurden diejenigen aufgenommen, die zur Christenlehre kamen, und durch diese häufigen Besuche erbaten viele aus Frömmigkeit die Taufe; diese Kinder ließen es sich nach ihrem Unterricht angelegen sein, den Mönchen die Götzendienste und Trinkgelage zu melden, sie zerschlugen die Götzenbilder, selbst wenn sie den eigenen Eltern gehörten, und redeten den verstoßenen Ehefrauen wie auch den Waisenkindern zu, wenn man sie zu Sklaven machte, daß sie sich bei den Mönchen beschweren sollten, und obwohl sie von ihren Angehörigen bedroht wurden, ließen sie nicht davon ab, vielmehr antworteten sie, daß man ihnen eine Ehre erwiese, denn solches geschähe zu ihrem Seelenheil. Und der Adelantado und die königlichen Richter haben den Mönchen immer Amtsdiener gegeben, um die Indios zur Christenlehre zusammenzuholen und diejenigen zu bestrafen, die ihr früheres Leben wiederaufnahmen. Anfangs gaben die Häuptlinge nur ungern ihre Söhne her, da sie dachten, man wolle sie zu Sklaven machen, wie es die Spanier getan hatten, und aus diesem Grunde schickten sie sehr oft Sklavenkinder anstelle ihrer Söhne; doch sobald sie die Sache verstanden hatten, gaben sie ihre Söhne gern her.

Deshalb zogen die jungen Männer solch großen Nutzen aus den Schulen und die übrigen Leute aus der Christenlehre, daß es erstaunlich war.

Sie lernten in der Sprache der Indios lesen und schreiben, die so gut zu einer Sprachlehre zusammengefaßt wurde, daß man sie wie das Lateinische studieren konnte; und man entdeckte, daß sie sechs von unseren Buchstaben nicht benutzten, nämlich D, F, G, Q, R und S, die sie für nichts benötigen; jedoch müssen sie andere verdoppeln und hinzufügen, um die zahlreichen Bedeutungen einiger Wörter klar zu unterscheiden, so etwa bedeutet *Pa* „öffnen" und *PPa*, indem man die Lippen stark zusammenpreßt, „zerbrechen"; *Tan* ist Kalk oder Asche, und *Than*, das zwischen der Zunge und den oberen Zähnen kräftig hervorgestoßen wird, bedeutet „Wort" oder „sprechen"; und ebenso verhält es sich bei anderen Wortformen, und wenn sie hierfür auch unterschiedliche Schriftzeichen hatten, brauchte man keine neuen Buchstaben zu erfinden, sondern nur die lateinischen zu benutzen, damit diese allen gemeinsam waren. Sie wurden auch angewiesen, ihre Siedlungen in den Wäldern zu verlassen und wie früher in guten Ortschaften gemeinsam zu wohnen, damit man sie leichter unterrichten konnte und die Ordensgeistlichen nicht solche Mühe hatten; zu deren Unterhalt gaben sie Almosen bei den großen dreitägigen Kirchenfesten und an anderen Feiertagen; auch den Kirchen spendeten sie Almosen, die zwei alte, eigens hierfür ernannte Indios einsammelten; so versahen sie denn die Mönche mit dem Notwendigen, wenn sie diese aufsuchten, und sie statteten die Kirchen auch mit Schmuck aus.

Als diese Leute in der Religion unterrichtet und die jungen Männer mit Nutzen belehrt waren, wie wir gesagt haben, wurden sie von den Priestern verführt, die sie in ihrem Götzendienst hatten, und auch von den Häuptlingen, so daß sie abermals Götzen anbeteten und Opfer brachten, die nicht nur aus Räucherwerk, sondern auch aus Menschenblut bestanden; hierüber stellten die Mönche eine kirchliche Untersuchung an und baten den Oberrichter[37] um Hilfe, sie setzten viele gefangen und führten Prozesse gegen sie durch; und es wurde ein Autodafé abgehalten, bei dem sie viele auf Schaugerüste stellten, ihnen die Büßermütze aufsetzten, sie auspeitschten, sie kahlschoren und einigen für eine gewisse Zeit das Büßerhemd anzogen; andere, die vom Teufel getäuscht wurden, erhängten sich aus Trübsinn, und gemeinsam zeigten alle große Reue und den Willen, gute Christen zu werden.

Zu dieser Zeit traf in Campeche der aus Úbeda gebürtige Franziskaner Don Fray Francisco Toral ein, der zwanzig Jahre lang in Mexiko gewirkt hatte und als Bischof nach Yucatán kam; auf Grund der von den Spaniern erteilten Auskünfte und der von den Indios erhobenen Klagen machte er rückgängig, was die Mönche angeordnet hatten, und befahl, die Festgenommenen freizulassen; hierdurch wurden die Rechte des Ordensprovinzials verletzt, der sich entschloß, nach Spanien zu gehen, nachdem er zunächst in Mexiko Beschwerde eingelegt hatte; und so kam er nach Madrid, wo die Mitglieder des Westindienrates zahlreiche Vorwürfe gegen ihn erhoben, weil er sich das Amt des Bischofs und Inquisitors angemaßt hätte; zu seiner Rechtfertigung berief er sich auf die Befugnis seines Ordens in jenen Ländern, die Papst Hadrian auf Ersuchen des Kaisers erteilt hatte, und auf den Beistand, den man ihm auf Anordnung der Königlichen Audiencia Westindiens in Übereinstimmung mit der den Bischöfen gewährten Hilfe leisten sollte; die Mitglieder des Rates waren über diese Rechtfertigung noch mehr erzürnt und beschlossen, ihn mit seinen Papieren und denen, die der Bischof gegen die Mönche geschickt hatte, an Fray Pedro Bobadilla, den Provinzial von Kastilien, zu verweisen, dem der König in einem Brief befahl, er solle die Unterlagen prüfen und eine gerichtliche Entscheidung treffen. Dieser Fray Pedro übergab, da er krank war, seinem Ordensbruder Fray Pedro de Guzmán, einem in Fragen des Kirchengerichts gelehrten und erfahrenen Mann, die Untersuchung der Prozeßakten; und es wurden Gutachten von sieben Gelehrten des Königreichs Toledo vorgelegt, nämlich Fray Francisco de Medina und Fray Francisco Dorantes vom Franziskanerorden, Magister Fray Alonso de la Cruz, ein Augustinermönch, der dreißig Jahre in den Indias gelebt hatte, Lizentiat Tomás López, der Oberrichter in Guatemala, im neuen Königreich, sowie Richter in Yucatán gewesen war, Don Hurtado, ein Professor für kanonisches Recht, Don Méndez, ein Professor für die Heilige Schrift, und Don Martínez, ein Professor für Scotismus in Alcalá; sie erklärten, der Provinzial habe das Autodafé und das übrige mit Recht durchgeführt, um die Indios zu bestrafen; nachdem Fray Francisco* de Guzmán dies geprüft hatte, gab er einen ausführlichen schriftlichen Bericht an den Provinzial Fray Pedro de Bobadilla.

Die Indios von Yucatán verdienen es aus vielen Gründen, weil sie dem König bereitwillig Beistand geleistet haben, daß er ihnen seine Gunst gewährt. Da er sich in Flandern bedrängt sah, schickte die Prinzessin Doña Juana, seine Schwester, die damals Regentin des Königreichs war, ein königliches Schreiben, worin sie die Bewohner der Indias um Hilfe bat; ein Oberrichter von Guatemala brachte dieses Schreiben nach Yucatán, aus diesem Grunde holte er die Häuptlinge zusammen und ordnete an, daß ein Mönch ihnen predigte, was sie Seiner Majestät schuldig seien und was sie nun von ihnen erbäte. Nach der Ansprache standen zwei Indios auf und antworteten, sie wüßten genau, wozu sie vor Gott verpflichtet seien, weil er ihnen einen so edlen und allerchristlichsten König gegeben hätte, und es bekümmere sie, daß sie nicht in einem Lande lebten, wo sie ihm persönlich dienen könnten, und deshalb möge er prüfen, was er von ihrem wenigen Besitz haben wolle, daß sie ihm hiermit dienten, und wenn es nicht ausreiche, so würden sie ihre Kinder und Frauen verkaufen.

KAPITEL V

## Lebensweise und Religion der Mayas

(Die Indios) bauten ihre Häuser so, daß sie ihnen ein Strohdach gaben, denn sie haben viel und gutes Stroh, oder sie benutzten auch Palmblätter, die sich hierfür eignen; und sie

* Bzw. Fray Pedro, s. o.

45

hatten sehr große Dachschrägen, damit es nicht durchregnete; dann ziehen sie über die ganze Länge eine Zwischenwand ein, die das gesamte Haus teilt, und in dieser Wand lassen sie einige Türen zu der Hälfte, die sie die Rückseite des Hauses nennen, wo sie ihre Betten haben; die andere Hälfte streichen sie mit einer sehr schönen weißen Farbe an, und die Häuptlinge haben sie mit vielen hübschen Dingen bemalt; diese Hälfte dient als Empfangsraum und Herberge für die Gäste; sie hat keine Tür, sondern ist auf der ganzen Längsseite des Hauses offen; die vordere Dachschräge zieht sich zum Schutz gegen Sonnenschein und Regen weit nach unten, und sie sagen, dies diene auch dafür, um sich in Notzeiten von innen der Feinde zu erwehren. Das gemeine Volk erbaute auf eigene Kosten die Herrenhäuser; und da sie keine Türen hatten, hielten sie es für einen schweren Frevel, wenn man sich an fremden Häusern vergriff. Sie hatten eine kleine Hintertür für ihre Bedürfnisse; ihre Betten waren aus dünnen Stäben, auf denen eine kleine Schilfmatte lag, darin schlafen sie unter ihren baumwollenen Umhängen; im Sommer schlafen sie, insbesondere die Männer, meistens in den weißgetünchten Räumen auf einer derartigen kleinen Schilfmatte. Alle einfachen Leute bauten den Häuptlingen nicht nur das Haus, sondern kümmerten sich auch um deren Felder, sie bestellten diese und ernteten solche Mengen, daß es für den Häuptling und sein Hauswesen ausreichte; und wenn Wild oder Fisch gefangen wurde oder auch die Zeit gekommen war, Salz zu holen, so gaben sie stets dem Häuptling einen Teil, weil sie derartige Unternehmen immer gemeinschaftlich ausführten. Zwar übernahm nach dem Tod des Häuptlings dessen ältester Sohn die Macht, doch wurden auch die übrigen Söhne immer hochgeachtet, unterstützt und als Herren angesehen.

Die übrigen Vornehmen, die von geringerem Rang als der Häuptling waren, unterstützte man bei all diesen Dingen in Übereinstimmung mit deren Stand oder mit der Gunst, die der Häuptling ihnen gewährte. Die Priester lebten von ihren Ämtern und den Opfergaben.

Die Häuptlinge regierten den Ort, indem sie die Streitfälle schlichteten, die Angelegenheiten ihrer Gemeinwesen ordneten und einrichteten; dies alles ließen sie von den Vornehmsten ausführen; besonders die Reichen, die von jenen aufgesucht wurden, gehorchten ihnen bereitwillig und achteten sie hoch; jene hielten Hof in ihren Häusern, wo sie die Angelegenheiten und Geschäfte verhandelten, besonders am späten Abend; und wenn die Häuptlinge den Ort verließen, führten sie ein großes Gefolge mit, ebenso, wenn sie ihr Haus verließen.

Die Indios in Yucatán sind von guter Statur, groß, ausdauernd und sehr kräftig; gewöhnlich haben sie alle krumme Beine, weil sie als Kinder, wenn die Mütter sie hin und her tragen, rittlings auf deren Hüften sitzen. Das Schielen hielten sie für etwas Anmutiges, und die Mütter führten es auf künstlichem Wege herbei, indem sie ihnen schon als Kindern ein kleines Pechpflaster an die Haare hängten, das bis zu dem Raum zwischen den Brauen herabreichte; und da es dort hin und her schwang, blickten sie stets nach oben und wurden schließlich zu Schielern. Kopf und Stirn waren bei ihnen flach, was auch ihre Mütter absichtlich herbeiführten, während jene noch kleine Kinder waren; die Ohren hatten sie durchbohrt, um Ringe zu tragen, und von den Opfern waren sie stark zerstochen. Sie bekamen keinen Bart und sagten, ihre Mütter würden ihnen als Kindern das Gesicht mit heißen Tüchern versengen, damit ihnen kein Bart wüchse. Und jetzt lassen sie sich einen Bart stehen, der jedoch sehr borstig wie Roßhaar ist.

Sie ließen sich das Haar wie bei den Frauen wachsen: In der Scheitelgegend verbrannten sie ungefähr soviel wie eine reichliche Tonsur, und daher wuchs das Haar weiter unten kräftig, während das im Bereich der Tonsur nachwachsende Haar kurz blieb; und sie flochten es zu einem Kranz rings um den Kopf, das Schwänzchen ließen sie hinten wie eine Quaste stehen.

Alle Männer benutzten Spiegel und die Frauen nicht; und wenn sie jemandem den Namen eines Gehörnten geben wollten, sagten sie, seine Frau habe ihm den Spiegel in das überstehende Haar des Hinterkopfes gesteckt.

Sie badeten sich viel, wobei sie nur darauf achteten, so weit ihre Blöße vor den Frauen zu verdecken, wie eine Hand zuhalten konnte.

Sie hatten Wohlgerüche gern, und deshalb haben sie Sträuße aus Blumen und duftenden Gräsern, die höchst anmutig und fein gestaltet sind.

Ihrem Brauch gemäß bemalten sie sich Gesicht und Körper rot,[38] und das sah sehr übel bei ihnen aus, sie hielten es jedoch für einen großen Festschmuck.

Ihre Kleidung bestand aus einem Streifen, der eine Hand breit war und ihnen als Beinkleider und Strümpfe diente; sie schlugen ihn mehrmals am Gürtel um, so daß ein Zipfel vorn und der andere hinten herunterhing, und ihre Frauen gaben diesen Zipfeln eine zierliche Form und schmückten sie mit Federarbeiten. Sie trugen lange und viereckige Umhänge, die sie an den Schultern festbanden; sie hatten Sandalen aus Hanf oder ungegerbtem, getrocknetem Hirschleder. Andere Kleidungsstücke benutzten sie nicht.

Die Hauptnahrung ist Mais, aus dem sie verschiedene Speisen und Getränke herstellen, und selbst die Getränke, die sie zu sich nehmen, dienen ihnen zugleich als Essen und Trinken; die Indias lassen den Mais eine Nacht zuvor in Kalk und Wasser quellen, und am Morgen ist er weich und halbgekocht, auf diese Art entfernt man Schalen und Stiele von ihm; sie mahlen ihn zwischen Steinen, und von dem halbgemahlenen Mais geben sie den Arbeitern, Wanderern und Seefahrern große Ballen und Lasten, die sich einige Monate verwenden lassen, wenn man sie lediglich säuert; davon nehmen sie einen Klumpen und lösen ihn in einem Gefäß auf, das aus der Fruchtschale eines Baums besteht, mit dem Gott für ihre Gefäße gesorgt hat; sie trinken jene Substanz und essen das übrige, das wohlschmeckend und sehr nahrhaft ist; und aus dem am feinsten gemahlenen Mais gewinnen sie einen Milchsaft und dicken ihn am Feuer ein, daraus machen sie eine Art von Mehlbrei für den Morgen, den sie warm trinken; was vom Frühstück übrigbleibt, verdünnen sie mit Wasser und trinken es tagsüber, denn gewöhnlich trinken sie kein reines Wasser. Sie rösten auch Mais, mahlen ihn und lösen ihn in Wasser auf, was ein sehr erfrischendes Getränk ergibt, wenn man etwas Nelkenpfeffer oder Kakao hinzugibt.

Aus Mais und gemahlenem Kakao machen sie einen gewissen Sirup, der sehr schmackhaft ist und mit dem sie ihre Feste feiern; aus dem Kakao gewinnen sie ein Fett, das wie Butter aussieht, und daraus und aus Mais stellen sie einen anderen schmackhaften und geschätzten Trank her; aus der Substanz von rohem, gemahlenem Mais machen sie ein weiteres Getränk, das sehr erfrischend und schmackhaft ist.

Gutes und gesundes Brot stellen sie auf viele Arten her, nur daß es sich schlecht essen läßt, wenn es kalt ist; und so haben die Indias viel Arbeit, da sie es zweimal am Tag backen. Man konnte kein Mehl herstellen, das sich wie Weizenmehl kneten ließ, und wenn man es manchmal wie Weizenbrot bäckt, ist es minderwertig.

Sie kochen Speisen aus Gemüse, Hirschfleisch und dem Fleisch von wilden wie auch zahmen Vögeln, von denen es viele gibt, und aus Fisch, der ebenfalls sehr häufig ist; und so haben sie reichlich Nahrung, besonders seitdem sie Schweine und Geflügel aus Kastilien halten.

Am Morgen nehmen sie das Getränk warm und mit Pfeffer zu sich, wie es gesagt worden ist, und tagsüber den Rest kalt; am Abend essen sie die gekochten Speisen; wenn es kein Fleisch gibt, machen sie ihre Brühe aus Pfeffer und Gemüse. Der Sitte gemäß aßen die Männer nicht gemeinsam mit den Frauen; sie speisten für sich allein auf der Erde oder benutzten höchstens eine kleine Schilfmatte als Tisch; und wenn sie etwas haben, essen sie reichlich, wenn nicht, ertragen sie den Hunger sehr gut und halten mit ganz wenig Nahrung aus. Nach dem Essen waschen sie sich Hände und Mund.

Sie schnitten sich Zeichnungen in die Haut, und je mehr sie hatten, desto mutiger und tapferer waren sie nach ihrer Ansicht, weil diese Art, sich den Körper zu bemalen, sehr qualvoll war und folgendermaßen ausgeführt wurde: Diejenigen, die dieses Amt versahen, bemalten den Teil, den sie wollten, mit Farbe, und danach schnitten sie diese Bilder vorsichtig ins Fleisch ein; auf diese Weise, mit Blut und Farbe, erhielten sich die Bilder in der Haut; sie bemalten sich nach und nach, da es ja sehr schmerzvoll für sie war; und danach (wurden sie) auch krank, weil die eingeschnittenen Zeichnungen sich entzündeten und eiterten; trotzdem spotteten sie über jene, die sich nicht bemalten. Und sie rühmen sich ungemein ihres galanten Wesens, wie auch, daß sie natürliche Reize und Anlagen haben. Und sie essen und trinken schon wie wir.

Die Indios waren beim Trinken und im Rausch äußerst hemmungslos; hieraus erwuchsen ihnen viele Übel, wie etwa, daß sie sich gegenseitig umbrachten, daß sie fremde

Betten schändeten – da die armen Frauen dachten, sie empfingen ihren Ehemann, und dies geschah ebenso mit dem eigenen Vater und der eigenen Mutter wie auch im Haus ihrer Feinde – und daß sie Feuer an ihr eigenes Haus legten; mit alldem richteten sie sich zugrunde, weil sie sich betranken. Wenn das Trinkgelage allgemein und mit Opfern verbunden war, steuerten sie alle dazu bei; wenn es von einer Privatperson ausgerichtet wurde, trug nämlich diese mit Hilfe ihrer Verwandten die Kosten. Wein machen sie aus Honig, Wasser und der Wurzel eines gewissen Baums, den sie hierfür anpflanzten, so daß der Wein stark und sehr übelriechend wurde; sie tanzten, erlustigten sich und saßen jeweils zu zweit oder zu viert zusammen, um zu speisen; und nach dem Essen holten die Mundschenke, die sich gewöhnlich nicht betranken, einige große Bottiche zum Trinken hervor, bis es schließlich zu einem allgemeinen Tumult kam; und die Frauen waren sehr besorgt, wenn ihre Ehemänner betrunken heimkehrten.

Oft verschwenden sie bei einem Gastmahl, was sie in vielen Tagen mit Handeln und Feilschen verdient hatten; und sie feiern diese Feste auf zwei Arten. Bei der ersten, die den Häuptlingen und vornehmen Herren eigentümlich ist, hat jeder Gast die Pflicht, ein ebensolches Gastmahl auszurichten und jedem anderen Gast einen gebratenen Vogel, Brot und reichlich Kakaotrunk vorzusetzen, und zum Abschluß des Gastmahls geben sie gewöhnlich jedem einen Umhang, damit er sich bedeckt, einen Schemel und das kunstvollste Gefäß, das sie finden können; und wenn einer von ihnen stirbt, sind die Familienangehörigen oder Verwandten verpflichtet, das Gastmahl zu bezahlen. Die zweite Art ist ein Fest unter Verwandten, wenn sie ihre Kinder verheiraten oder der Taten ihrer Vorfahren gedenken; bei dieser Art sind die Teilnehmer nicht verpflichtet, ein neues Fest als Entgelt auszurichten, nur daß ein Indio, den man zu einem solchen Fest eingeladen hat, alle übrigen Gäste einlädt, wenn er ein Fest feiert oder seine Kinder verheiratet. Sie schätzen die Freundschaft sehr und erhalten sie, (selbst wenn sie) fern voneinander (sind), mit diesen Gastmahlen; bei solchen Festen schenkten ihnen schöne Frauen ein, die, nachdem sie das Glas kredenzt hatten, dem Trinkenden den Rücken zukehrten, bis er ausgetrunken hatte.

Die Indios haben sehr vergnügliche Unterhaltungen und vor allem Komödianten, die mit großer Anmut spielen, was so weit geht, daß diese sich Spanier mieten, damit sie die Späße über diejenigen Spanier sehen, die mit ihren Mädchen vorbeikommen, über die Ehemänner oder über sie selbst, über gute oder schlechte Diener, und hierauf stellen sie dies so kunstfertig wie genau dar. Sie haben kleine Trommeln, die sie mit der Hand schlagen, und eine weitere, aus einem hohlen Baumstamm hergestellte Trommel, die dumpf und traurig klingt und die sie mit einem länglichen Stab schlagen, dessen Spitze sie mit dem Milchsaft eines Baums bedeckt haben; und sie haben große und dünne Trompeten aus hohlen Baumstämmen, an deren Ende lange und gekrümmte Kalebassen angebracht sind; sie haben ein weiteres Musikinstrument aus der Schale einer ganzen Schildkröte, nachdem man das Fleisch herausgelöst hat, schlägt man mit der Handfläche auf die Schale, was einen düsteren und traurigen Klang ergibt.

Sie haben Pfeifen aus den Röhrenknochen von Hirschen, große Schneckentrompeten und Rohrflöten, und mit diesen Instrumenten spielen sie den Tanzenden auf. Vor allem haben sie zwei Tänze, die ganz allein für Männer und sehr sehenswert sind. Der eine ist ein Spiel wie das Ringelstechen, und deshalb nennen sie es *Colomché*, was ebendies bedeutet. Hierfür findet sich ein großer Kreis von Tänzern zusammen, wozu Musik erklingt, und in deren Takt treten zwei aus dem Kreis heraus: Der eine trägt ein Bündel Wurfpfeile und tanzt mit ihnen in aufrechter Haltung; der andere tanzt hockend, wobei beide dem Takt des Kreises folgen; und der eine schießt die Wurfpfeile mit ganzer Kraft auf den anderen ab, während dieser sie sehr geschickt mit einem kleinen Holzstab abfängt. Nachdem alle Pfeile verschossen sind, tanzen sie dem Takt folgend in den Kreis zurück, und andere treten heraus, um das gleiche zu tun. An einem anderen Tanz sind ungefähr achthundert Indios beteiligt, die Fähnchen tragen und den Klängen einer kriegerischen Musik mit langen Schritten folgen, wobei es unter ihnen nicht einen gibt, der aus dem Takt kommt; und in ihren Tänzen sind sie schwerfällig, weil sie den ganzen Tag unablässig tanzen, und selbst mit Essen und Trinken versorgt man sie während des Tanzes. Es war nicht üblich, daß die Männer mit den Frauen tanzten.

Die Handwerker unter den Indios waren Töpfer und Zimmerleute,[39] die viel verdienten, da sie die Götzenbilder aus Ton und Holz herstellten, wobei sie zahlreiche Fastenzeiten und andere Zeremonien einhielten. Es gab auch Wundärzte oder, besser gesagt, Zauberer, die mit Kräutern und vielen abergläubischen Handlungen heilten; und so war es auch bei allen übrigen Handwerken. Das Gewerbe, für das sie die größte Vorliebe zeigten, war der Handel; die Kaufleute brachten Salz, Kleidung und Sklaven in das Gebiet von Ulúa und Tabasco und tauschten alles gegen Kakao und Steinkügelchen ein, die ihr Geld waren, und damit kauften sie gewöhnlich Sklaven oder andere Steinkügelchen, weil diese von ausgesucht guter Qualität waren, und die Häuptlinge trugen sie als Juwelen bei den Festen; als Geld und Juwelen für ihren persönlichen Gebrauch hatten sie auch weitere, die aus gewissen roten Muschelschalen hergestellt waren, diese trugen sie in ihren geknüpften Beuteln bei sich; und auf den Märkten handelten sie mit allem, was es in diesem Land gab. Sie borgten, verliehen und bezahlten höflich und ohne Wucherzinsen. Mehr als alle übrigen waren die Bauern und jene, die den Mais und die anderen Feldfrüchte ernten; diese bewahren sie in sehr schönen Kornspeichern und Scheuern auf, um sie zu einer günstigen Zeit verkaufen zu können. Ihre Maultiere und Ochsen sind die Menschen. Gewöhnlich säen sie für jeden Ehemann und seine Frau ein Feldmaß von vierhundert Fuß, das sie *hum uinic* nennen und das mit der Elle zu zwanzig Fuß in der Breite und in der Länge ausgemessen wird.

Die Indios haben die gute Sitte, sich bei all ihren Arbeiten gegenseitig zu unterstützen.[40] Während der Aussaat schließen sich diejenigen, die hierzu keine eigenen Leute haben, in Gruppen von ungefähr zwanzig Mann zusammen, und sie leisten gemeinsam, ihrem Maß und Anteil entsprechend, die Feldarbeit für alle; sie hören nicht eher auf, bis sie ihre Pflicht allen gegenüber erfüllt haben. Die Ländereien sind zunächst gemeinschaftliches Eigentum, und darum wird derjenige, der sich ihrer als erster bemächtigt, ihr Besitzer. Sie säen auf vielen auseinanderliegenden Feldern, damit, wenn eines keinen Ertrag bringt, das andere dies ersetzen kann. Wenn sie den Boden bestellen, säubern sie ihn lediglich von Unrat, den sie verbrennen, und hierauf säen sie; von Mitte Januar bis zum April bereiten sie das Land vor, und wenn der Regen beginnt, bringen sie die Saat in den Boden; hierfür tragen sie einen kleinen Sack auf dem Rücken, und mit einem spitzen Stock graben sie ein Loch in die Erde, sie legen fünf oder sechs Körner hinein, die sie mit demselben Stock zuschütten. Ein erstaunlicher Anblick ist, wie die Pflanzen sprießen, sobald es regnet. Auch für die Jagd schließen sie sich in Gruppen von ungefähr fünfzig Mann zusammen, und das Hirschfleisch braten sie auf einem Rost, damit es ihnen nicht verdirbt; wenn sie in den Ort zurückgekehrt sind, geben sie dem Häuptling einen Teil als Geschenk, und (den Rest) teilen sie freundschaftlich unter sich auf. Das gleiche machen sie beim Fischfang.

Wenn die Indios einen Besuch abstatten, haben sie immer ein Geschenk bei sich, das ihrem Stand entspricht; und der Besuchte vergilt es dem Gast mit einem anderen Geschenk; die übrigen Anwesenden bei derartigen Besuchen sprechen und hören so aufmerksam zu, wie es der Person gebührt, mit der sie sprechen, denn obwohl alle sich mit „du" anreden, pflegt im weiteren Verlauf ihrer Gespräche der Geringere aus Aufmerksamkeit den Namen des Amtes oder der Würde des Höhergestellten zu wiederholen. Und es ist bei ihnen eine sehr verbreitete Sitte, denen zu helfen, die ihnen Botschaften ausrichten, wobei sie einen Singsang hervorbringen, den sie beim Atemholen in der Kehle bilden und der so ähnlich klingt wie „hasta que"* oder „así que"**. Die Frauen sind beschränkt in ihrem Urteilsvermögen und nicht gewohnt, auf eigene Verantwortung zu handeln, besonders, wenn sie arm sind, und deshalb spotteten die Häuptlinge über die Mönche, die Armen und Reichen unterschiedslos Gehör schenkten.

Die Übel, die einige den anderen zufügten, sollten auf Anordnung des Häuptlings, der dem Ort des Übeltäters vorstand, wiedergutgemacht werden; wenn dies nicht geschah, war es Anlaß und Mittel für weitere Feindschaften. Und wenn die Beteiligten aus demselben Ort waren, so gaben sie es dem Richter bekannt, der als Schiedsmann auftrat. Nach-

---

* Bis daß.
** So daß.

dem der Schaden geprüft war, wurde die Wiedergutmachung angeordnet; und wenn der Betreffende die Wiedergutmachung nicht ausreichend erfüllen konnte, halfen ihm seine Freunde und Verwandten. Die Gründe, aus denen sie gewöhnlich derartige Wiedergutmachungen leisteten, waren, wenn sie jemanden aus Versehen getötet hatten oder wenn die Frau oder auch der Ehemann sich durch das Verschulden des anderen erhängt hatte oder dieser den Anlaß hierfür gegeben hatte oder wenn sie auch den Brand von Häusern oder Grundstücken, Bienenkörben oder Maisspeichern verursacht hatten. Für die übrigen, böswillig zugefügten Übel verschafften sie sich stets Genugtuung mit Blut und Faustschlägen.

Die Yucateken sind sehr freigebig und gastfreundlich, denn jedem, der ihr Haus betritt, geben sie von ihrem Essen oder Trinken ab: tagsüber von ihren Getränken und nachts von ihren Speisen. Und wenn sie nichts haben, holen sie etwas von den Nachbarn; und wenn sich ihnen unterwegs Leute anschließen, müssen sie allen etwas geben, obwohl ihnen deshalb sehr viel weniger für sie selbst bleibt.

Sie zählen immer mit Fünfern bis zwanzig[41], mit Zwanzigern bis einhundert, mit Hundertern bis vierhundert und mit Vierhundertern bis achttausend; dieser Rechenart bedienten sie sich sehr häufig beim Kakaohandel. Sie haben andere, sehr weitläufige Berechnungen, und diese dehnen sie *ad infinitum* aus, indem sie achttausend mit zwanzig malnehmen, was einhundertsechzigtausend ergibt, und diese einhundertsechzigtausend nochmals mit zwanzig vervielfachen, und nachdem sie es so mit zwanzig allmählich weiter vervielfachen, erhalten sie schließlich eine unzählbare Zahl. Sie rechnen auf dem Boden oder auf einem ebenen Gegenstand.

Mit großer Sorgfalt bemühen sie sich, den Ursprung ihrer Geschlechter zu kennen, besonders, wenn sie von einer Familie aus *Mayapán* abstammen; und das wollen sie von den Priestern erfahren, denn dies ist eine von ihren Wissenschaften; und sie rühmen sich ungemein der bedeutenden Männer, die es in ihren Geschlechtern gegeben hat. Die Namen der Eltern werden stets von den Söhnen weitergeführt, von den Töchtern nicht. Ihre Söhne und Töchter wurden von ihnen immer mit dem Namen des Vaters und der Mutter benannt, jener des Vaters diente als Eigenname und jener der Mutter als Gattungsname; solcherart erhielt der Sohn von *Chel* und *Chan* den Namen *Nachanchel*, das heißt Kinder von dem und dem; aus diesem Grunde sagen die Indios, daß diejenigen, die einen gemeinsamen Namen tragen, Verwandte seien, und sie behandeln einander auch als solche. Und wenn sie in eine unbekannte Gegend kommen (und sich) in Not (befinden), suchen sie darum sogleich Hilfe bei jemandem, der den gleichen Namen hat, und wenn es einen gibt (, der diesen Namen hat), werden sie alsbald mit aller Liebe aufgenommen und behandelt. Und deshalb heiratete eine Frau oder ein Mann keinen anderen mit gleichem Namen, weil dies bei ihnen als große Schande galt. Jetzt werden sie (mit) dem Taufnamen und dem Eigennamen genannt.

Die Indios ließen nicht zu, daß die Töchter gemeinsam mit ihren Brüdern erbten, außer wenn es aus Barmherzigkeit oder freiem Willen geschah; und dann gaben sie ihnen etwas vom Gesamtvermögen, das übrige teilten die Brüder gleichmäßig unter sich; nur demjenigen, der den größten Beitrag geleistet hatte, um das Vermögen zusammenzutragen, gaben sie einen entsprechenden Gegenwert; wenn nur weibliche Nachkommen vorhanden waren, erbten die Brüder (des Vaters) oder (die) nächsten Verwandten; wenn die Erben noch in einem Alter waren, in dem man ihnen das Vermögen nicht aushändigen durfte, gab man es einem Vormund, dem nächsten Verwandten, der die Mutter unterstützte, damit sie die Kinder aufziehen konnte, denn es war bei ihnen nicht üblich, etwas der Verfügungsgewalt der Mütter zu überlassen, oder sie nahmen diesen auch die Kinder fort, vor allem, wenn die Brüder des Verstorbenen zu Vormündern bestellt wurden. Diese Vormünder gaben, was man ihnen auf solche Weise anvertraut hatte, den Erben, sobald sie das entsprechende Alter erreicht hatten, und wenn die Vormünder dies nicht taten, galt es bei ihnen als eine große Kränkung und war die Ursache für viele Streitigkeiten. Diese Übergabe erfolgte vor den Häuptlingen und Vornehmen, wobei sie das abzogen, was sie für die Erziehung der Kinder aufgewendet hatten; und sie lieferten ihnen nichts von den Erträgen der Grundstücke ab, außer wenn es Bienenhäuser oder mehrere Kakaobäume waren, weil sie sagten, es genüge vollauf, daß diese weiter vorhanden wären und nun ihnen gehörten. Wenn ein Häuptling starb und seine Söhne nicht (in dem entsprechenden Alter) waren, um die Herrschaft zu übernehmen, er jedoch Brüder hatte, so regierte der älteste oder der gewandteste Bruder, und sie zeigten dem Erben ihre Sitten und Feste für die Zeit, da er zum Mann herangewachsen wäre; diese Brüder regierten ihr ganzes Leben, selbst wenn der Erbe (bereits das entsprechende Alter hatte), um die Herrschaft zu übernehmen; wenn keine Brüder vorhanden waren, wählten die Priester und die vornehmen Herren einen hierfür geeigneten Mann.

Früher heirateten sie mit zwanzig Jahren, und jetzt tun sie es mit zwölf oder dreizehn, und deshalb werden heute die Frauen leichtfertiger verstoßen, da sie ohne Liebe, in Unkenntnis des Ehelebens und der ehelichen Pflichten heiraten; wenn die Männer sich nicht von den Eltern bewegen ließen, zu den Frauen zurückzukehren, so suchten die Eltern ihnen wieder und wieder neue Frauen. Ebenso leichtfertig verließen die Männer ihre Frauen, wenn sie Kinder hatten, ohne davor zurückzuschrecken, daß ein anderer Mann sie ehelichte oder sie selbst sich später ihnen wieder zuwandten; trotz alledem sind sie jedoch sehr eifersüchtig und können es nicht ertragen, daß die Frauen ihnen untreu sind; und da sie jetzt sehen, daß die Spanier ihre Frauen nach einem solchen Vorfall töten, wird es bei ihnen schon üblich, die eigenen Frauen zu mißhandeln oder sogar zu töten. Wenn sie (ihre Frauen) verstießen und die Kinder noch klein waren, ließen sie diese bei den Müttern; waren sie groß, so blieben die Söhne bei den Vätern und die Töchter bei den Müttern.

Obwohl das Verstoßen der Frauen etwas so Alltägliches und Vertrautes war, hielten es die Ältesten mit den besten Sitten für schlecht, und es gab viele, die immer nur eine (Frau) hatten, wobei niemand eine Frau nahm, die denselben väterlichen Familiennamen hatte, weil dies bei ihnen als etwas sehr Schändliches galt; wenn sich jemand mit seiner Schwägerin, der Frau eines Bruders, verheiratete, so hielt man das für schlecht. Sie heirateten nicht ihre Stiefmütter und auch nicht ihre Schwägerinnen, die Schwestern ihrer (vorherigen) Frauen, ebensowenig ihre Tanten, die

Schwestern ihrer Mütter, und wenn jemand es doch tat, so hielt man das (für) schlecht. Mit allen übrigen weiblichen Verwandten mütterlicherseits gingen sie (die Ehe) ein, selbst wenn es eine leibliche Base war.

Die Eltern sind sehr bemüht, ihren Söhnen beizeiten Frauen ihres Standes und Herkommens und, wenn es ihnen möglich war, aus demselben Ort zu suchen; es kam selten bei ihnen vor, daß sie sich selbst Frauen suchten oder die Eltern einen Ehemann für ihre Tochter auswählten; um dies zu verhandeln, wandten sie sich an Heiratsvermittler, die dies vereinbaren sollten. Nachdem sie dies abgesprochen und geregelt hatten, setzten sie das Brautgeld und das Heiratsgut fest, das sehr wenig war, und der Vater des jungen Mannes gab es dem Mitschwiegervater, während die Schwiegermutter, über das Heiratsgut hinaus, Kleidung für die Schwiegertochter und den Sohn anfertigte; wenn der Tag gekommen war, versammelten sie sich beim Vater der Braut, und nachdem das Essen zubereitet war, fanden sich dort die Gäste und der Priester ein, und wenn die Brautleute und die Schwiegereltern zusammengekommen waren, untersuchte der Priester, ob sie zueinander paßten, ob die Schwiegereltern es gut bedacht hätten und ob es ihnen recht sei; so gab man sie an diesem Abend dem jungen Mann zur Frau, wenn sie sich eignete; hierauf richtete man das Mahl und Gelage aus; und von nun an blieb der Schwiegersohn bei dem Schwiegervater, um fünf oder sechs Jahre für ihn zu arbeiten; und wenn er es nicht tat, warf man ihn hinaus. Die Mütter waren bemüht, daß die Frau ihrem Mann als Zeichen für die Ehe immer zu essen gab. Witwer und Witwen verabredeten sich ohne Fest oder Feier, und die Heirat war allein damit vollzogen, daß die Witwer zu den Witwen gingen, daß diese sie aufnahmen und ihnen zu essen gaben; hieraus folgte, daß man (die Frauen) ebensoleicht verließ, wie man sie nahm. Die Yucateken ehelichten nie mehr als eine Frau, während man in anderen Gegenden gefunden hat, daß sie viele Frauen auf einmal hatten; manchmal schließen die Eltern eine Ehe für ihre kleinen Kinder, bis diese das entsprechende Alter erreicht haben, und jene behandeln einander als Schwiegereltern.

Die Taufe gibt es nirgendwo in den Indias außer in Yucatán, und dies sogar mit einem Ausdruck, der „von neuem oder wieder geboren werden" bedeutet; das ist genau das gleiche wie „wieder geboren werden" im Lateinischen, denn *zihil* bedeutet in der Sprache von Yucatán „von neuem oder wieder geboren werden", und es wird nur in verbalen Zusammensetzungen benutzt: *caputzihil* bedeutet daher „von neuem geboren werden".

Wir konnten ihren Ursprung nicht herausfinden, sondern haben nur erfahren, daß es etwas sei, das sie immer gebraucht und derart andächtig verehrt haben, daß niemand versäumte, es zu empfangen; und sie achteten es so hoch, daß jene, die Sünden begangen hatten, wenn sie zu solchen fähig waren, sie offenbaren mußten, besonders den Priestern, um es zu empfangen; und sie glaubten so fest daran, daß sie es auf keinen Fall wiederholten. Sie dachten, (was) sie in der (Taufe) empfingen, sei eine im voraus wirksame Fähigkeit, in ihren Sitten gut zu sein, bei den zeitlichen Dingen keinen Schaden von den Teufeln zu erleiden und durch die Taufe und ihr gutes Leben schließlich die Seligkeit zu erlangen, die sie erhofften und in der, wie es jener in der Lehre Mohammeds entspricht, sie sich mit Speisen und Getränken bedienen sollten. Bei ihnen war es nun üblich, die Taufe folgendermaßen vorzunehmen: Die Indias zogen ihre Kinder auf, bis sie drei Jahre alt waren, wobei sie immer die Sitte hatten, daß sie den kleinen Knaben an den Haaren der Scheitelgegend ein weißes Steinkügelchen befestigten und die Mädchen unterhalb der Lenden mit einer dünnen Schnur gürteten, an der eine kleine Muschel angebunden war, die ihre Scham bedeckte, und es war bei ihnen eine Sünde und etwas sehr Schimpfliches, den Mädchen diese beiden Dinge vor der Taufe abzunehmen; diese erteilten sie ihnen stets im Alter zwischen drei und zwölf Jahren, und niemals heirateten sie vor der Taufe. Wenn jemand seinen Sohn taufen wollte, ging er zum Priester und teilte ihm seine Absicht mit; der Priester machte die Taufe im Ort bekannt, und sie achteten immer darauf, daß der Tag, an dem er sie vornehmen würde, kein Unglückstag war. Hiernach wählte derjenige, der das Fest ausrichtete und die Gespräche führte, nach seinem Belieben einen Vornehmen des Ortes, damit er ihn bei seiner Angelegenheit und den dazugehörenden Dingen unterstützte. Sie hatten den Brauch, danach weitere vier Männer zu wählen, die alt und ehrenhaft waren und dem Priester bei den Zeremonien am Festtag helfen sollten, diese wählten sie gemeinsam nach ihrem Belieben mit dem Priester; bei solchen Wahlen hörten sie immer die Eltern aller Kinder, die getauft werden sollten, denn es war auch das Fest aller übrigen, und die von ihnen Ausgesuchten nannten sie *Chaces*. Drei Tage vor dem Fest fasteten die Eltern der Kinder und die Amtsgehilfen und enthielten sich der Frauen.

Am Tag (der Taufe) kamen alle im Haus desjenigen zusammen, der das Fest ausrichtete, und dorthin brachten sie alle Kinder, die man taufen sollte; diese stellten sie geordnet auf, an der einen Seite die Knaben und an der anderen die Mädchen, und das geschah auf dem Hof oder Platz des Hauses, den sie gesäubert und mit frischen Blättern bestreut hatten. Für die Mädchen setzten sie eine alte Frau als Patin ein und für die Knaben einen Mann, der sich ihrer annehmen sollte.

Danach vollzog der Priester die Reinigung der Wohnung und vertrieb aus ihr den Teufel. Um ihn zu verjagen, stellten sie vier Schemel in die vier Ecken des Hofes, die vier *Chaces* nahmen auf ihnen Platz und spannten einen langen Strick von einem zum anderen, so daß die Kinder in der Mitte oder in dem vom Strick umgebenen Raum eingeschlossen waren; hierauf mußten alle Eltern, die gefastet hatten, über den Strick steigen und den umschlossenen Bereich betreten. Danach oder zuvor stellte man einen weiteren Schemel in die Mitte, auf den sich der Priester setzte; neben sich hatte er ein Kohlenbecken, ein wenig gemahlenen Mais und ein wenig einheimischen Weihrauch. Dorthin kamen der Reihe nach die Knaben und Mädchen, der Priester streute ihnen etwas gemahlenen Mais und Weihrauch in die Hand, und sie (warfen es) in das Kohlenbecken, was alle machten; nachdem sie dieses Räucherwerk verbrannt hatten, nahmen sie das hierfür benutzte Kohlenbecken und den Strick, mit dem die *Chaces* sie eingeschlossen hatten, und schütteten etwas Wein in ein Glas; das alles gaben sie einem Indio, der es aus dem Ort tragen sollte, wobei sie ihn warnten, er dürfe nichts trinken und bei der Rückkehr nicht nach hinten schauen; und sie sagten, damit wäre der Teufel ausgetrieben.

Nachdem der Indio aufgebrochen war, fegten sie den Hof

und säuberten ihn von den dort liegenden Blättern eines Baums, der *Cihom* heißt, und sie entfernten auch die Blätter eines anderen Baums, den sie *Copó* nennen; sie legten ein paar Schilfmatten aus, während der Priester sich ankleidete. Er kam heraus, nachdem er sich ein rotes Bußkleid aus Federn angezogen hatte, das mit weiteren bunten Federn verziert war, und andere lange Federn hingen von den Rändern (des Bußkleides) herab; auf dem Kopf hatte er so etwas wie eine Büßermütze aus gleichartigen Federn; unter dem Bußkleid trug er viele baumwollene Streifen (, die) bis zum Boden (reichten), wie Schleppen, und er hielt einen Weihwedel in der Hand, der aus einem kurzen, sehr sorgfältig bearbeiteten Holzstab bestand, und als Bart oder Haare des Weihwedels dienten gewisse Schlangenschwänze, (die) wie Klappern (sind); und sie traten mit ebensolchem würdevollen Ernst auf, wie ihn ein Papst hätte, der einen Kaiser krönte, so bemerkenswert war die gemessene Haltung, die ihnen der Aufputz verlieh. Die *Chaces* gingen nun zu den Kindern und legten jedem ein weißes Tuch auf den Kopf, das ihre Mütter hierfür mitgebracht hatten. Sie fragten diejenigen, die schon etwas größer waren, ob sie eine Sünde begangen oder sich einer unsittlichen Berührung schuldig gemacht hätten; und wenn sie es getan hatten, bekannten sie es, und man trennte sie von den übrigen.

Danach ließ der Priester die Leute schweigen und Platz nehmen, und er segnete nun die Kinder unter vielen Gebeten und weihte sie mit seinem Wedel, und (das alles) in sehr gemessener Haltung. Nach seinem Segen setzte er sich, und der vornehme Herr stand auf, den die Eltern der Kinder für dieses Fest gewählt hatten, und mit einem Knochen, den der Priester ihm gab, ging er zu den Kindern und berührte damit jedes einzelne neunmal leicht an der Stirn; danach tauchte er ihn in ein Glas mit einer gewissen Flüssigkeit, das er in der Hand trug, und bestrich ihnen allen die Stirn und die Teile des Gesichts, die Spalten zwischen den Zehen und den Fingern, ohne ein Wort zu sprechen. Diese Flüssigkeit stellten sie aus gewissen Blüten und Kakao her, der in jungfräulichem Wasser eingeweicht und aufgelöst wurde, von dem sie sagten, man habe es aus Baumhöhlungen oder aus Steinmulden in den Wäldern geholt.

Nach diesem Bestreichen mit der Flüssigkeit stand der Priester auf und nahm ihnen das weiße Tuch ab, das sie auf dem Kopf trugen, außerdem ein weiteres Tuch, das ihnen über die Schulter hing und worin jedes Kind ein paar Federn von sehr schönen Vögeln[42] und einige Kakaobohnen eingewickelt hatte; das alles nahm einer von den *Chaces* in Empfang, und dann schnitt der Priester mit einem Steinmesser den Knaben das Kügelchen ab, das sie am Haupthaar befestigt hatten; hierauf näherten sich die übrigen Gehilfen des Priesters mit einem Blumenstrauß und einem Rauch, den die Indios einzusaugen pflegen, und damit machten sie neunmal ein Zeichen vor jedem Kind; sodann ließen sie die Kinder an den Blumen riechen und den Rauch einsaugen. Nun empfingen sie die Geschenke, welche die Mütter mitgebracht hatten, und davon gaben sie jedem Kind ein wenig zu essen, denn die Geschenke waren Speisen; und sie nahmen ein großes Glas Wein, stellten es in die Mitte und brachten es den Göttern dar; und mit andächtigen Gebeten flehten sie die Götter an, jene kleine Gabe von den Kindern entgegenzunehmen; sie riefen einen weiteren Gehilfen herbei, den man *Cayom* nannte, und gaben ihm (den Wein) zu trinken, was er machte, ohne abzusetzen; und sie sagen, dies wäre eine Sünde.

Hierauf verabschiedeten sich zuerst die Mädchen; ihnen nahmen die Mütter nun die Schnur ab, mit der sie bisher die Lenden umgürtet hatten, und die kleine Muschel, die ihre Scham bedeckte; dies war gleichsam die Erlaubnis, daß sie heiraten durften, wann immer die Eltern es wollten. Dann verabschiedete man die Knaben, und sobald sie fortgegangen waren, liefen die Eltern zu einem Haufen mit Einschlagtüchern, die sie mitgebracht hatten, und verteilten sie eigenhändig an die Anwesenden und Amtsgehilfen. Hiernach endete das Fest mit Essen und Trinken im Überfluß. Dieses Fest nannten sie *Imku*, das heißt „Herabkunft Gottes".[43] Derjenige, der es hauptsächlich ausgerichtet hatte, indem er es vorbereitete und die Kosten trug, mußte nach den drei Tagen, in denen er zuvor gefastet hatte, weitere neun Tage enthaltsam sein; und dies hielten sie unbeirrbar ein.

Den Yucateken war von Natur aus bewußt, daß sie etwas Böses taten, und weil sie glaubten, daß Tod, Krankheiten und Drangsale ihnen durch Böses und Sünde zustießen, hatten sie den Brauch, eine Beichte abzulegen, wenn sie schon von diesen Heimsuchungen betroffen waren. Sobald eine Krankheit oder etwas anderes sie mit dem Tod bedrohte, beichteten sie daher ihre Sünden, und falls sie es unterließen, brachten es ihnen die nächsten Verwandten oder Freunde in Erinnerung; und so bekannten sie ihre Sünden öffentlich dem Priester, wenn er anwesend war, andernfalls dem Vater und der Mutter, die Frauen beichteten sie den Ehemännern und die Ehemänner den Frauen.

Die Sünden, deren sie sich gewöhnlich anklagten, waren Diebstahl, Totschlag, Fleischessünden und falsches Zeugnis, und nach diesem Bekenntnis glaubten sie sich außer Gefahr; wenn sie (dem Tod) entgingen, gab es oft Streit zwischen Mann und Frau wegen des Unglücks, das sie heimgesucht hatte, und mit denen, die es verursacht hatten.

Sie bekannten alle Schwachheiten, deren sie sich schuldig gemacht hatten, außer denjenigen, die sie mit ihren Sklavinnen, wenn sie solche hatten, begingen; sie sagten nämlich, es sei erlaubt, ihre Sachen so zu gebrauchen, wie sie wollten. Sie beichteten nicht die Gedankensünden, obwohl sie diese für schlecht hielten, und in ihren Versammlungen und Predigten rieten sie, diese zu meiden. Die Dinge, deren sie sich im allgemeinen enthielten, waren Salz und Pfeffer bei den Speisen, was ihnen schwerfiel; sie enthielten sich immer der Frauen, wenn sie ihre Feste feiern wollten.

Verwitweten sie, so heirateten sie nicht wieder vor Ablauf eines Jahres, weil sie in jener Zeit nicht mit einem Mann oder einer Frau verkehrten; und jene, die dies nicht befolgten, hielt man für unmäßig, und (man glaubte,) daß ihnen deshalb ein Übel zustoßen würde.

Bei einigen Fastenzeremonien für ihre Feste aßen sie kein Fleisch und verkehrten nicht mit ihren Frauen; immer empfingen sie die Ämter bei den Festen, indem sie fasteten, und ebenso die Ämter des Gemeinwesens; einige (Fastenzeiten) waren so lang, daß sie drei Jahre dauerten, und es war eine große Sünde, sie zu übertreten.

Sie waren ihren götzendienerischen Gebeten derart ergeben, daß in Notzeiten selbst die Frauen, Knaben und Mädchen darauf verfielen, Weihrauch zu verbrennen und Gott anzuflehen, er möge sie von dem Übel befreien und den Teufel bändigen, der ihnen diese Not bereitete.

Und selbst die Reisenden nahmen Weihrauch und ein kleines Becken, um ihn zu verbrennen, mit auf den Weg; und so stellten sie abends, wohin sie auch immer kamen, drei kleine Steine auf; auf jeden Stein streuten sie ein wenig Weihrauch, und davor legten sie weitere drei flache Steine, auf die sie Weihrauch streuten; dabei baten sie den Gott, den sie *Ekchuah* nannten,[44] er möge sie wohlbehalten nach Hause zurückbringen; dies machten sie jeden Abend, bis sie nach Hause zurückgekehrt waren, wo es nicht an jemandem fehlte, der für sie das gleiche und noch mehr tat.

Sie hatten eine große Anzahl von Götzenbildern und prächtige Tempel, wie sie bei ihnen eigentümlich waren; außer den gemeinschaftlichen Tempeln hatten die Häuptlinge, Priester und Vornehmen auch noch Betkapellen und Götzenbilder im eigenen Haus für ihre persönlichen Gebete und Opfergaben. Und sie verehrten *Cuzmil* und den Brunnen von *Chichenizá* so hoch wie wir die Wallfahrten nach Jerusalem und Rom, und deshalb fanden sie sich dort ein und opferten Gaben, vor allem in *Cuzmil*, wie wir an den heiligen Stätten;[45] und wenn sie sich selbst nicht hinbegaben, schickten sie doch immer ihre Opfergeschenke. Jene, die sich auf den Weg dorthin machten, pflegten auch den Brauch, die verlassenen Tempel aufzusuchen, wenn sie an ihnen vorbeikamen, um zu beten und Kopalharz zu verbrennen.

Sie hatten so viele Götzenbilder, daß ihnen nicht einmal diejenigen ihrer Götter genügten, vielmehr gab es kein vierfüßiges Tier und kein Gewürm, denen sie nicht Standbilder errichteten, und alle gestalteten sie in der Art ihrer Götter und Göttinnen. Sie hatten wenig Götzenbilder aus Stein und weitere kleine Bildsäulen aus Holz, indes nicht so viele wie die aus Ton. Die Götzenbilder aus Holz wurden so hoch geachtet, daß man sie als den wichtigsten Teil des Familienbesitzes vererbte. Götzenbilder aus Metall hatten sie nicht, weil es dort kein Metall gibt. Sie wußten wohl, daß die Götzenbilder tot und ihre eigenen Werke ohne göttliche Eigenschaften waren, doch sie verehrten sie wegen des von ihnen Dargestellten und auch, weil sie diese unter vielen Zeremonien geschaffen hatten, vor allem die Bilder aus Holz.

Die größten Götzenanbeter waren die Priester, die *Chilanes*, und die Zauberer und Ärzte, die *Chaces* und *Nacones*. Das Amt der Priester war es, ihre Wissenschaften zu pflegen und zu lehren, die Nöte und die Mittel gegen diese zu erklären, die Feste zu verkündigen und anzugeben, Opfer zu bringen und ihre Sakramente auszuteilen. Das Amt der *Chilanes* war es, dem Volk die Antworten der Teufel zu überbringen, und sie wurden so hoch geachtet, daß sie, wie es oft geschah, auf Schultern getragen wurden. Die Zauberer und Ärzte heilten mit Aderlässen an der Stelle, die dem Kranken weh tat, und sie warfen Lose, um in ihrem Amt und bei anderen Dingen wahrzusagen. Die *Chaces* waren vier alte Männer, die stets neu gewählt wurden, um dem Priester zu helfen, die Feste gut und angemessen zu begehen. *Nacones* hießen zwei Ämter: Das eine war auf Lebenszeit und wenig ehrenhaft, weil derjenige es ausübte, der den Geopferten die Brust aufschnitt; das andere war das eines gewählten Hauptmanns für den Krieg und weitere Feste, und es hatte eine Dauer von drei Jahren. Dieses Amt war sehr ehrenvoll.

Sie opferten von ihrem eigenen Blut, indem sie sich manchmal runde Stücke aus den Ohren schnitten, und diese verunstalteten Ohren blieben ihnen als Zeichen zurück. Bei anderen Gelegenheiten durchbohrten sie sich die Wangen und dann wieder die Unterlippen; manchmal machten sie sich Einschnitte in bestimmte Körperteile; manchmal durchlöcherten sie sich die Zunge mit schrägen seitlichen Stichen, und unter schlimmsten Schmerzen zogen sie Strohhalme durch die Löcher; dann wieder rissen sie sich die überflüssige Haut des Schamgliedes ab, so daß dieses wie die Ohren aussah, und hierdurch ließ sich der Verfasser der *Allgemeinen Geschichte der Indias** täuschen, als er sagte, bei ihnen wäre die Beschneidung üblich.

Manchmal vollzogen sie auch ein schmutziges und schmerzhaftes Opfer, bei dem diejenigen, die es ausführten, sich im Tempel zusammenfanden, und nachdem sie sich in einer Linie ausgerichtet hatten, bohrte sich jeder ein

---

* Gonzalo Fernández de Oviedo.

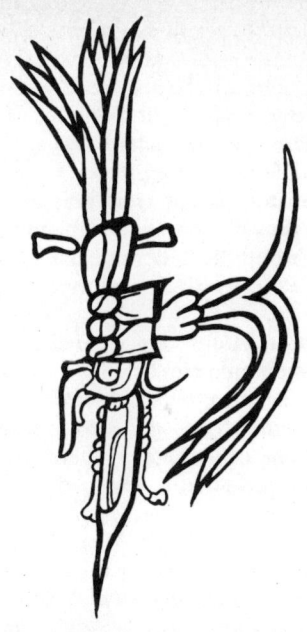

Der Gott der Durchbohrung
(Die Kraft und geheiligte Natur der Lanzette wird durch den Gott
der Durchbohrung symbolisiert. Sein hervorstechendstes Merkmal
ist der über der Stirn des tierischen Schädels aufgetürmte zwei-
oder dreifache Knoten – ein Symbol für Blutverlust. Lange Federn
spießen aus dem Knoten hervor. Die Lanzetten, die als Obsidian-
oder Stechrochenstachel identifiziert werden können, wachsen aus
dem Maul des kieferlosen Gottes in Tiergestalt)

schräges seitliches Loch in das männliche Glied; sobald sie
dies getan hatten, zogen sie die größtmögliche Menge
Schnur durch die Löcher, so daß sie nun alle miteinander
verbunden und aneinandergereiht waren; sie bestrichen
auch den Teufel mit dem Blut von all diesen Schamglie-
dern, und wer das am meisten tat, wurde für den Tapfersten
gehalten, und ihre Söhne begannen schon im frühesten Alter, sich dem hinzugeben, und es ist entsetzlich, mit welchem Eifer sie daran hingen.

65

Bei den Frauen war derartiges Blutvergießen nicht üblich, obwohl sie ziemliche Betschwestern waren; immer beschmierten sie jedoch das Gesicht des Teufels mit dem Blut der Vögel des Himmels und der vierfüßigen Tiere der Erde oder der Fische aus dem Wasser und mit allem, was sie bekommen konnten. Und sie opferten andere Dinge, die sie besaßen. Einigen Tieren schnitten sie das Herz heraus und opferten es; andere opferten sie ganz, die einen lebend und die anderen tot, die einen roh und die anderen gekocht, sie opferten auch viel Brot und Wein sowie alle bei ihnen üblichen Speisen und Getränke.

Für diese Opfer gab es auf den Höfen der Tempel einige hohe behauene und aufrechtstehende Holzstämme, und bei der Treppe des Tempels hatten sie eine runde und breite Plattform sowie in der Mitte einen vier oder fünf Spannen hohen, etwas schmalen und emporgerichteten Stein; oberhalb der Treppen des Tempels gab es eine weitere derartige Plattform.

Um die Feste würdig zu begehen, wurden Menschen geopfert, und darüber hinaus geboten ihnen der Priester oder die *Chilanes* auch bei irgendeiner Bedrängnis oder Notlage, Menschen zu opfern; hierfür steuerten alle bei, damit man Sklaven kaufen konnte, oder aus Frömmigkeit gaben sie auch ihre kleinen Kinder hin, die bis zu ihrem Tag und Opferfest sehr liebevoll behandelt und sehr aufmerksam behütet wurden, damit sie nicht entflohen oder sich mit einer Fleischessünde beschmutzten; und während man sie tanzend von Ort zu Ort schaffte, fasteten die Priester zusammen mit den *Chilanes* und Amtsgehilfen.

Und wenn der Tag gekommen war, versammelten sie sich im Hof des Tempels; sollte (der Sklave) mit Pfeilschüssen getötet werden, so zogen sie ihn nackt aus, bestrichen ihm den Körper mit blauer Farbe und (setzten ihm) eine Büßermütze auf den Kopf; nachdem der Teufel ausgetrieben war, vollführten die Leute mit ihm einen feierlichen Tanz, wobei sie alle mit Pfeil und Bogen den Holzpfahl umkreisten, während des Tanzes richteten sie ihn am Pfahl auf und banden ihn fest, dabei tanzten sie immer weiter und blickten ihn alle an. Der schmutzige Priester, der seine Tracht angelegt hatte, stieg hinauf und verwundete ihn mit einem Pfeil in der Schamgegend, gleichgültig, ob es eine Frau oder ein

Mann war; er zapfte Blut ab, stieg herunter und bestrich damit die Gesichter des Teufels; dann gab er den Tänzern ein bestimmtes Zeichen, und sie liefen wie im Tanz schnell vorbei und beschossen der Reihe nach mit Pfeilen sein Herz, das mit einem weißen Flecken angegeben war; und solcherart richteten sie ihn sogleich dermaßen zu, daß er wie ein Igel aus Pfeilen aussah.

Wenn sie ihm das Herz herausschneiden sollten, brachten sie ihn mit großem Pomp und zahlreichem Gefolge in den Hof, und nachdem sie ihn mit blauer Farbe beschmiert und ihm die Büßermütze aufgesetzt hatten, brachten sie ihn zu der runden Plattform, die der Opferplatz war; nachdem der Priester und seine Amtsgehilfen jenen Stein mit blauer Farbe bestrichen und den Teufel ausgetrieben hatten, indem sie den Tempel reinigten, ergriffen die *Chaces* das arme Opfer, sehr geschwind legten sie es rücklings auf jenen Stein, und alle vier packten es an Armen und Beinen, wobei sie jedem eines von seinen Gliedern zuteilten. In diesem Augenblick kam der *Nacón*, der Henker, mit einem steinernen Dolchmesser und versetzte dem Opfer mit großer Gewandtheit und Grausamkeit einen Messerstich zwischen die Rippen, an der linken Seite unterhalb der Brustwarze, und sogleich fuhr er dort schnell mit der Hand hinein und packte das Herz wie ein wütender Tiger, riß es ihm bei lebendigem Leibe heraus, legte es in eine Schale und gab es dem Priester, der eilends zu den Götzenbildern lief und ihnen die Gesichter mit jenem frischen Blut bestrich.

Bisweilen nahmen sie dieses Opfer an dem Stein und auf der oberen Plattform des Tempels vor, dann warfen sie den schon toten Körper die Stufen hinunter, unten packten ihn die Amtsgehilfen und zogen ihm die ganze Haut ab, nur die der Hände und Füße nicht;[46] nachdem der Priester sich ganz entkleidet hatte, streifte er sich jene Haut über, und zusammen mit ihm tanzten nun die übrigen, was für sie etwas sehr Weihevolles war. Diese Geopferten begrub man gewöhnlich im Hof des Tempels, oder sonst wurden sie von ihnen gegessen, wobei man sie unter die Häuptlinge und jene verteilte, für die sie ausreichten; die Hände, die Füße und der Kopf fielen dem Priester und den Amtsgehilfen zu; und diese Geopferten hielt man für Heilige. Wenn sie Sklaven waren, die man im Krieg gefangen hatte, nahm ihr Herr die Knochen an sich, um sie bei den Tänzen als sein Wahrzeichen und seine Trophäe vorzuführen. Zuweilen warf man lebende Menschen in den Brunnen von *Chichenizá* und glaubte, sie würden am dritten Tage heraufkommen, obwohl sie nie wieder erschienen.[47]

Sie haben Angriffs- und Verteidigungswaffen. Die Angriffswaffen waren Bogen und Pfeile, die sie in Köchern trugen und die Feuersteine und sehr scharfe Fischzähne als Spitzen haben und die sie mit großer Gewandtheit und Kraft verschießen. Die Bogen sind aus einem schönen fahlroten und wunderbar starken Holz und eher gerade als krumm, die Sehnen sind aus dem einheimischen Hanf. Der Bogen ist immer etwas weniger groß als sein Schütze. Die Pfeile sind aus sehr dünnem Rohr, das in den Lagunen wächst und mehr als fünf Spannen lang ist; an das Rohr bindet man ein dünnes und sehr starkes Holzstück, in das die Feuersteinspitze eingesetzt wird. Sie benutzten kein Gift und können es auch nicht anwenden, obwohl sie genug zur Verfügung haben. Sie hatten Handbeile aus einem bestimmten Metall und in dieser Form*; sie steckten sie auf einen Holzstiel, und sie dienten ihnen als Waffen und zur Holzbearbeitung. Sie schärften diese mit Steinschlägen, denn das Metall ist weich. Sie hatten kleine, einen Klafter lange Lanzen, deren Spitze aus starkem Feuerstein bestand, und sie hatten keine weiteren Angriffswaffen.

Zu ihrer Verteidigung hatten sie Rundschilde, die sie aus aufgeschnittenen, eng verflochtenen Rohrstengeln herstellten und mit Hirschhäuten überzogen. Sie fertigten gesteppte Mäntel aus Baumwolle und unzermahlenem Salz an, das in zwei Schichten oder Polstern eingenäht wurde, und diese Mäntel waren äußerst dicht. Einige Herren und Hauptleute hatten eine Art von Sturmhauben aus Holz, doch dies waren wenige; und diejenigen, die so etwas besaßen, zogen mit diesen Waffen, dem Federschmuck und umgelegten Tiger- oder Löwenfellen in den Krieg.

Sie hatten immer zwei Hauptleute: Der eine Hauptmann übte (sein Amt) auf Lebenszeit aus und vererbte (es), der andere wurde mit vielen Zeremonien auf drei Jahre ge-

* Vgl. die dem Text beigegebene Zeichnung.

wählt, um das Fest auszurichten, das sie in ihrem Monat *Pax* feierten und das auf den zwölften Mai fällt, oder um Hauptmann der zweiten Kriegsschar zu sein.

Diesen nannte man *Nacón*[48]; in den drei Jahren seines Amtes durfte er mit keiner Frau verkehren, selbst nicht mit der eigenen, und auch kein Fleisch essen; sie verehrten ihn hoch, und als Speise gaben sie ihm Fisch und Leguane, die ähnlich wie Eidechsen sind; in dieser Zeit betrank er sich nicht, und in seinem Haus hatte er besonderes Geschirr und Tischgerät, ihn bediente keine Frau, und er hatte nicht viel Umgang mit dem Volk.

Nach den drei Jahren (lebte er wieder) wie zuvor. Diese zwei Hauptleute beschäftigten sich mit dem Krieg und regelten die entsprechenden Angelegenheiten; hierfür gab es in jeder Ortschaft als Soldaten ausgewählte Männer, die zu den Waffen griffen, wenn es notwendig war. Diese nannte man *Holcanes*[49], und wenn diese nicht ausreichten, holten sie noch mehr Männer zusammen, und untereinander verabredeten sie sich und teilten sich auf; von einer hoch erhobenen Fahne geführt, verließen sie den Ort in tiefem Schweigen; so stürmten sie nun unter großem Geschrei auf den Feind los und verübten Grausamkeiten, wo sie auf Unachtsame stießen.

Auf den Wegen und in den Engpässen stellten die Feinde ihnen Schutzwehren entgegen, die im allgemeinen aus Stein waren und von denen man Holzpfeile und Speere abschoß. Nach dem Sieg rissen sie den Toten die Kinnladen aus, säuberten sie vom Fleisch und befestigten sie sich am Arm. Für das Gelingen ihres Krieges brachten sie große Opfer aus der Beute, und wenn sie einen bedeutenden Mann gefangennahmen, opferten sie ihn sogleich, weil sie niemanden am Leben lassen wollten, der ihnen später schaden könnte. Die übrigen Gefangenen fielen dem zu, der sie überwältigt hatte. Jenen *Holcanes* gab man keinen Sold, außer in Kriegszeiten; wenn Krieg war, zahlten die Hauptleute ihnen Geld, allerdings wenig, weil sie es von ihrem eigenen nahmen, und falls dies nicht ausreichte, steuerte das Volk hierzu bei. Das Volk versorgte sie auch mit Essen, das die Frauen für sie zubereiteten; diese trugen es auf dem Rücken, da sie keine Lasttiere hatten, und deshalb dauerten die Kriege bei ihnen nicht lange. Nach dem Kriegsende verübten die Soldaten viele Übergriffe in ihren Ortschaften, (solange) die Nachwirkungen des Krieges anhielten, und außerdem ließen sie sich bedienen und aufwarten; wenn jemand einen Hauptmann oder Herrn getötet hatte, wurde er sehr verehrt und gefeiert.

Diese Leute hatten aus *Mayapán* (den) Brauch zurückbehalten, die Ehebrecher auf die folgende Art zu bestrafen: Nachdem die Untersuchung abgeschlossen und jemand des Ehebruchs überführt war, versammelten sich die Vornehmen im Haus des Häuptlings; man brachte den Ehebrecher, band ihn an einen Pfahl und überantwortete ihn dem Ehemann der schuldigen Frau; wenn er ihm vergab, war er frei, andernfalls tötete er ihn mit einem großen Stein, (den) er ihm von einem höheren Platz auf den Kopf (herabstürzen) ließ; bei der Frau reichte als Genugtuung die Ehrlosigkeit aus, die etwas Schwerwiegendes war, und im allgemeinen wurde eine solche Frau deshalb von ihrem Ehemann verlassen.

Die Strafe für den Totschläger, selbst wenn er aus Versehen gehandelt hatte, war, daß die Verwandten ihm auflauerten und ihn töteten; andernfalls mußte er den Preis für den Toten bezahlen. Einen Diebstahl sühnten und bestraften sie, selbst wenn er unbedeutend war, indem sie den Schuldigen versklavten; und darum machten sie derart viele zu Sklaven, vor allem, wenn Hungersnot herrschte, und darum hatten wir Mönche auch solche Schwierigkeiten bei der Taufe zu überwinden, damit sie ihnen die Freiheit gaben.

Und wenn es Häuptlinge oder Vornehme waren, kam der Ort zusammen, und nachdem man (den Verbrecher) verhaftet hatte, machte man ihm Einschnitte auf beiden Gesichtshälften vom Kinn bis zur Stirn, und diese Strafe hielten sie für etwas sehr Entehrendes.

Die jungen Leute achteten die Alten hoch und holten sich bei ihnen Rat; darum rühmten sie sich, alt (zu sein), und sie sagten den jungen Leuten, da sie mehr als diese gesehen hätten, müßten sie ihnen glauben, und wenn die anderen dies taten, setzte man noch größeres Vertrauen in sie. Sie gingen hierin so weit, daß die jungen Leute nur mit Alten zusammenkamen, wenn es sich nicht vermeiden ließ; ebenso kamen die Unverheirateten nur sehr selten mit den Verheirateten zusammen. Deshalb hatten sie gewöhnlich in jedem Ort ein großes weißgetünchtes Haus, das an allen Seiten offen war und in dem sich die jungen Männer zu ihren Zerstreuungen versammelten. Sie spielten Ball und hatten ein Knöchelspiel, das dem Würfeln gleicht, und viele weitere Spiele. Beinahe immer schliefen hier alle gemeinsam, bis sie heirateten.

Während ich gehört habe, daß man in anderen Gegenden der Indias widernatürliche Unzucht in solchen Häusern treibt, habe ich nicht erfahren, daß man in diesem Land eine derartige Sünde begeht, und ich glaube auch nicht, daß sie so etwas taten, weil diejenigen, die von dieser erbärmlichen Pest angesteckt sind, sagen, sie hätten keine Frauen gern, was jedoch bei diesen der Fall ist, denn sie holten Straßendirnen in diese Häuser und beschliefen sie; und obwohl die armen Frauen, denen bei diesen Leuten ein solches Gewerbe zugefallen war, von ihnen einen Lohn erhielten, wurden sie doch von so vielen jungen Männern aufgesucht, daß diese sie zu Tode quälten.

Sie beschmierten sich mit schwarzer Farbe, bis sie heirateten, und gewöhnlich schnitten sie sich bis zur Hochzeit nur wenige Zeichnungen in die Haut. Bei den übrigen Angelegenheiten folgten sie stets dem Vorbild ihrer Eltern, und deshalb wurden sie zu ebenso guten Götzendienern wie jene und halfen ihnen sehr bei der Arbeit.

Die Indias zogen ihre kleinen Kinder in der ganzen Strenge und Dürftigkeit der Welt auf, denn vier oder fünf Tage nach der Geburt des Kindleins legten sie es ausgestreckt auf ein kleines Bett aus dünnen Stäben und drehten es auf den Bauch, dort steckten sie seinen Kopf zwischen zwei kleine Bretter: Das eine befand sich am Hinterkopf und das andere an der Stirn, und zwischen diesen beiden Brettern preßten sie den Kopf so fest zusammen und ließen das Kind so lange leiden, bis es nach einigen Tagen einen flachen und künstlich geformten Kopf hatte, wie er bei ihnen allgemein üblich war. Für die armen Kinder war dies eine solche Plage und Gefahr, daß manche mit dem Tode rangen; und der Autor hat gesehen, wie man einem Kind den Kopf hinter den Ohren durchlöcherte, was sie bei vielen machen mußten.

Sie ließen die Kinder nackt heranwachsen; sie gaben ihnen lediglich im Alter von vier oder fünf Jahren eine kleine

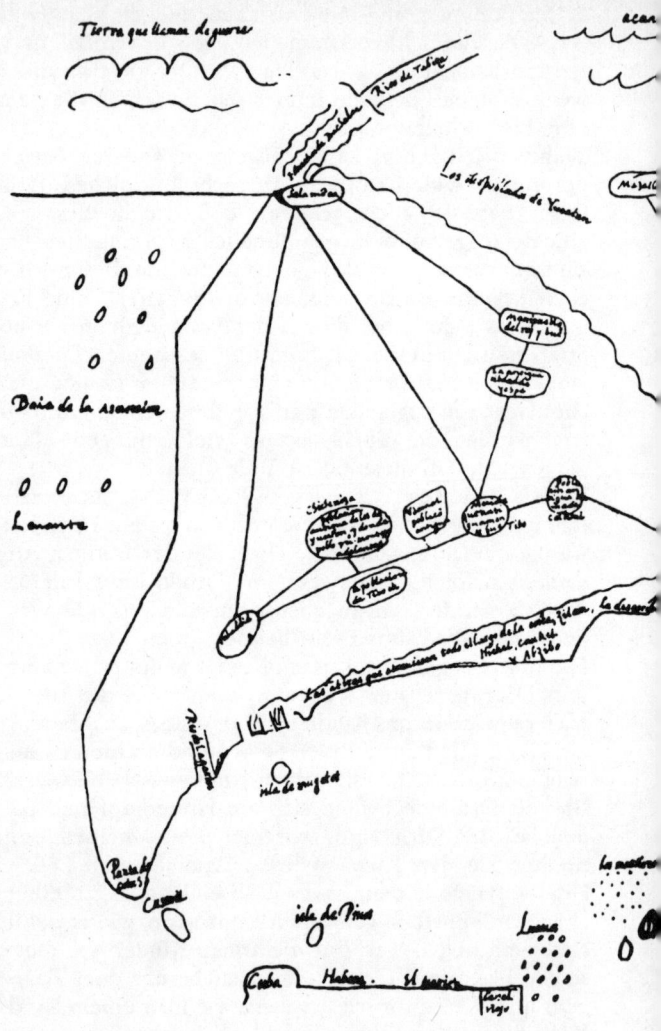

Karte der Halbinsel Yucatán aus der Zeit Landas. Das Original ist
dem *Bericht* beigefügt

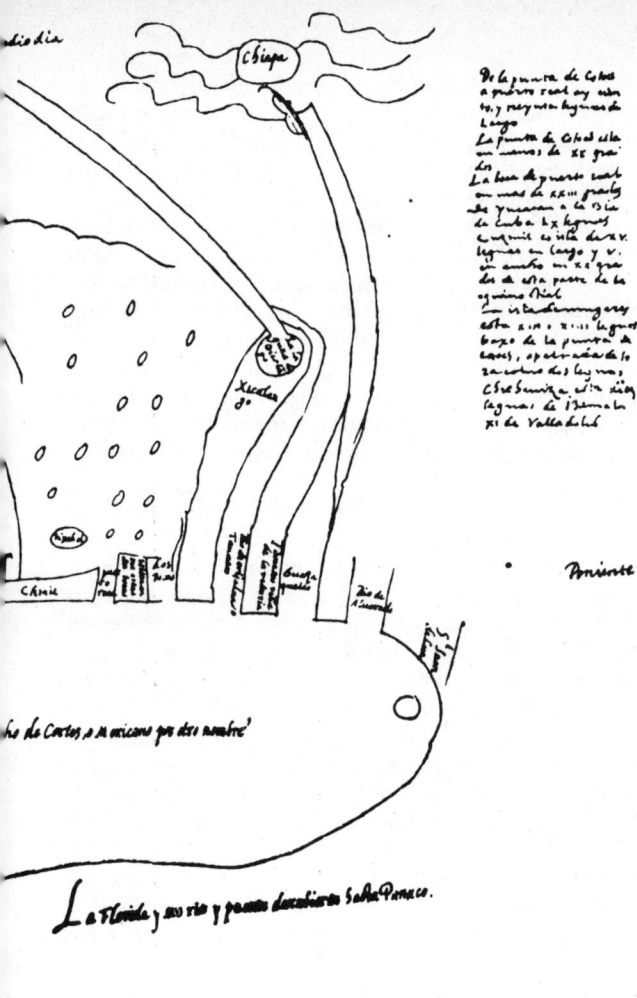

dio dia

Chiapa

De la punta de Cotos
a puerto real ay oxho
ta, y veynta leguas de
Largo
La punta de Cotod esta
en meros de xx gra
dos
La boca de puerto real
en mas de xxiii grados
de yucatan a la Bña
de Cuba lx leguas
en q mil es esta dos x v.
leguas en Largo y v.
en ancho en xx gra
dos d esta parte de la
equino cial
en xxtadamug a xx
esta xx o xxiii leguas
baxo de la punta d
Cotos, o por xx a xx lo
za cotos dos leguas,
Cso Senica, esta diez
leguas de Bemala
xi de Valladolid

Xicalango

Sandra

Chiu

Rio de
Tabasco

Rio
d la
xxx

Guasacualco

Rio de
Aluarado

Anis

Ponirnte

ño de Cortes, o mexicano por ese nombre

La Florida, y su rio y puerto descubierta S.ra Panuco.

73

Decke zum Schlafen und ein paar Baumwollstreifen, um ihre Scham zu verhüllen, wie es ihre Eltern taten, und die Mädchen bekleidete man nun von den Lenden abwärts. Sie gaben den Kindern lange die Brust, weil sie ihnen niemals, soweit es ihnen möglich war, die Muttermilch entzogen, selbst wenn sie schon drei oder vier Jahre alt waren; aus diesem Grunde hatten bei ihnen so viele Leute große Kräfte.

In den ersten zwei Jahren wuchsen sie wunderbar hübsch und wohlbeleibt heran. Dann nahmen sie, da ihre Mütter sie ständig badeten und sie der Sonnenglut ausgesetzt waren, eine dunkelbraune Hautfarbe an; doch während ihrer ganzen Kindheit waren sie prächtig anzusehen und vollführten mutwillige Streiche, ständig liefen sie mit Pfeil und Bogen umher und spielten miteinander; so wuchsen sie auf, bis sie die Lebensweise der Jünglinge annahmen, sich mehr an diese hielten und die kindlichen Gewohnheiten ablegten.

Die Indias in Yucatán sind im allgemeinen stattlicher als die Spanierinnen, sie sind größer und ebenmäßig, doch nicht so kräftig wie die Negerinnen. Diejenigen Frauen, die sich für schön halten, sind es auch, und insgesamt sind sie nicht häßlich; ihre Haut ist nicht weiß, sondern braun, was mehr von der Sonne und dem ständigen Baden als von ihrer natürlichen Veranlagung kommt. Sie schminken sich nicht das Gesicht wie unsere Frauen, denn dies halten sie für unzüchtig. Sie hatten die Sitte, ihre Zähne spitz zuzusägen, so daß diese wie Sägezähne aussahen; dies hielten sie für eine Zierde, und dieses Amt übten ein paar alte Frauen aus, die ihnen die Zähne mit gewissen Steinen und Wasser abfeilten.

Sie durchbohrten sich den Knorpel, der sich zwischen den Nasenlöchern befindet, und in die Öffnung steckten sie einen Amberstein, was sie für einen Festschmuck hielten. Sie durchbohrten sich auch die Ohren, um Ringe wie ihre Ehemänner zu tragen; oberhalb der Gürtellinie schnitten sie sich Zeichnungen in die Haut – nur die Brüste ließen sie frei, damit sie stillen konnten –, wobei diese Bilder zierlicher und schöner als bei den Männern waren. Sie badeten sich wie die Männer sehr häufig in kaltem Wasser, und dabei waren sie nicht allzu sittsam, denn es kam vor, daß sie sich an dem Brunnen, wo sie sich das Badewasser holten, ganz nackt auszogen. Außerdem war es bei ihnen üblich, daß sie sich in warmem, von einem Feuer erhitztem Wasser badeten, dies jedoch wenig, und mehr aus Gesundheitsgründen als der Reinlichkeit wegen.

Wie ihre Ehemänner hatten sie die Gewohnheit, sich mit einer gewissen roten Salbe einzureiben, und wer es konnte, benutzte eine bestimmte Mixtur aus wohlriechendem und sehr klebrigem Baumharz, das, wie ich glaube, flüssiger Amber ist, den sie in ihrer Sprache *Iztah-te* nennen; mit dieser Mixtur bestrichen sie wie mit Seife einen gewissen Backstein, in den sie zierliche Bilder eingeschnitten hatten, und damit rieben sie sich die Brust, die Arme und den Rücken ein, und nach ihrem Dafürhalten verlieh es ihnen Anmut und Wohlgeruch; und das hielt lange bei ihnen vor, ohne daß sie es entfernten, so gut war die Salbe.

Sie trugen das Haar sehr lang, und sie ordneten und ordnen es noch heute zu einer sehr schönen Frisur, die es in zwei Hälften teilt; und bei einer anderen Frisur flochten sie es zu Zöpfen. Den unverheirateten Mädchen richten die aufmerksamen Mütter gewöhnlich das Haar mit solcher Sorgfalt her, daß ich viele Indias mit so zierlicher Haartracht wie ebensolche Spanierinnen gesehen habe. Bis die Mädchen herangewachsen sind, flechten sie ihnen die Haare zu vier oder zu zwei hornförmigen Zöpfen, die ihnen sehr gefallen.

Die Indias an der Küste und aus den Provinzen Bacalar und Campeche kleiden sich sehr ehrbar, denn sie bedeckten sich nicht nur von der Lendengegend an, sondern verhüllten sich auch die Brüste, indem sie diese unter den Armen mit einem zusammengelegten Baumwolltuch festbanden; alle übrigen Frauen hatten als ganze Kleidung nur eine Art von langem und weitem Mantel, der auf beiden Seiten offen war und selbst die Hüften umschloß, die, da der Mantel überall dieselbe Weite hatte, eng anlagen, und an weiteren Kleidungsstücken hatten sie nur den Umhang, mit dem sie immer schlafen und den sie unterwegs gewöhnlich umlegten, nachdem sie ihn zusammengefaltet oder eingerollt hatten; und so liefen sie auf den Wegen.

Sie waren stolz auf ihre Sittsamkeit, und sie hatten recht, denn bevor sie unser Volk kennenlernten, besaßen sie diese Wesensart, wie die Alten es jetzt beklagen, in wunderbarem

Maße, und hierfür werde ich Beispiele anführen: Hauptmann Alonso López de Ávila, der Schwager des Adelantado Montejo, nahm eine junge, wohlgestalte und anmutige India gefangen, als er Krieg in Bacalar führte. Diese India hatte ihrem Ehemann versprochen – da sie fürchtete, daß man ihn in dem Krieg tötete –, daß sie außer ihm keinem anderen Mann beiwohnen würde, und darum war bei ihr alles Zureden vergebens, sie möge sich nicht das Leben nehmen, um nicht in Gefahr zu kommen, von einem anderen Mann geschändet zu werden; deshalb ließ man sie von Hunden zerreißen.

Bei mir beklagte sich eine noch ungetaufte India über einen getauften Indio, der sich in sie verliebt hatte, denn sie war schön, und abwartete, bis ihr Ehemann sich entfernte, nun eines Nachts zu ihrem Haus gekommen war, ihr mit vielen zärtlichen Redensarten seine Absicht kundgetan hatte und nichts bei ihr ausrichtete, es dann mit Geschenken versuchte, die er hierfür mitgebracht hatte, und da sie nichts nützten, wollte er ihr Gewalt antun; und obwohl er außergewöhnlich groß war und sich die ganze Nacht damit abmühte, erreichte er bei ihr nichts weiter, als daß er sie in solche Wut versetzte, daß sie zu mir kam und sich bei mir über die Schlechtigkeit des Indios beklagte; und so waren ihre Worte.

Bei ihnen war es üblich, daß sie sich von den Männern abwandten, wenn sie ihnen irgendwo begegneten, und ihnen Platz machten, damit sie vorübergehen konnten; ebenso machten sie es, wenn sie ihnen zu trinken gaben, bis man das Glas geleert hatte. Was sie wissen, geben sie an ihre Töchter weiter, und sie erziehen diese rechtschaffen in ihrer Art, denn sie schelten ihre Töchter aus, unterweisen sie und stellen sie bei der Arbeit an, und wenn sie sich etwas zuschulden kommen lassen, werden sie bestraft, indem die Mütter sie in Ohren und Arme zwicken. Wenn sie sehen, daß diese aufblicken, zanken sie sehr mit ihnen und bestreichen sie mit dem einheimischen Pfeffer, was einen heftigen Schmerz hervorruft; und wenn sie nicht ehrbar sind, geben sie ihnen eine Tracht Prügel und bestreichen sie mit dem Pfeffer an einem anderen Körperteil, um sie zu züchtigen und zu demütigen. Den ungehorsamen jungen Mädchen sagen sie als große Beschimpfung und schweren Tadel, daß sie Frauen scheinen, die ohne Mutter aufgewachsen seien.

Die Frauen sind eifersüchtig, und einige so sehr, daß sie handgreiflich gegen jenen vorgingen, auf den sie eifersüchtig sind, und obwohl sie recht sanftmütig waren, gerieten sie dermaßen in Zorn und Wut, daß einige die Gewohnheit hatten, ihrem Ehemann das Haar gewaltsam zusammenzudrehen, während die Männer so etwas selten machten. Sie sind sehr arbeitsam und haushälterisch, weil an ihnen die größten und meisten Arbeiten für den Unterhalt ihres Hauses und die Erziehung ihrer Kinder hängen, ebenso die Bezahlung ihrer Tribute, und dazu noch tragen sie, wenn es notwendig ist, manchmal die Hauptlast bei der Bodenbearbeitung und der Aussaat ihrer Feldfrüchte. Sie sind wunderbar geschäftstüchtig, und in der kurzen Zeit, die ihnen abends bleibt, wenn sie das Haus besorgt haben, schließen sie nicht die Augen und gehen auf die Märkte, um ihre Kleinigkeiten zu kaufen und zu verkaufen.

Sie halten einheimisches und kastilisches Geflügel für den Verkauf und die eigene Ernährung. Sie halten auch Vögel zu ihrem Zeitvertreib und wegen der Federn, aus denen sie schöne Kleider anfertigen; und sie züchten andere Haustiere, wobei sie den Rehen selbst die Brust geben, und dadurch lassen sie diese so sanft werden, daß sie niemals in den Wald fliehen können, selbst wenn man sie in den Wäldern hin und her führt und dort aufwachsen läßt.

Sie haben den Brauch, sich gegenseitig zu helfen, wenn sie ihre Stoffe spinnen, und sie vergelten einander diese Arbeiten, wie es ihre Ehemänner bei der Feldarbeit tun; und dabei treiben sie immer ihre Späße, um sich zu belustigen, und erzählen Neuigkeiten, zuweilen auch ein paar Klatschgeschichten. Sie halten es für etwas sehr Abscheuliches, den Männern nachzusehen und sie anzulachen, und deshalb reichte allein dies aus, um sie bloßzustellen, und ohne weitere Umstände erklärte man sie für verderbt. Sie tanzten ihre Tänze für sich allein und einige auch mit den Männern, insbesondere einen, den sie *Naual* nannten und der nicht sehr ehrbar ist. Sie sind sehr fruchtbar, gebären frühzeitig und haben viel Milch, und das aus zwei Gründen; erstens, weil das Morgengetränk, das sie warm zu sich nehmen, viel Milch erzeugt, und zweitens werden, weil sie ständig Mais mahlen und die Brüste nicht zusammengeschnürt haben, diese bei ihnen sehr groß; und daher kommt es, daß sie viel Milch haben.

Auch die Frauen betranken sich bei den Gastmählern, allerdings für sich allein, denn sie aßen ja allein, und sie betranken sich nicht so sehr wie die Männer. Sie wünschen sich viele Kinder; die Frau, die keine hat, erflehte sie von ihren Götzenbildern mit Geschenken und Gebeten, und jetzt erflehen die Frauen sie von Gott. Sie sind geschickt, höflich und gesellig in ihrem Verhalten, wenn sie sich mit jemandem verstehen, und auch wunderbar freigebig. Sie haben wenig Geheimnisse und halten ihren Körper und ihr Haus sauber, denn sie waschen sich wie die Hermeline.

Sie waren sehr fromme Betschwestern, und deshalb verrichteten sie viele Andachten für ihre Götzen, verbrannten Weihrauch vor ihnen, opferten ihnen Baumwollkleidung, Speisen und Getränke; und sie übten das Amt aus, jene Speisen und Getränke zuzubereiten, die bei den Festen der Indios geopfert wurden; aber es war trotz alledem nicht bei ihnen Sitte, Blut für die Teufel zu vergießen, und sie taten es niemals. Man ließ sie auch nicht bei den Opfern in den Tempeln zu, außer bei einem bestimmten Fest, an dem gewisse alte Frauen teilnehmen durften. Bei ihren Entbindungen nahmen sie die Hilfe der Zauberinnen in Anspruch; diese machten ihnen Lügen weis, und unter das Bett legten sie ihnen das Götzenbild eines Teufels namens *Ixchel*, von dem sie sagten, es sei die Göttin, welche die kleinen Kinder schaffe.

Wenn die Kinder geboren sind, badet man sie sogleich; nachdem man sie von der Qual befreit hatte, ihnen Kopf und Stirn flachzudrücken, ging man mit ihnen zum Priester, damit er ihr Schicksal prüfte und das Amt sagte, das sie einmal ausüben sollten, und damit er ihnen den Namen gab, den sie als Kinder tragen sollten, denn sie hatten die Sitte, die Kinder so lange mit anderen Namen zu nennen, bis sie getauft wurden oder heranwuchsen; und nachdem sie jenen Namen abgelegt hatten, gab man ihnen den Namen der Eltern, bis sie heirateten, (dann erst) nannten sie sich also (nach) dem Namen des Vaters und der Mutter.

Diese Leute hatten eine große, übermäßige Angst vor dem Tod, die sie darin zeigten, daß alle Zeremonien für ihre Göt-

Türsturz, Yaxchilán

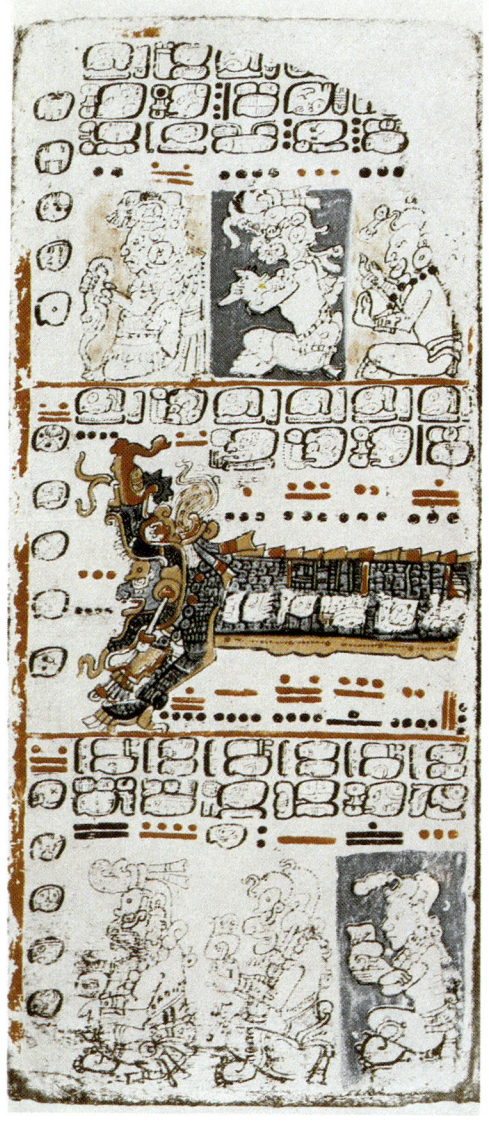

Blatt des Codex Dresdensis (Maya-Handschrift)

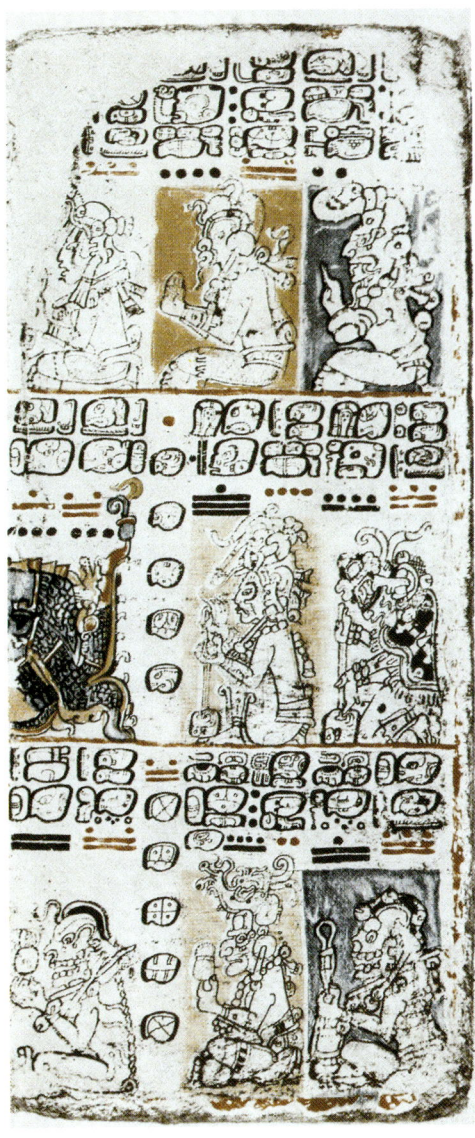

Blatt des Codex Dresdensis (Maya-Handschrift)

Ein als Chac-Xib-Chac gekleideter Herrscher und der Holmul-Tänzer

Figur eines sitzenden Gottes

Figur eines inthronisierten Herrschers

Kopf des Gottes der Zahl Null

Jaina-Krieger

ter dem einzigen Sinn und Zweck dienten, von ihnen Gesundheit, Leben und Nahrung zu erlangen. Da sie schließlich doch starben, war es ein merkwürdiger Anblick, wie sie um ihre Toten jammerten und klagten und welch unbändige Trauer sie bei ihnen bewirkten. Sie beweinten sie tagsüber in der Stille und des Nachts mit lauten und ungemein kläglichen Schreien, daß sie sich erbarmungswürdig anhörten. Viele Tage verbrachten sie in überaus großer Trauer. Sie übten Enthaltsamkeit und fasteten für den Toten, besonders der Ehemann oder die Frau, und sie sagten (über den Toten), der Teufel habe ihn geholt, denn sie dachten, alle Übel und hauptsächlich den Tod brächte ihnen der Teufel.

Die Toten hüllte man in ein Leichentuch, füllte ihnen den Mund mit gemahlenem Mais, der ihr Essen und Getränk ist und den sie *Koyem* nennen, und legte ein paar Steine dazu, die bei ihnen als Geld dienen, damit es ihnen im Jenseits nicht an Nahrung fehlte. Man beerdigte sie in den Häusern oder dahinter und warf ihnen ein paar von ihren Götzenbildern mit ins Grab; und wenn es ein Priester war, ein paar von seinen Büchern; einem Zauberer legte man seine Zaubersteine und Gerätschaften mit hinein. Im allgemeinen gab man das Haus auf und ließ es unbewohnt stehen, nachdem man sie begraben hatte, außer wenn viele Leute in ihm lebten, deren Gesellschaft ihnen etwas die Furcht nahm, die ihnen der Tod weiter einflößte.

Die Leichname der Häuptlinge und hochangesehenen Herrschaften verbrannte man und sammelte die Asche in große Gefäße, über denen man Tempel erbaute; so etwa zeigen diejenigen, die in *Izamal* entdeckt wurden, daß sie es in alter Zeit getan haben. Jetzt hat man entdeckt, daß sie in der gegenwärtigen Zeit die Asche in hohle Tonstatuen geschüttet haben, wenn (die Toten) hohe Herren waren.

Die übrigen Vornehmen errichteten Holzstatuen, in deren Hinterkopf sie einen Hohlraum ließen, für ihre Eltern; sie verbrannten einen Teil des Leichnams, streuten die Asche in die Statue und verschlossen sie; danach zog man dem Toten die Haut des Hinterkopfes ab und klebte sie dort an, während man das übrige beerdigte, wie es bei ihnen Brauch war; mit tiefer Ehrfurcht bewahrten sie diese Statuen zusammen mit ihren Götzenbildern auf. Den alten Häuptlingen des Ge-

schlechtes *Cocom* hatte man bei ihrem Tod den Kopf abge-
schnitten, man kochte ihn, säuberte ihn vom Fleisch, und
dann sägte man die hintere Schädelhälfte ab, vom Scheitel
an, und ließ die vordere Hälfte mit den Kinnladen und Zähnen übrig. Bei diesen halben Schädeln ersetzte man das fehlende Fleisch durch ein gewisses Erdpech, und man vervoll-
ständigte sie ganz ihrem natürlichen Vorbild entsprechend;
man verwahrte sie zusammen mit den die Asche enthalten-
den Statuen, und man hatte sie in den Betkapellen der Häuser bei den Götzenbildern aufgestellt, was man alles sehr
achtete und ehrte; bei allen Festen und Lustbarkeiten opferte man ihnen Speisen, damit sie ihnen im Jenseits nicht
fehlten, wo, wie sie glaubten, ihre Seele ausruhte und man
ihnen mit den Gaben helfen könnte.
Diese Leute haben stets mehr als viele andere Völker an die
Unsterblichkeit der Seele geglaubt, obwohl sie nicht eine so
gute Ordnung hatten, denn sie dachten, nach dem Tod
gebe es ein anderes, herrlicheres Leben, das die Seele ge-
nieße, wenn sie sich vom Körper getrennt habe. Sie sagten,
dieses zukünftige Leben sei in ein gutes und ein schlechtes,
ein mühseliges und ein geruhsames geteilt, und sie sagten
weiter, das schlechte und mühselige sei für die Lasterhaften
bestimmt, das gute und wonnevolle für jene, die rechtschaffen in ihrer Art gelebt hätten; die Seligkeiten, die sie nach
ihren Worten erlangen sollten, wenn sie rechtschaffen waren, bestanden darin, daß sie an einen sehr angenehmen
Ort kämen, wo nichts sie bekümmerte und es äußerst wohlschmeckendes Essen und Trinken im Überfluß gäbe, dazu
einen Baum, den sie dort *Yaxché* nennen und der viel Kühle
und Schatten spendet, dies ist (eine) Ceiba*, und im Schatten der Ceibazweige würden alle für immer ausruhen und
feiern.[50]
Die Strafen des schlechten Lebens, die, wie sie sagten, die
Bösen treffen sollten, bestanden darin, daß sie an einen
niedriger als der andere gelegenen Ort kämen, den sie *Mitnal* nennen, das bedeutet „Hölle", und dort von den Teufeln
gepeinigt und große Not leiden würden, Hunger und Kälte,
Mühe und Trübsal. Auch gäbe es an diesem Ort einen Teu-

---

* Wollbaum; wird in Yucatán noch heute *Yaxché* („Grüner Baum")
genannt.

fel, der als Fürst über alle anderen herrschte, dem alle gehorchten und den sie in ihrer Sprache *Hunhau*[51] nennen; und sie sagten, jenes gute und dieses schlechte Leben hätten kein Ende, weil auch die Seele keines habe. Weiter sagten sie, und das hielten sie für ganz gewiß, (daß) diejenigen, die sich erhängten, in diese Seligkeit eingingen; und darum gab es viele, die sich aus geringfügigen Anlässen erhängten, wenn Kummer, Entbehrungen oder Krankheiten sie heimsuchten; so wollten sie ihnen entgehen und in ihrer Seligkeit ausruhen; sie sagten, dorthin bringe sie die Göttin des Galgens, die sie *Ixtab* nannten. Sie erinnerten sich nicht an die leibliche Auferstehung und gaben keine Auskunft, von wem sie Kenntnis über ihre Seligkeit und ihre Hölle erhalten haben.

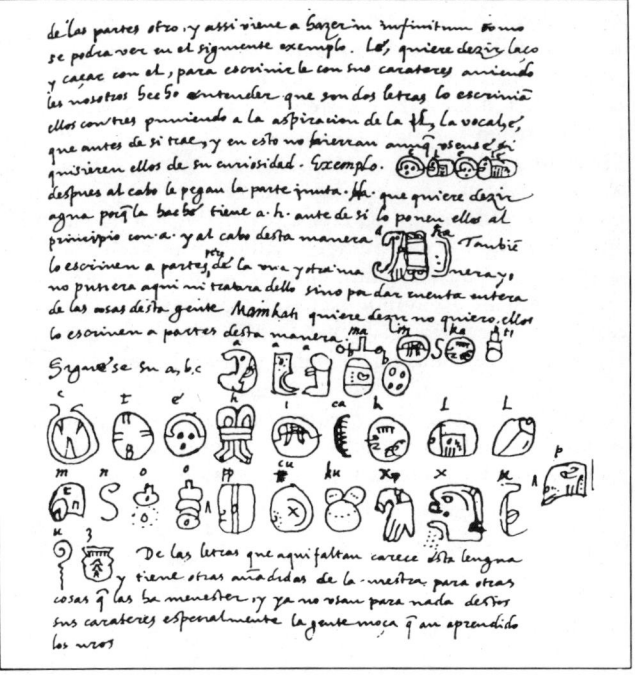

Das in Landas *Bericht* aufgezeichnete „Alphabet"

## KAPITEL VI

## Kalender, Riten und Schrift

Die Sonne verbirgt und entfernt sich nicht so weit von diesem Land Yucatán, daß die Nächte jemals länger als die Tage werden; und wenn sie am längsten sind, vom Tag des heiligen Andreas bis zu dem der heiligen Lucia, haben sie gewöhnlich die gleiche Länge (wie die Tage), und dann werden die Tage länger. Um nachts zu wissen, wie spät es war, richteten sie sich nach dem Abendstern, dem Siebengestirn und den Zwillingen, tagsüber nach der Sonne im Mittag, und von diesem Punkt aus hatten sie nach Osten und Westen hin die einzelnen Teile mit Namen belegt; mit ihnen fanden sie sich zurecht, und daran hielten sie sich bei ihren Arbeiten.

Sie haben ein so vollkommenes Jahr wie das unsere,[52] und es ist dreihundertfünfundsechzig Tage und sechs Stunden lang. Sie teilen es in zwei Arten von Monaten; die einen haben dreißig Tage und heißen *U*, das bedeutet „Mond", und sie rechneten diese vom ersten Erscheinen des Mondes bis zum nächsten Neumond.

Sie hatten noch eine andere Art von Monaten zu jeweils zwanzig Tagen, die sie *Uinal Hunekeh* nennen; von ihnen hatte das ganze Jahr achtzehn, dazu die übrigbleibenden fünf Tage und sechs Stunden. Aus diesen sechs Stunden machte man alle vier Jahre einen Tag, und darum hatte jedes vierte Jahr dreihundertsechsundsechzig Tage. Für diese dreihundertsechzig Tage haben sie zwanzig Buchstaben oder Schriftzeichen, mit denen sie diese benennen, wobei sie den restlichen fünf keinen Namen geben, weil sie diese für unheilvoll und böse hielten.[53] Die Buchstaben sind die folgenden, und jeder einzelne hat darunter seinen Namen, damit man ihn in unserer Sprache versteht.

| Kan | Chicchan | Cimi | Manik | Lamat |

| Muluc | Oc | Chuen | Eb | Ben |

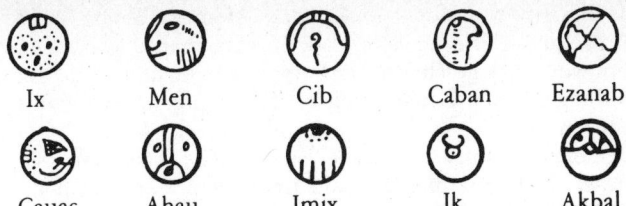

| Ix | Men | Cib | Caban | Ezanab |
|----|-----|-----|-------|--------|
| Cauac | Ahau | Imix | Ik | Akbal |

Ich habe schon gesagt, daß die Art, wie die Indios zählen, in Fünfern ist, und aus vier Fünfern machen sie zwanzig; von diesen Schriftzeichen, die zwanzig sind, entnehmen sie daher die ersten (vier), die zu den vier Fünfern der Zwanziger gehören, und diese dienen, jedes von ihnen ein Jahr lang, als das, wofür wir die Sonntagsbuchstaben benutzen, denn damit lassen sie immer den jeweils ersten Tag der zwanzigtägigen Monate beginnen.

| Kan | Muluc | Ix | Cauac |
|-----|-------|-----|-------|

Zu den vielen Göttern, die diese Leute anbeteten, gehörten vier, die alle *Bacab*[54] genannt wurden. Diese, so sagten sie, seien vier Brüder, die Gott, als er die Welt schuf, an deren vier Seiten stellte, um den Himmel zu stützen, (damit er) nicht herunterfiele. Sie sagten auch von diesen *Bacabes*, daß sie sich retteten, als die Welt von der Sintflut zerstört wurde. Jedem einzelnen von ihnen legen sie weitere Namen bei, und damit bezeichnen sie die Weltseite, die Gott einem jeden zugewiesen habe, um den Himmel zu tragen; sie teilen ihm und der Seite, wo er sich befinden soll, einen der vier Sonntagsbuchstaben zu; und sie haben die Nöte oder glücklichen Ereignisse bezeichnet, die, wie sie sagten, in dem Jahr jedes einzelnen von ihnen und der ihnen beigegebenen Buchstaben eintreten sollten.

Und der Teufel, der sie hierin wie bei den übrigen Dingen täuschte, bezeichnete ihnen die Zeremonien und Opfer, die sie für ihn leisten müßten, um den Nöten zu entgehen. Und wenn sie nicht von ihnen heimgesucht wurden, sagten sie daher, dies geschehe wegen der Zeremonien, mit denen sie ihn ehrten; wurden sie dennoch von ihnen heimgesucht, so gaben die Priester dem Volk zu verstehen und machten ihm weis, dies geschehe durch irgendeine Schuld oder Verfehlung bei den Zeremonien oder derjenigen, die sie ausführten.

Der erste Sonntagsbuchstabe ist also *Kan*. Das Jahr, dem dieser Buchstabe diente, stand unter dem Vorzeichen des *Bacab*, den sie mit anderen Namen *Hobnil*, *Kanalbacab*, *Kanpauahtun* und *Kanxibchac* nennen. Diesem wiesen sie die südliche Seite zu. Der zweite Buchstabe ist *Muluc*; ihm wiesen sie den Osten zu, und sein Jahr stand unter dem Vorzeichen des *Bacab*, den sie *Canzienal*, *Chacalbacab*, *Chacpauahtun* und *Chacxibchac* nennen. Der dritte Buchstabe ist *Ix*. Sein Jahr stand unter dem Vorzeichen des *Bacab*, den sie *Zaczini*, *Zacalbacab*, *Zacpauahtun* und *Zacxibchac* nennen, und sie wiesen ihm die nördliche Seite zu. Der vierte Buchstabe ist *Cauac*: Sein Jahr stand unter dem Vorzeichen des *Bacab*, den sie *Hozanek*, *Ekelbacab*, *Ekpauahtun* und *Ekxibchac* nennen; diesem wiesen sie die westliche Seite zu.

Kan        Muluc          Ix              Cauac

Jede Feier oder Festlichkeit, die diese Leute ihren Göttern widmeten, begannen sie immer damit, den Teufel auszutreiben, um sie besser ausrichten zu können. Und manchmal trieben sie ihn mit Gebeten und Segenssprüchen aus, die sie hierfür hatten, bei anderen Gelegenheiten mit Zeremonien, Spenden und Opfern, die sie aus diesem Grund für ihn leisteten. Um ihr Neujahrsfest zu feiern, wählten diese Leute, ihrer unseligen Ansicht entsprechend, mit der größten Freude und Würde die fünf Unglückstage aus, die sie als solche auffaßten und die vor dem ersten Tag ihres neuen Jahres lagen; und in ihnen führten sie sehr große Zeremonien für die obenerwähnten *Bacabes* und den Teufel aus, den sie mit weiteren vier Namen bezeichneten, nämlich *Kanuuayayab*, *Chacuuayayab*, *Zacuuayayab* und *Ekuuayayab*; und nachdem sie diese Zeremonien und Feste beendet und den Teufel verjagt hatten, wie wir sehen werden, begannen sie ihr neues Jahr und die zu ihm gehörenden Feste.

Es war Brauch in allen Ortschaften Yucatáns, daß sie (jeweils) zwei Steinhaufen aufgeschichtet hatten, die am Ortseingang, an den vier Seiten des Ortes, einander gegenüberlagen, nämlich im Osten, Westen, Norden und Süden, um die zwei Feste der Unglückstage zu feiern, die sie jedes Jahr in der folgenden Art ausführten.

Das Jahr, dessen Sonntagsbuchstabe *Kan* war, stand unter dem Vorzeichen des *Hobnil*, und wie sie sagten, regierten beide auf der südlichen Seite. In diesem Jahr machten sie nun aus Ton eine hohle Bildsäule oder Figur des Teufels, den sie *Kanuuayayab* nannten, und trugen sie zu den Haufen der ohne Mörtel zusammengefügten Steine, die sie an der Südseite errichtet hatten; sie wählten einen vornehmen Herrn des Ortes aus, in dessen Haus man während dieser Tage das Fest feiern sollte, und um es zu feiern, machten sie die Statue eines Teufels, den sie *Bolonzacab* nannten,[55] und stellten sie in das Haus des Vornehmen, das an einem öffentlichen Platz eingerichtet war, zu dem alle gelangen konnten.

Danach versammelten sich die Häuptlinge, der Priester und die Männer des Ortes, und nachdem sie den Weg gesäubert und mit Bogen und frischem Grün geschmückt hatten, der zu der Stelle mit den Steinhaufen führte, wo sich auch die (andere) Statue befand, gingen alle gemeinsam in großer Andacht dorthin, um sie zu holen. Nachdem sie angekommen waren, beräucherte der Priester die Statue mit neunundvierzig gemahlenen Maiskörnern und ihrem Weihrauch, was sie beides in das Kohlenbecken des Teufels geworfen hatten, und damit beräucherten sie ihn. Den gemahlenen Mais nannten sie allein *Zacab* und den (Weihrauch) der Häuptlinge *Chabalté*. Nachdem sie die Bildsäule beräuchert hatten, schlachteten sie ein Huhn und brachten es ihr dar oder opferten es.

Hiernach stellten sie die Bildsäule auf einen *Kanté* genannten Baumstamm und luden ihr einen Engel als Zeichen für das Wasser auf den Rücken; und dieses Jahr sollte gut werden; derartige Engel formten und gestalteten sie mit schrecklichem Äußeren; und so brachten sie die Statue mit vielen Freudenbekundungen und Tänzen in das Haus des

Vornehmen, wo sich die andere Statue des *Bolonzacab* befand. Für die Häuptlinge und Priester holten sie aus dem Haus dieses Vornehmen ein Getränk nach draußen, das aus vierhundertfünfzehn gerösteten Maiskörnern bestand und das sie *Piculakakla* nennen, und alle tranken davon; nachdem sie das Haus des Vornehmen betreten hatten, stellten sie diese Bildsäule gegenüber der Statue des Teufels auf, die sie schon dort hatten, und so opferten sie ihr viele Speisen und Getränke, viel Fleisch und Fisch, und sie verteilten diese Opfer an die Fremdlinge, die sich dort befanden, und dem Priester gaben sie eine Hirschkeule.

Andere vergossen ihr Blut, indem sie sich in die Ohren schnitten, und damit bestrichen sie den Stein eines Teufels *Kanalacantun*, den sie dort aufgestellt hatten. Sie machten ein Brot mit einem Herzen und ein weiteres Brot mit Kürbiskernen und brachten sie der Bildsäule des Teufels *Kanuuayayab* dar. So hielten sie es in diesen Unglückstagen mit der Statue und der Bildsäule und beräucherten sie mit ihrem Weihrauch und den mit Weihrauch vermischten gemahlenen Maiskörnern. Sie hatten geglaubt, wenn sie diese Zeremonien nicht ausführten, müßten sie gewisse Krankheiten bekommen, von denen sie in diesem Jahr befallen werden. Nach diesen Unglückstagen brachten sie die Statue des Teufels *Bolonzacab* in den Tempel und die Bildsäule zum Ostteil des Ortes, damit man sie im nächsten Jahr dort holen konnte; man legte sie da ab und ging nach Hause, um sich mit den Aufgaben zu beschäftigen, die jeder einzelne noch für die Feier des neuen Jahres erfüllen mußte.

Wenn sie die Zeremonien beendet und den Teufel ausgetrieben hatten, wie es seiner Täuschung entsprach, hielten sie dieses Jahr für gut, weil der *Bacab Hobnil* mit dem Buchstaben *Kan* regierte; sie sagten von jenem, er hätte keine Sünde wie seine Brüder, und darum würden sie bei ihm keine Nöte heimsuchen. Da es jedoch oft solche Nöte gab, sorgte der Teufel dafür, daß sie Zeremonien für ihn ausführten, damit man so, wenn es derartige Zeremonien gäbe, diesen selbst oder denen, die sie ausführten, die Schuld zuschriebe und sie immer getäuscht und verblendet blieben.

Er gebot ihnen nun, daß sie ein Götzenbild machen sollten, das sie *Izamnakauil*[56] nannten, und daß sie es in ihrem Tempel aufstellten und für ihn im Hof des Tempels drei Bälle einer Milch oder eines Harzes verbrannten, das *Kik\** heißt, und daß sie ihm einen Hund oder einen Menschen opferten, was sie taten, wobei sie die Ordnung einhielten, die sie, wie schon gesagt, bei jenen beachteten, die sie opferten, nur daß die Art des Opfers bei diesem Fest anders war, denn sie errichteten im Hof des Tempels einen großen Steinhaufen, und sie stellten den Menschen oder den Hund, die sie opfern sollten, auf eine Erhöhung, die über den Haufen hinausragte; sie warfen den gefesselten Verurteilten von oben auf die Steine, und jene Amtsgehilfen packten ihn und rissen ihm sehr geschwind das Herz heraus, brachten es zu dem neuen Götzenbild und boten es ihm mit großem Aufwand dar. Sie opferten außerdem Speisen, und auf diesem Fest tanzten die alten Frauen des Ortes, die sie hierfür ausgewählt hatten und die bestimmte Kleider trugen. Sie sagten, ein Engel komme herab und empfange dieses Opfer.

Das Jahr, in dem der Sonntagsbuchstabe *Muluc* war, stand unter dem Vorzeichen des *Canzienal*, und wenn es an der Zeit war, wählten die Häuptlinge und der Priester einen Vornehmen, der das Fest ausrichten sollte; danach machten sie die Bildsäule des Teufels wie die im vorhergehenden Jahr, die sie *Chacuuayayab* nannten, und man brachte sie zu den Steinhaufen an der Ostseite, wo sie die vorherige abgelegt hatten. Sie machten eine Statue für den Teufel, der *Kinchahau* genannt wird, und stellten sie im Haus des Vornehmen an einem geeigneten Platz auf; nachdem sie den Weg sorgfältig gesäubert und geschmückt hatten, gingen sie von dort alle zusammen in ihrer gewohnten andächtigen Haltung los und holten die Bildsäule des Teufels *Chacuuayayab*.

Wenn sie angekommen waren, beräucherte der Priester die Bildsäule mit dreiundfünfzig gemahlenen Körnern des Maises, den sie *Zacab* nennen, und mit ihrem Weihrauch. Der Priester gab den Häuptlingen weiteren Weihrauch von der Art, die wir *Chabalté* nennen, damit sie ihn in das Kohlenbecken streuten; danach schlachteten sie ihr ein Huhn wie im vorigen Jahr, stellten die Bildsäule auf einen *Chasté* ge-

---

\* Kautschuk, -ball.

nannten Baumstamm und nahmen sie mit, wobei alle sie in andächtiger Haltung begleiteten und dazu einige Kriegstänze ausführten, die sie *Holcanokot Batelokot* nennen. Für die Häuptlinge und Vornehmen holten sie ihr Getränk aus dreihundertachtzig gerösteten Maiskörnern wie das im vorigen Jahr nach draußen.

Nachdem sie das Haus des Vornehmen betreten hatten, stellten sie diese Bildsäule gegenüber der Statue des *Kinchahau*[57] auf und brachten ihr alle Gaben dar, die sie wie die übrigen verteilten. Sie opferten der Bildsäule mit Eidotter zubereitetes Brot, andere Brote mit Hirschherzen und noch eines, das mit zerriebenem einheimischem Pfeffer hergestellt war. Viele vergossen ihr Blut, indem sie sich in die Ohren schnitten und mit ihrem Blut den Stein eines *Chacacantun* genannten Teufels bestrichen, den sie dort aufgestellt hatten. Nun ergriffen sie Knaben, und gewaltsam ließen sie ihnen Blut aus den Ohren fließen, indem sie Einschnitte mit dem Messer machten. Sie behielten diese Statue und Bildsäule bis zum Ende der Unglückstage, und in dieser Zeit verbrannten sie ihren Weihrauch vor ihnen. Nach diesen Tagen trugen sie die Bildsäule zur Nordseite des Ortes, um sie dort abzulegen, wo sie diese im nächsten Jahr wieder in Empfang nehmen sollten, und die andere brachten sie in den Tempel; hierauf gingen sie nach Hause, um sich mit der Vorbereitung ihres Neujahrsfestes zu beschäftigen. Wenn sie die genannten Dinge nicht ausführten, hatten sie viele Augenkrankheiten zu befürchten.

Dieses Jahr, in dem *Muluc* der Sonntagsbuchstabe war und der *Bacab Canzienal* regierte, hielten sie für ein gutes Jahr, weil sie sagten, dieser sei der beste und größte Gott von jenen *Bacabes*, und darum setzten sie ihn in ihren Gebeten an die erste Stelle. Trotz alledem veranlaßte sie jedoch der Teufel, daß sie ein Bild für den *Yaxcocahmut* genannten Götzen machten, es in den Tempel stellten, die alten Statuen entfernten und auf dem Hof, vor dem Tempel, eine Steinsäule errichteten, an der sie Weihrauch und einen Ball des Harzes oder Milchsaftes *Kik* verbrannten; dort beteten sie zu dem Götzen und erbaten von ihm ein Mittel gegen die Übel, die sie in jenem Jahr befürchteten, nämlich, daß Wasser fehlte, die Maispflanzen viele Schößlinge trieben und dergleichen mehr; als Mittel gegen diese Übel gebot ihnen der Teufel, ihm Eichhörnchen und eine unverzierte Tempeldecke zu opfern, die jene alten Frauen weben sollten, deren Amt es war, im Tempel zu tanzen, um *Yaxcocahmut* zu besänftigen.

Sie hatten viele andere Nöte und böse Zeichen (zu befürchten), obwohl das Jahr gut war, wenn sie nicht die Zeremonien ausführten, die der Teufel von ihnen verlangte, und diese bestanden darin, daß sie ein Fest feierten, dabei einen Tanz auf sehr hohen Stelzen ausführten und dem Teufel Truthahnköpfe, Brot und Getränke aus Mais opferten; sie mußten ihm (auch) aus Ton hergestellte Hunde opfern, die Brot auf dem Rücken trugen; die alten Frauen sollten beim Tanz diese Figuren in der Hand halten und dem Teufel einen kleinen Hund opfern, der einen schwarzen Rücken hatte und unberührt war; und die Frommen mußten ihr Blut vergießen und damit den Stein des Teufels *Chacacantun* bestreichen. Sie glaubten, dieses Opfer und diese Zeremonie seien ihrem Gott *Yaxcocahmut* gefällig.

In dem Jahr, wenn *Ix* der Sonntagsbuchstabe war, das unter dem Vorzeichen des *Zaczini* stand, wählten sie den Vornehmen, der das Fest ausrichten sollte, und danach machten sie die Bildsäule des *Zacuuayayab* genannten Teufels und brachten sie zu den Steinhaufen an der Nordseite, wo man (auch) im vorhergehenden Jahr die Bildsäule abgelegt hatte. Sie errichteten dem Teufel *Yzamná* eine Statue und stellten sie in das Haus des Vornehmen, und nachdem der Weg hergerichtet war, gingen alle gemeinsam in andächtiger Haltung und holten die Bildsäule des *Zacuuayayab*. Wenn sie angekommen waren, beräucherten sie diese, wie es bei ihnen Brauch war, schlachteten das Huhn, stellten die Bildsäule auf einen *Zachia* genannten Baumstamm und brachten sie in ihrer gewohnten andächtigen Haltung her, wobei sie Tänze ausführten, die sie *Alcabtan Kamahau* nennen. Sie schafften ihnen das übliche Getränk nach draußen, und wenn sie das Haus betreten hatten, stellten sie diese Bildsäule vor die Statue des *Izamná*, und dort opferten ihm alle ihre Gaben und verteilten sie; der Statue des *Zacuuayayab* opferten sie einen Truthahnkopf, Wachtelpasteten, ihr Getränk und andere Dinge.

Andere zapften sich Blut ab und bestrichen damit den Stein des Teufels *Zacacantun*, und so bewahrte man die Götzenbilder in den Tagen, die noch bis zum neuen Jahr fehlten, und sie beräucherten diese mit ihrem Räucherwerk; wenn nun der letzte Tag gekommen war, brachten sie *Yzamná* in den Tempel und *Zacuuayayab* an die Westseite des Ortes, wo sie ihn ablegten, um ihn dort im nächsten Jahr wieder in Empfang zu nehmen.

Die Übel, die sie in diesem Jahr befürchteten, wenn sie sich bei diesen Zeremonien nachlässig zeigten, waren Schwindel- und Ohnmachtsanfälle und Augenkrankheiten; sie glaubten, es sei ein schlechtes Jahr für Brot und ein gutes für Baumwolle. Dieses Jahr, in dem *Ix* der Sonntagsbuchstabe war und der *Bacab Zaczini* regierte, hielten sie für ein verderbliches Jahr, weil sie sagten, in ihm sollten viele Übel sie heimsuchen, so etwa großer Wassermangel und viel Sonnenhitze, welche die Maisfelder versengen müßte, was bei ihnen eine schlimme Hungersnot bewirken würde, wegen des Hungers käme es zu Diebstählen, und deshalb würde man diejenigen, die diese Diebstähle begingen, zu Sklaven machen und verkaufen. Hieraus erwüchsen ihnen Zwistigkeiten und Kriege untereinander oder mit anderen Orten. Sie sagten auch, wegen der Kriege und der Zwistigkeiten würde es Machtwechsel bei den Häuptlingen oder den Priestern geben.

Sie hatten auch eine Voraussage: daß einige von jenen, die Häuptlinge werden wollten, sich nicht durchsetzen würden. Sie sagten, eine Heuschreckenplage sollte sie heimsuchen, und durch den Hunger würden sich ihre Ortschaften weitgehend entvölkern. Der Teufel gebot ihnen, als Mittel gegen diese Übel, die sie nach ihrer Meinung alle oder zum Teil treffen würden, ein Götzenbild zu machen, das sie *Cinchahau Izamná* nannten, und es in den Tempel zu stellen, wo sie es oft beräucherten, ihm viele Gaben und Gebete widmeten und ihr Blut vergossen, mit dem sie den Stein des Teufels *Zacacantun* bestrichen. Sie führten viele Tänze aus, und die alten Frauen tanzten, wie es bei ihnen Brauch war; bei diesem Fest richteten sie eine weitere kleine Betkapelle für den Teufel ein oder erneuerten die alte, und dort versammelten sie sich, um dem Teufel Opfer und Gaben zu spenden und alle ein feierliches Trinkgelage abzuhalten, denn es war ein gemeinschaftliches Fest, an dem alle teilnehmen mußten. Es gab ein paar heidnische Betbrüder, die freiwillig und aus Frömmigkeit ein zweites Götzenbild wie das obengenannte machten und es in andere Tempel stellten, wo man ihm Opfergaben und ein Trinkgelage widmete. Sie glaubten, diese Trinkgelage und Opfer seien ihren Götzen sehr angenehm und ein Mittel, um sich vor den Übeln, wie die Voraussage sie androhte, zu bewahren.

In dem Jahr, dessen Sonntagsbuchstabe *Cauac* war und das unter dem Vorzeichen des *Hozanek* stand, wählten sie den Vornehmen, der das Fest ausrichten sollte, und danach machten sie die Bildsäule des *Ekuuayayab* genannten Teufels, die sie zu den Steinhaufen an der Westseite des Ortes brachten, wo sie auch im vergangenen Jahr die Bildsäule abgelegt hatten. Sie machten ebenfalls eine Statue für einen *Uacmitunahau*[58] genannten Teufel und stellten sie im Haus des Vornehmen an einem geeigneten Platz auf; von dort gingen alle gemeinsam an die Stelle, wo sich die Bildsäule des *Ekuuayayab* befand, und hierfür hatten sie den Weg sorgfältig hergerichtet. Wenn sie bei ihr angelangt waren, beräucherten sie der Priester und die Häuptlinge, wie es bei ihnen Brauch war, und schlachteten ein Huhn. Danach stellten sie die Bildsäule auf einen Holzstamm, den sie *Yaxek* nannten, und auf den Rücken luden sie ihr einen Schädel und einen Toten und darüber einen *Kuch*\* genannten Raubvogel als Zeichen für ein Massensterben, denn sie hielten es für ein sehr schlechtes Jahr.

Sie brachten sie dann in dieser Art fort, wobei sie eine gefühlvolle und andächtige Haltung zeigten und ein paar Tänze ausführten, zu denen einer wie Cazcarientas gehörte, den sie auch *Xibalbaokot*, das heißt „Tanz des Teufels", nannten. Die Mundschenke kamen heraus mit dem Getränk für die Häuptlinge; dieses Getränk brachten sie zu der Stelle, wo sich die Statue des *Uacmitunahau* befand, und stellten es neben die Bildsäule, die sie hergebracht hatten. Dann begannen sie mit ihren Opfergaben, dem Beräuchern und den Gebeten, und viele zapften sich Blut an mehreren Körperstellen ab und bestrichen damit den Stein des *Ekelacantun* genannten Teufels, und so vergingen diese Unglückstage; nach deren Ende brachten sie *Uacmitunahau* in den Tempel und *Ekuuayayab* zur Südseite des Ortes, um ihn dort im nächsten Jahr wieder in Empfang zu nehmen.

\* Truthahngeier.

Dieses Jahr, in dem *Cauac* der Sonntagsbuchstabe war und der *Bacab Hozanek* regierte, hielten sie nicht nur wegen des vorausgesagten Massensterbens für verderblich, denn sie sagten, daß die große Sonnenhitze ihre Maisfelder versengen sollte und die vielen Ameisen und die Vögel ihre Saaten auffräßen; da dies nicht überall geschehen würde, sollte es unter schweren Mühen mancherorts Nahrung geben. Der Teufel verpflichtete sie, damit sie diesen Übeln abhelfen könnten, vier Teufelsfiguren zu machen, die *Chicacchob, Ekbalamchac, Ahcanuolcab* und *Ahbulucbalam* genannt wurden, und sie in den Tempel zu stellen, wo sie Räucherwerk vor ihnen verbrannten und ihnen zwei Klumpen eines Milchsaftes oder Baumharzes, das sie *Kik* nannten, als Weihrauch darboten und dazu bestimmte Leguane und Brot, eine Mitra, einen Blumenstrauß und einen von ihren Edelsteinen. Außerdem errichteten sie für dieses Fest auf dem Hof ein großes Gewölbe aus Holz und füllten es oben und von den Seiten mit Brennholz, wobei sie Türöffnungen ließen, damit sie es betreten und verlassen konnten. Hiernach nahmen die meisten Männer je ein Bündel sehr dürrer und langer Ruten, ein Vorsänger stellte sich auf den Holzstapel, sang und schlug eine Trommel, wie sie bei ihnen üblich war; alle Untenstehenden tanzten sehr harmonisch und andächtig, wobei sie durch die Türen jenes Holzgewölbes hineingingen und herauskamen, und so tanzten sie bis zum Nachmittag; dann ließ jeder sein Bündel dort liegen und ging nach Hause, um auszuruhen und zu essen.

Sobald die Nacht anbrach, kamen sie und mit ihnen viele andere zurück, denn diese Zeremonie stand bei ihnen in hohem Ansehen; jeder nahm eine Fackel, entzündete sie, und alle setzten damit das Brennholz in Flammen, das heftig aufloderte und schnell verbrannte. Nachdem es ganz zu Glut zerfallen war, bedeckten sie mit ihr eine sehr weite Fläche; bei den Tänzern gab es einige, die nun barfuß und nackt, wie sie waren, über jene Glut hin und her liefen; ein paar kamen unverletzt, andere angesengt und wieder andere halbverbrannt hinüber; sie glaubten, hierin bestehe das Mittel gegen ihre Übel und die schlechten Vorzeichen, und sie meinten, diese Zeremonie sei ihren Göttern am angenehmsten. Danach begannen sie ein Trinkgelage und berauschten sich, denn so verlangten es der Festbrauch und die Brandhitze.

Mit den weiter oben angeführten Buchstaben benannten die Indios die zu ihren Monaten gehörenden Tage, und aus allen Monaten zusammen machten sie eine Art von Kalender, nach dem sie sich sowohl bei ihren Festen als auch bei ihren Berechnungen, im Handel und bei den Geschäften richteten, wie wir uns nach unserem Kalender richten, nur daß sie ihren Kalender nicht mit dem ersten Tag ihres Jahres beginnen ließen, sondern viel später; dies taten sie wegen der Schwierigkeiten, die sie beim Zählen der zu den Monaten insgesamt gehörenden Tage hatten, wie man es an dem Kalender selbst sehen wird, den ich hier anführen werde; denn obwohl die zu ihren Monaten gehörenden Buchstaben und Tage zwanzig sind, haben sie den Brauch, sie von eins bis dreizehn zu zählen, und nach den dreizehn beginnen sie wieder mit dem ersten, so daß sie die Tage des Jahres in siebenundzwanzig Dreizehner und neun Tage außer den Unglückstagen aufteilen.

Trotz dieser ständigen Umstellungen und dieser beschwerlichen Rechnung ist es sehenswert, mit welchem Geschick diejenigen, die sich darauf verstehen, zählen und sich zurechtfinden, und große Beachtung verdient, daß immer derjenige Buchstabe, welcher der Sonntagsbuchstabe ist, auf den ersten Tag ihres Jahres fällt, ohne daß ein Irrtum oder Fehler eintritt und ohne daß ein anderer Buchstabe von den zwanzig auf diesen Tag fällt. Diese Art zu zählen benutzten sie auch, um aus diesen Buchstaben ein anderes Berechnungsverfahren abzuleiten, mit dem sie die Zeitalter und andere Dinge zählten, und obgleich diese für sie eigentümlich sind, gehören sie hier nicht zu unserem Gegenstand und werden deshalb zurückgestellt, um nun darauf hinzuweisen, daß das Schriftzeichen oder der Buchstabe, mit dem sie die Zählung ihrer Tage oder ihres Kalenders begannen, *Hun Imix* heißt und so aussieht:

Dieser Buchstabe fällt nicht auf einen bestimmten, genau bezeichneten Tag, denn jeder berechnet ihn selbst anders, und trotzdem erscheint der Buchstabe, der zum Sonntagsbuchstaben wird, unfehlbar am ersten Tag des folgenden Jahres.

Der erste Tag des Jahres war bei diesen Menschen immer der sechzehnte Tag unseres Monats Juli[59] und der erste Tag ihres Monats *Pop*[60], und es ist nicht verwunderlich, daß diese Leute, obwohl sie bei anderen Dingen einfältig waren, hierin große Gewissenhaftigkeit und ein gutes Urteil zeigten, wie wir entdeckt haben, denn auch bei anderen Nationen war dies so, ist doch der Glosse über Hesekiel zufolge der Januar bei den Römern der Jahresanfang, bei den Hebräern der April, bei den Griechen der März und bei den Orientalen der Oktober. Obgleich sie ihr Jahr im Juli beginnen lassen, werde ich hier ihren Kalender jedoch nur der Ordnung unseres Kalenders entsprechend und zusammen mit ihm anführen, so daß unsere und ihre Sonntagsbuchstaben, unsere und ihre Monate sowie ihre obengenannte Dreizehnerrechnung, die in Ziffern ausgedrückt wird, angegeben sind.

Und damit es nicht nötig ist, auf der einen Seite den Kalender und auf einer anderen die Feste anzugeben, nenne ich bei ihren einzelnen Monaten jeweils ihre Feste sowie die Bräuche und Zeremonien, mit denen sie diese feierten, und hierdurch führe ich aus, was ich irgendwo weiter oben angekündigt habe: daß ich ihren Kalender darstellen und dabei über ihre Fastenbräuche und Zeremonien, mit denen sie die hölzernen Götzenbilder machten, sowie über andere Dinge sprechen werde; wie es meiner Absicht entspricht, sollen all diese Dinge und auch die übrigen, die hier behandelt werden, nur als Anlaß dienen, um Gottes Güte zu preisen, der in unseren Zeiten so viel gelitten und aus Gnade bei so vielem Abhilfe geschaffen hat, damit wir es aus christlicher Liebe erkennen und zu ihm bitten, daß seine Güte erhalten bleibe und Nutzen im guten christlichen Sinne bringe, und damit man diejenigen, deren Amt es ist, dies auszuführen, fördert und unterstützt, so daß es ihnen wegen der Sünden dieser Menschen oder wegen unserer Sünden nicht an Hilfe fehlt oder diese Menschen das begonnene Werk nicht aufgeben, darum wieder in ihre Übel und Irrtümer verfallen und ihnen schlimmere Dinge als die früheren widerfahren, indem die Teufel in die Heimstatt ihrer Seele zurückkehren, aus der wir sie unter großen Sorgen und Mühen zu vertreiben suchten, als wir sie läuterten und von ihren Lastern und früheren schlechten Gewohnheiten reinigten; und es ist nicht verwunderlich, daß man etwas Derartiges befürchtet, wenn man die Verderbnis sieht, die seit so vielen Jahren überall in dem großen und sehr christlichen Asien und in dem guten, katholischen und hochedlen Afrika herrscht, wie auch die Nöte und Drangsale, die heutigentags unser Europa, unsere Nation und unsere Häuser heimsuchen, und deshalb könnten wir sagen, für uns seien die Prophezeiungen des Evangeliums über Jerusalem in Erfüllung gegangen, daß seine Feinde es belagern, ängsten und so sehr bedrängen würden, daß sie es schleifen sollten;* und Gott hätte dies schon zugelassen, da es nun einmal so um uns bestellt ist, doch dürfen seine Kirche und auch nicht das Werk desjenigen aufhören, der gesagt hat: *Dominus reliquisset semen, sicut Sodoma fuissemus.***

*Beginn des römischen und des yucatekischen Kalenders*[61]

| JANUAR | | (CHEN) |
|--------|--|--------|
| *Dreizehner* | *Tage* | *Monate der Indios* |

| | | | |
|---|---|---|---|
| a | 12 | Ben | |

Wie sie sagten, schaffen sie behutsam und in großer Angst ihre Götter. Nachdem die Götzenbilder bereits ausgeführt

| | | | |
|---|---|---|---|
| b | 13 | Ix | |

und vollendet waren, machte deren Besitzer ein Geschenk, das beste, das ihm möglich war, von Geflügel, Wild und ihrem

| | | | |
|---|---|---|---|
| c | 1 | Men | |

Geld, um damit die Arbeit derjenigen zu bezahlen, die diese

| | | | |
|---|---|---|---|
| d | 2 | Cib | |

Götzenbilder gestaltet hatten; und man holte diese aus der Strohhütte (wo sie sich befun-

---

* Nach: Lukas, 19,43–44.
** „(Wenn uns nicht) Gott hätte Samen übriggelassen, so wären wir wie Sodom geworden" (Jes., 1,9; Röm., 9,29).

e 3 Caban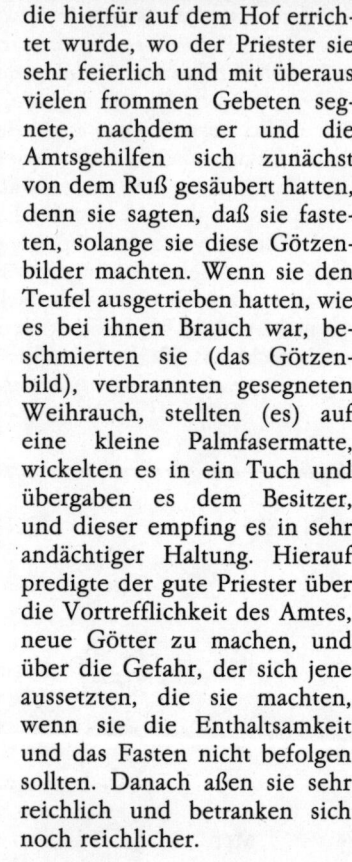

f 4 Ezanab

g 5 Cauac

a 6 Ahau

b 7 Imix

c 8 Ik

d 9 Akbal

den hatten) und stellte sie in eine andere Hütte aus Laub, die hierfür auf dem Hof errichtet wurde, wo der Priester sie sehr feierlich und mit überaus vielen frommen Gebeten segnete, nachdem er und die Amtsgehilfen sich zunächst von dem Ruß gesäubert hatten, denn sie sagten, daß sie fasteten, solange sie diese Götzenbilder machten. Wenn sie den Teufel ausgetrieben hatten, wie es bei ihnen Brauch war, beschmierten sie (das Götzenbild), verbrannten gesegneten Weihrauch, stellten (es) auf eine kleine Palmfasermatte, wickelten es in ein Tuch und übergaben es dem Besitzer, und dieser empfing es in sehr andächtiger Haltung. Hierauf predigte der gute Priester über die Vortrefflichkeit des Amtes, neue Götter zu machen, und über die Gefahr, der sich jene aussetzten, die sie machten, wenn sie die Enthaltsamkeit und das Fasten nicht befolgen sollten. Danach aßen sie sehr reichlich und betranken sich noch reichlicher.

YAX

e 10 Kan

f 11 Chicchan

In einem der beiden Monate *Chen* und *Yax*, an dem Tag, den der Priester bezeichnete, feierten sie ein Fest, das sie *Ocná* nannten, was „Erneue-

| g | 12 | Cimi |
| a | 13 | Manik |
| b | 1 | Lamat |
| c | 2 | Muluc |
| d | 3 | Oc |
| e | 4 | Chuen |
| f | 5 | Eb |
| g | 6 | Ben |
| a | 7 | Ix |
| b | 8 | Men |
| c | 9 | Cib |
| d | 10 | Caban |
| e | 11 | Ezanab |

rung des Tempels" heißt; dieses Fest feierten sie zu Ehren der *Chaces*, die sie für Götter der Maisfelder hielten, und dabei prüften sie die Voraussagen der *Bacabes*, wie es an der entsprechenden Stelle und in der angegebenen Ordnung ausführlicher beschrieben wird. Das besagte Fest feierten sie jedes Jahr, und außerdem erneuerten sie die Götzenbilder aus Ton und deren Kohlenbecken, denn es war Brauch, daß jedes Götzenbild ein kleines Kohlenbecken hatte, worin sie ihm Weihrauch verbrannten, und wenn es notwendig war, erbauten sie ein neues Haus oder erneuerten das alte, und mit ihren Schriftzeichen schrieben sie den Bericht über diese Dinge zur Erinnerung an die Wand.

| | | | |
|---|---|---|---|
| f | 12 | Cauac |  |
| g | 13 | Ahau |  |
| a | 1 | Imix |  |
| b | 2 | Ik |  |
| c | 3 | Akbal |  |

Bei a 1 Imix: *Hier beginnt die Zählung des Kalenders der Indios, und dies heißt in ihrer Sprache:* Hun Imix.

FEBRUAR

## ZAC

| | | | |
|---|---|---|---|
| d | 4 | Kan |  |
| e | 5 | Chicchan |  |
| f | 6 | Cimi |  |
| g | 7 | Manik |  |
| a | 8 | Lamat |  |
| b | 9 | Muluc |  |
| c | 10 | Oc |  |
| d | 11 | Chuen |  |

In diesem Monat *Zac* feierten die Jäger an einem Tag, den der Priester bezeichnete, ein anderes Fest wie jenes im Monat *Zip*, das den Zweck hatte, den Zorn zu besänftigen, mit dem die Götter sie und ihre Saaten verfolgten; und sie feierten es (auch) wegen des Blutes, das sie bei der Jagd vergossen, weil sie jedes Blutvergießen für etwas Entsetzliches hielten, wenn es nicht bei ihren Opfern vorgenommen wurde, und aus diesem Grunde riefen sie immer, wenn sie auf die Jagd gingen, den Teufel an und verbrannten Weihrauch für ihn, und wenn sie konnten, bestrichen sie ihm das Gesicht mit dem Herzblut jener Jagdbeute.

| | | | |
|---|---|---|---|
| e | 12 | Eb |  |
| f | 13 | Ben |  |
| g | 1 | Ix |  |
| a | 2 | Men |  |
| b | 3 | Cib |  |
| c | 4 | Caban |  |
| d | 5 | Ezanab |  |
| e | 6 | Cauac |  |
| f | 7 | Ahau |  |
| g | 8 | Imix |  |
| a | 9 | Ik |  |

An diesem siebenten *Ahau*, auf welchen Tag er auch immer fiel, feierten sie ein sehr großes Fest, das drei Tage dauerte, mit Räucherwerk, Opfergaben und einem heidnischen Trinkgelage; und weil dies ein bewegliches Fest ist, trugen die gewissenhaften Priester dafür Sorge, es rechtzeitig bekanntzugeben, damit man gebührend fastete.

b 10 Akbal  CEH

c 11 Kan

d 12 Chicchan

e 13 Cimi

f 1 Manik

g 2 Lamat

a 3 Muluc

b 4 Oc

c 5 Chuen

MÄRZ

d 6 Eb

e 7 Ben

f 8 Ix

g 9 Men

a 10 Cib

b 11 Caban

c 12 Ezanab

d 13 Cauac

e 1 Ahau

f 2 Imix

g 3 Ik

a 4 Akbal

b 5 Kan

c 6 Chicchan

d 7 Cimi

## MAC

An einem Tag dieses Monats *Mac* feierten die hochbejahrten Leute, besonders die ältesten, ein Fest für die *Chaces*, die Götter der Kornfrüchte, und für *Izamná*. Einen Tag oder zwei Tage zuvor führten

101

| e | 8 | Manik |
| f | 9 | Lamat |
| g | 10 | Muluc |
| a | 11 | Oc |
| b | 12 | Chuen |
| c | 13 | Eb |
| d | 1 | Ben |
| e | 2 | Ix |
| f | 3 | Men |
| g | 4 | Cib |
| a | 5 | Caban |
| b | 6 | Ezanab |
| c | 7 | Cauac |

sie die folgende Zeremonie aus, die sie in ihrer Sprache *Tuppkak* nannten: Sie hatten vierfüßige Tiere und Gewürm von den Feldern geholt, die es in diesem Land gab und die sie fangen konnten; sie brachten diese auf den Hof des Tempels, wo sie zusammenkamen; dorthin brachte man auch den Priester und die *Chaces* und setzte sie in die Ecken, wie es bei ihnen Brauch war, um den Teufel auszutreiben, und für jeden holte man einen Wasserkrug herbei. In der Mitte stellten sie senkrecht ein großes Bündel dürrer Ruten auf; zuerst verbrannten sie nun Weihrauch in dem Kohlenbecken, dann zündeten sie die Ruten an, und während diese brannten, rissen sie den Vögeln und vierfüßigen Tieren behende das Herz heraus, und die Herzen warfen sie ins Feuer; wenn es keine großen Tiere wie Tiger, Löwen oder Alligatoren gab, formten sie Herzen aus ihrem Weihrauch; und wenn sie Tiere fanden und töteten, brachten sie deren Herzen zu jenem Feuer. Nachdem alle Herzen verbrannt waren, löschten sie das Feuer mit den Wasserkrügen der *Chaces*. Sie taten dies, um hierdurch und mit dem folgenden Fest ein gutes wasserreiches Jahr für ihre Kornfrüchte zu erlangen; hierauf feierten sie das Fest in einer anderen

| | | |
|---|---|---|
| d | 8 | Ahau |  |
| e | 9 | Imix |  |
| f | 10 | Ik |  |

Art als die übrigen, denn sie fasteten nicht, um es vorzubereiten, ausgenommen der Festdiener, der eine Fastenzeit einhielt. Zur Feier kamen nun der Ort, die Priester und die Amtsgehilfen im Hof des Tempels zusammen, wo sie einen Steinhaufen aufgeschichtet hatten, den sie mit Treppen versehen, insgesamt gründlich gesäubert und mit frischem Grün geschmückt hatten. Der Priester bot Weihrauch dar, den der Festdiener bereitet hatte und nun in dem Kohlenbecken verbrannte; und so sollte, wie sie erzählen, der Teufel entfliehen. Nachdem sie dies in ihrer gewohnten andächtigen Haltung vollbracht hatten, beschmierten sie die erste Treppenstufe an dem Steinhaufen mit Schlamm, den sie aus dem Brunnen geholt hatten, und die übrigen Stufen mit blauem Erdpech; sie streuten viel Räucherwerk, riefen die *Chaces* und *Izamná* in ihren Gebeten und Andachtsübungen an und brachten ihre Gaben dar. Danach erquickten sie sich, indem sie aßen und tranken, was gespendet wurde; und mit ihren Zeremonien und Bittgebeten hofften sie, ein gutes Jahr zu erlangen.

| APRIL | | | | KANKIN |
|---|---|---|---|---|

APRIL        KANKIN

g  11  Akbal    

a  12  Kan  

b  13  Chicchan  

c  1  Cimi  

d  2  Manik  

e  3  Lamat  

f  4  Muluc  

g  5  Oc  

a  6  Chuen  

b  7  Eb  

c  8  Ben  

d  9  Ix

| | | | |
|---|---|---|---|
| e | 10 | Men |  |
| f | 11 | Cib |  |
| g | 12 | Caban |  |
| a | 13 | Ezanab |  |
| b | 1 | Cauac |  |
| c | 2 | Ahau |  |
| d | 3 | Imix |  |
| e | 4 | Ik |  |
| f | 5 | Akbal |  |
| g | 6 | Kan |  |
| a | 7 | Chicchan |  |
| b | 8 | Cimi |  |
| c | 9 | Manik |  |

## MUAN

 Im Monat *Muan* feierten jene, die Kakaopflanzungen hatten, ein Fest für die Götter *Ekchuah*, *Chac* und *Hobnil*, die ihre Fürsprecher waren. Zu der Feier begaben sie sich auf das Grundstück eines der Teilnehmer, wo sie einen gefleckten Hund opferten, was wegen der Farbe des Kakaos geschah; sie verbrannten vor den Götzenbildern ihren Weihrauch und brachten ihnen blaue Leguane,

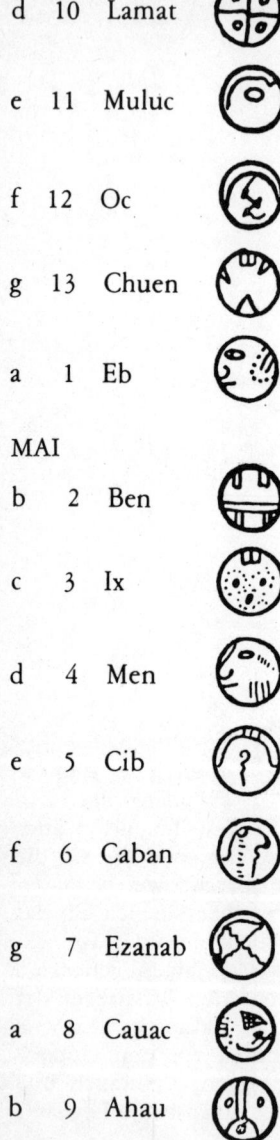

| d | 10 | Lamat |
| e | 11 | Muluc |
| f | 12 | Oc |
| g | 13 | Chuen |
| a | 1 | Eb |

MAI

| b | 2 | Ben |
| c | 3 | Ix |
| d | 4 | Men |
| e | 5 | Cib |
| f | 6 | Caban |
| g | 7 | Ezanab |
| a | 8 | Cauac |
| b | 9 | Ahau |

bestimmte Vogelfedern und weitere Jagdbeute dar; und jedem Amtsgehilfen gaben sie eine Kakaoschote. Nach dem Opfer und ihren Gebeten aßen sie die Speiseopfer und tranken, wie es heißt, nicht mehr als dreimal von dem Wein, womit sie es bewenden ließen; dann gingen sie in das Haus desjenigen, der mit dem Fest beauftragt war, und freudig bezechten sie sich.

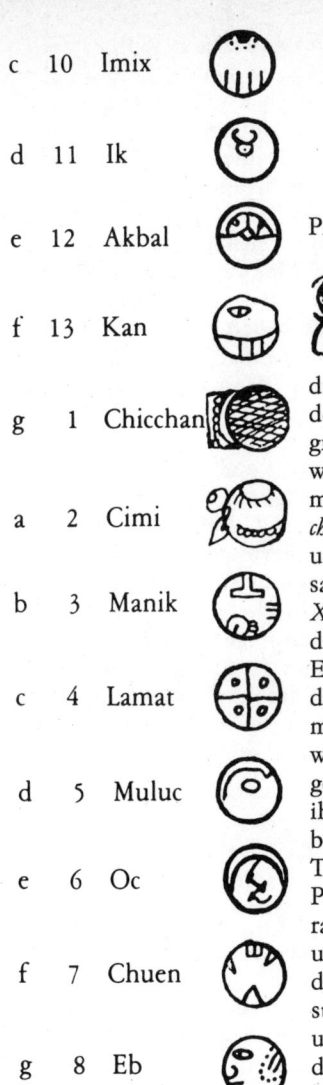

| c | 10 | Imix |
| d | 11 | Ik |
| e | 12 | Akbal |
| f | 13 | Kan |
| g | 1 | Chicchan |
| a | 2 | Cimi |
| b | 3 | Manik |
| c | 4 | Lamat |
| d | 5 | Muluc |
| e | 6 | Oc |
| f | 7 | Chuen |
| g | 8 | Eb |
| a | 9 | Ben |

## PAX

In diesem Monat *Pax* feierten sie ein *Pacumchac* genanntes Fest, zu dem sich die Häuptlinge und Priester der kleineren Ortschaften den größeren anschlossen; und so wachten sie fünf Nächte gemeinsam im Tempel des *Citchaccoh* mit Gebeten, Opfern und Räucherwerk, wie es gesagt ist, daß sie dies im Monat *Xul*, im November, beim Fest des *Cuculcán* machen. Vor dem Ende dieser Tage gingen alle in das Haus ihres Kriegshauptmanns, der *Nacón* genannt wurde und über den ich schon gesprochen habe; sie trugen ihn mit großem Pomp herbei, beräucherten ihn wie einen Tempelgötzen und ließen ihn Platz nehmen, wobei sie Weihrauch vor ihm verbrannten, und so verbrachten er und sie die Zeit, bis die fünf Tage verstrichen waren; solange aßen und tranken sie von den Spenden, die im Tempel dargebracht wurden, und sie tanzten einen Tanz in der Art eines langen Kriegsschrittes, und

| b | 10 | Ix |
| c | 11 | Men |
| d | 12 | Cib |
| e | 13 | Caban |
| f | 1 | Ezanab |
| g | 2 | Cauac |
| a | 3 | Ahau |
| b | 4 | Imix |
| c | 5 | Ik |
| d | 6 | Akbal |

darum nennen sie ihn *Holkanokot*, das heißt „Tanz der Krieger". Nach den fünf Tagen kamen sie auf das Fest, das dem Zweck diente, die Kriegsangelegenheiten zu begünstigen und den Sieg über die Feinde zu erreichen, und das deshalb sehr feierlich war. Nun führten sie zuerst die Zeremonie und das Feueropfer aus, wie ich es im Monat *Mac* beschrieben habe; dann vertrieben sie den Teufel in einer sehr feierlichen Zeremonie, wie sie bei ihnen üblich war, und nachdem sie dies getan hatten, kamen das Beten, Gabenspenden und Beräuchern, und während die Leute diese Opfer und Gebete darbrachten, nahmen die Häuptlinge und jene, die schon damit fertig waren, den *Nacón* auf die Schulter und trugen ihn um den Tempel, wozu sie ihn beräucherten; und wenn sie

mit ihm zurückkehrten, opferten die *Chaces* einen Hund, rissen ihm das Herz heraus und überbrachten es dem Teufel mit großem Gepränge; die *Chaces* zerschlugen dann jeder einen großen, mit Getränk gefüllten Topf, und damit beendeten sie ihr Fest. Danach aßen und tranken sie die Gaben, die man dort dargebracht hatte, und sie trugen den *Nacón* in einem sehr feierlichen Zug, doch ohne Räucherwerk nach Hause.

Dort feierten sie ein großes Fest, bei dem sich die

Häuptlinge, die Priester und die Vornehmen betranken, während die übrigen Leute in ihre Ortschaften heimkehrten; nur der *Nacón* betrank sich nicht. Am folgenden Tag, nachdem sie den Wein verdaut hatten, kamen alle Häuptlinge und Priester der Orte zusammen, die sich berauscht hatten und dort, im Haus des Häuptlings, geblieben waren; er teilte an sie eine große Menge Weihrauch aus, den jene guten Priester hergerichtet und gesegnet hatten; und dazu hielt er ihnen eine Predigt, in der er ihnen mit großem Nachdruck die Feste ans Herz legte, die sie in ihren Ortschaften für ihre Götter ausrichten sollten, damit das Jahr reichlich Nahrung brächte. Nach der Predigt verabschiedeten sich alle sehr liebevoll und unter lauten Rufen voneinander, und ein jeder kehrte zu seinem Ort und in sein Haus zurück. Dort bemühten sie sich, ihre Feste auszurichten, die bei ihnen bis zum Monat *Pop* dauerten, da sie diese nach und nach durchführten; diese wurden von ihnen *Zabacilthan* genannt und auf die folgende Art gefeiert: Im Ort schauten sie sich unter den Reichsten um, wer dieses Fest ausrichten wollte, und sie übertrugen dem Auserwählten einen bestimmten Tag, damit sie in diesen drei Monaten bis zu ihrem Neujahr mehrere Gastmähler haben konnten; und sie versammelten sich im Haus desjenigen, der das Fest ausrichtete; dort führten sie die Zeremonien aus: Sie vertrieben den Teufel, verbrannten Kopalharz und spendeten Gaben, wobei sie ihre Freude bekundeten und tanzten, dann tranken sie sich einen Rausch an, und damit hörte alles auf; in den drei Monaten gab es so übermäßig viele Feste, daß es ein großer Jammer war, sie zu sehen, wie durch das viele Trinken einige von ihnen zerkratzt, andere mit zerschlagenem Kopf, wieder andere (mit) blutunterlaufenen Augen umherliefen, und trotz alledem (waren sie) dem Wein (derart) zugetan, daß sie sich seinetwegen zugrunde richteten.

JUNI                    KAYAB

e   7   Kan

f   8   Chicchan

g   9   Cimi

a   10  Manik

b   11  Lamat

c   12  Muluc

d   13  Oc

e   1   Chuen

f   2   Eb

g   3   Ben

a   4   Ix

b   5   Men

110

| | | | |
|---|---|---|---|
| c | 6 | Cib |  |
| d | 7 | Caban |  |
| e | 8 | Ezanab |  |
| f | 9 | Cauac |  |
| g | 10 | Ahau |  |
| a | 11 | Imix |  |
| b | 12 | Ik |  |
| c | 13 | Akbal |  |
| d | 1 | Kan |  |
| e | 2 | Chicchan |  |
| f | 3 | Cimi |  |
| g | 4 | Manik |  |
| a | 5 | Lamat |  |

CUMKU

111

b   6   Muluc

c   7   Oc

d   8   Chuen

e   9   Eb

f   10   Ben

JULI

g   11   Ix

a   12   Men

b   13   Cib

c   1   Caban

d   2   Ezanab

e   3   Cauac

f   4   Ahau

g   5   Imix

112

| a | 6 | Ik |  |
|---|---|---|---|
| b | 7 | Akbal |  |
| c | | | Kan |
| d | | | Chicchan |
| e | | | Cimi |
| f | | | Manik |
| g | | | Lamat |

In früheren Kapiteln wurde gesagt, daß die Indios mit ihren Neujahrszeremonien schon in diesen namenlosen Tagen begannen, in denen sie sich wie während der Vigil für die Feier ihres Neujahrsfestes rüsteten; und außer den Vorbereitungen, die sie mit dem Fest des Teufels *Uuayayab* trafen, zu dem sie ihre Häuser verließen, bestanden die übrigen Zurüstungen darin, daß sie in diesen fünf Tagen ihr Haus sehr selten verließen und ihren Teufeln und den anderen in den Tempeln, über die Gaben auf dem allgemeinen Fest hinaus, Steinkügelchen darbrachten. Diese Steinkügelchen, die sie solcherart darbrachten, benutzten sie niemals für sich selbst, ebensowenig die anderen Dinge, die sie dem Teufel opferten, und für solche Steinkügelchen kauften sie Weihrauch, um ihn vor dem Teufel zu verbrennen. In diesen Tagen kämmten und wuschen sie sich nicht, die Frauen und die Männer suchten sich auch nicht die Flöhe ab und machten keine schwere oder mühevolle Arbeit, weil sie fürchteten, daß ihnen ein Unglück zustieße, wenn sie so etwas täten.

| | | |
|---|---|---|
| a | 12 | Kan |
| b | 13 | Chicchan |
| c | 1 | Cimi |
| d | 2 | Manik |
| e | 3 | Lamat |
| f | 4 | Muluc |
| g | 5 | Oc |
| a | 6 | Chuen |
| b | 7 | Eb |
| c | 8 | Ben |
| d | 9 | Ix |
| e | 10 | Men |

Mit dem ersten Tag des *Pop* beginnt der erste Monat der Indios; er war ihr Neujahr und bei ihnen ein großartiges Fest, weil es gemeinschaftlich und von allen begangen werden mußte; und darum feierte der ganze Ort gemeinsam ein Fest für alle Götzen. Um es noch feierlicher zu begehen, erneuerten sie an diesem Tag ihren ganzen Hausrat, wie etwa Teller, Gefäße, Schemel, Schilfmatten, die alte Kleidung und die Umhänge, in die sie ihre Götzenbilder eingewickelt hatten. Sie fegten ihre Häuser aus, den Kehricht und die alten Hausgeräte warfen sie außerhalb des Ortes auf den Abfallhaufen, und niemand, auch wenn er ihrer bedurfte, rührte sie an. Um das Fest vorzubereiten, begannen die Häuptlinge, der Priester und die Vornehmen wie auch jene, die es aus Frömmigkeit am meisten wollten, einige Zeit vorher zu fasten und sich ihrer Frauen zu enthalten; einige fingen damit drei Monate früher an, andere zwei Monate und wieder andere, wie es ihnen gefiel, niemand aber fastete weniger als dreizehn Tage; und in diesen dreizehn Tagen enthielten sie sich nicht nur der Frauen, sondern verzichteten auch bei ih-

| | | | |
|---|---|---|---|
| f | 11 | Cib |  |
| g | 12 | Caban |  |
| a | 13 | Ezanab |  |
| b | 1 | Cauac | 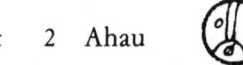 |

AUGUST

| | | | |
|---|---|---|---|
| c | 2 | Ahau | |
| d | 3 | Imix | |
| e | 4 | Ik |  |
| f | 5 | Akbal |  |

ren Speisen auf Salz und Pfeffer, was bei ihnen als eine große Buße galt. In dieser Zeit wählten sie die Amtsgehilfen, die *Chaces*, die den Priester unterstützen sollten; und dieser bereitete viele Kügelchen aus frischem Weihrauch vor, die man auf gewisse Brettchen legte, wie die Priester sie besaßen; diejenigen, die sich der Frauen enthielten und fasteten, verbrannten diesen Weihrauch vor den Götzenbildern. Wer sich diesen Fastenzeremonien unterzog, wagte es nicht, ihnen zuwiderzuhandeln, weil sie glaubten, sonst würde sie persönlich oder ihr Haus ein Unglück treffen.

Wenn nun das neue Jahr gekommen war, versammelten sich alle Männer im Hof des Tempels ohne ihre Frauen, denn bei keinem Opfer oder Fest durften Frauen im Tempel anwesend sein, ausgenommen jene alten Frauen, die ihre Tänze ausführen mußten. Bei den Festen, die sie an anderen Orten feierten, durften die Frauen sich einfinden und anwesend sein. Dorthin gingen die Männer sauber und mit ihren roten Salben schön bemalt, sie hatten sich von dem schwarzen Ruß gereinigt, mit dem sie sich beschmiert hatten, als sie fasteten. Nachdem sie alle zusammengekommen waren und viele Speisen und Getränke als Opfer mitgebracht hatten, außerdem reichlich Wein, den sie bereitet hatten, reinigte der Priester, der sich mit seinem priesterlichen Ornat bekleidet hatte, den Tempel, wobei er sich in die Hofmitte setzte, und bei sich (hatte) er ein Kohlenbecken und die Brettchen mit dem Weihrauch. Die *Chaces* setzten sich in die vier Ecken und zogen einen neuen Strick von einem zum anderen; und den vom Strick umgebenen Raum mußten alle betreten, die gefastet hatten, um den Teufel auszutreiben. Nachdem der Teufel ausgetrieben war, begannen alle, andächtig zu beten, und die *Chaces* entfachten ein neues Feuer und zündeten das Kohlenbecken an, denn bei den Festen, an denen die ganze Gemeinde teilnahm, verbrannten sie den Weihrauch für den Teufel mit neuem Feuer; nun streute der Priester seinen Weihrauch in das Kohlenbekken; dann kamen alle der Reihe nach, wobei die Häuptlinge den Anfang machten, und empfingen Weihrauch aus der Hand des Priesters, der ihnen den Weihrauch mit solch feierlichem und andächtigem Ernst gab, als überreichte er ihnen Reliquien; und sie streuten ihn nach und nach in das Kohlenbecken, wobei sie abwarteten, bis er völlig verbrannt war.

Nach diesem Räucherwerk aßen sie alle gemeinsam die Gaben und Speiseopfer, und der Wein ging von Hand zu Hand, bis sie stockbetrunken waren: Dies war ihr Neujahrsfest und eine ihren Götzen sehr angenehme Zeremonie. Dann gab es noch einige andere, die in diesem Monat *Pop* dieses Fest aus Frömmigkeit gemeinsam mit ihren Freunden, den Häuptlingen und Priestern feierten, denn ihre Priester waren immer die ersten bei ihren Lustbarkeiten und Trinkgelagen.

UO

| | | | |
|---|---|---|---|
| g | 6 | Kan | |
| a | 7 | Chicchan | |
| b | 8 | Cimi | |
| c | 9 | Manik | |
| d | 10 | Lamat | |
| e | 11 | Muluc | |
| f | 12 | Oc | |

g 13 Chuen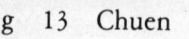

a 1 Eb

b 2 Ben

c 3 Ix

d 4 Men

e 5 Cib

f 6 Caban

g 7 Ezanab

a 8 Cauac

b 9 Ahau

c 10 Imix

d 11 Ik

e 12 Akbal

 Im Monat *Uo* bereiteten sich die Priester, Ärzte und Zauberer, was alles ein und dasselbe war, durch Fasten und die übrigen Zeremonien auf ein besonderes Fest vor. Die Jäger und Fischer feierten es am siebenten Tag des Monats *Zip*, und sie feierten es jeder für sich allein, an ihrem jeweiligen Tag: zuerst die Priester; und (dieses Fest) nannten sie *Pocam*. Sie kamen mit ihren Geräten im Haus des Häuptlings zusammen; zunächst trieben sie den Teufel aus, wie es bei ihnen Brauch war, dann holten sie ihre Bücher hervor und breiteten sie auf dem frischen Grün aus, das sie hierfür hergebracht hatten; in ihren Gebeten und Andachtsübungen riefen sie einen Götzen an, den sie *Cinchau-Izamná* nannten und von dem sie erzählen, er sei der erste Priester gewesen; ihm brachten sie ihre Gaben und Opfer dar, und vor ihm verbrannten sie ihre Weihrauchkügelchen mit dem neuen Feuer; inzwischen lösten sie in einem Gefäß ein wenig Grünspan mit jungfräulichem Wasser auf, das, wie sie sagten, aus dem Wald geholt würde, wohin keine Frau gekommen sei; mit dieser Flüssigkeit bestrichen sie die Platten der Bücher, um sie zu reinigen; hiernach öffnete der gelehrteste Priester ein Buch und prüfte die Voraussagen für jenes Jahr und erklärte sie den Anwesenden; er hielt ihnen eine kurze Predigt und empfahl ihnen die Mittel (um den Übeln abzuhelfen); auf diesem Fest bezeichnete er für das folgende Jahr den Priester oder Häuptling, der jenes Fest ausrichten sollte; und wenn der, den man für das Fest bezeichnet hatte, verstarb, so waren die Söhne verpflichtet, es anstelle des Toten auszuführen. Hierauf aßen alle die Gaben und die Speisen, die sie hergebracht hatten, und sie tranken so lange, bis sie wie Weinschläuche wurden; und so endete das Fest, auf dem sie manchmal einen Tanz vollführten, den sie *Okotuil* nennen.

ZIP

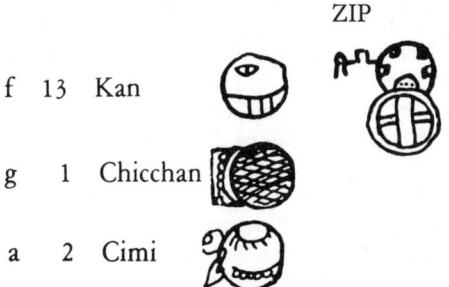

f  13  Kan

g  1  Chicchan

a  2  Cimi

b   3   Manik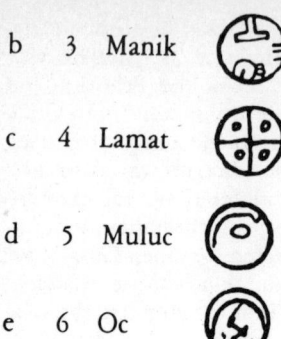

c   4   Lamat

d   5   Muluc

e   6   Oc

SEPTEMBER

f   7   Chuen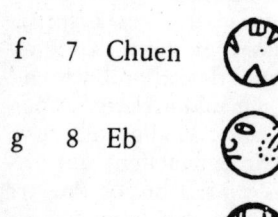

g   8   Eb

a   9   Ben

b   10   Ix

c   11   Men

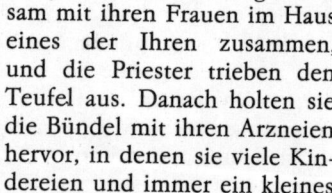

Am folgenden Tag kamen die Ärzte und Zauberer gemeinsam mit ihren Frauen im Haus eines der Ihren zusammen, und die Priester trieben den Teufel aus. Danach holten sie die Bündel mit ihren Arzneien hervor, in denen sie viele Kindereien und immer ein kleines Götzenbild der Göttin der Medizin, die sie *Ixchel* nannten, aufbewahrten, und darum nannten sie dieses Fest *Ibcil* und *Ixchel*, außerdem enthielten diese Bündel ein paar kleine Steine, mit denen sie das Los warfen und die sie *Am* nannten; und in tiefer Andacht riefen sie mit ihren Gebeten die Götter der Medizin an, die, wie sie sagten, *Izamná, Citbolontun* und *Ahau Chamahez* seien; die Priester gaben ihnen den Weihrauch, und sie verbrannten ihn im Kohlenbecken mit dem neuen Feuer; die *Chaces* beschmierten unterdessen die Götzenbilder und die Steinchen mit einem weiteren blauen Erdpech wie dem, das man

120

für die Bücher der Priester benutzt hatte. Danach wickelte jeder die zu seinem Beruf gehörenden Gegenstände ein, und alle nahmen ihr Bündel auf den Rücken und vollführten einen Tanz, der *Chantunyab* genannt wurde. Nach dem Tanz setzten sich die Männer auf eine Seite und die Frauen auf die andere; sie losten das Fest für das folgende Jahr aus, aßen von den Speiseopfern und betranken sich, ohne den geringsten Widerwillen zu empfinden, ausgenommen die Priester, die, wie es heißt, Schamgefühl hatten und den Wein aufbewahrten, um ihn allein und nach Herzenslust zu trinken.

d  12  Cib

e  13  Caban

f  1  Ezanab

g  2  Cauac

a  3  Ahau

b  4  Imix

Tags darauf kamen die Jäger im Haus eines der Ihren zusammen, wobei sie wie die übrigen ihre Frauen mitnahmen; die Priester kamen und trieben den Teufel aus, wie es bei ihnen Brauch war. Sobald sie ihn ausgetrieben hatten, stellten sie die Geräte für das Weihrauchopfer, das neue Feuer und das blaue Erdpech in die Mitte. Die Jäger riefen nun in andächtiger Haltung die Götter der Jagd an, *Acanum, Zuhuyzib Zipitabai* und andere, und sie teilten den Weihrauch unter sie auf, den sie in das Kohlenbecken warfen; während er brannte, holte jeder einen Pfeil und einen Hirschschädel hervor, die von den *Chaces* mit dem blauen Erdpech bestrichen wurden. Sobald sie damit bestrichen waren, nahmen die Jäger sie in die Hand und tanzten; andere durchbohrten sich die Ohren, wieder andere die Zunge, und durch die Löcher zogen sie sich sieben etwas breitere Blätter eines Krautes, das sie *Ac* nennen. Hatten sie zunächst dies getan, so brachten alsbald der Priester und die Amtsgehilfen des Festes die Gaben dar, und während sie dabei tanzten, wurde der Wein kredenzt, und sie betranken sich maßlos.

c    5    Ik

d    6    Akbal

Wieder einen Tag später feierten die Fischer ihr Fest nach der Ordnung der übrigen, nur daß diesmal die Fischfanggeräte bestrichen wurden, und sie durchbohrten sich nicht die Ohren, sondern machten sich in ihnen runde Einschnitte, und sie vollführten ihren Tanz, der *Chohom* genannt wird; wenn sie alles getan hatten, segneten sie einen hohen und dicken Baumstamm und stellten ihn aufrecht hin. Nachdem sie das Fest in den Ortschaften gefeiert hatten, war es bei ihnen Brauch, daß die Häuptlinge und viele Leute das Fest an der Küste fortsetzten; dort unternahmen sie sehr große Fischzüge und erlustigten sich, und sie nahmen einen großen Vorrat von dreiteiligen Netzen, Angelhaken und anderen Fischfanggeräten mit. Die Götter, die bei diesem Fest ihre Fürsprecher waren, sind *Abkaknexoi, Abpua* und *Ahcitzamalçun.*

## ZODZ

e    7    Kan

f    8    Chicchan

g    9    Cimi

a    10    Manik

b    11    Lamat

c    12    Muluc

Im Monat *Zodz* bereiteten sich die Besitzer der Bienenhäuser vor, um ihr Fest im Monat *Tzec* zu feiern, und obwohl die Hauptvorbereitung für diese Feste im Fasten bestand, waren nur der Priester und die Amtsgehilfen, die ihn unterstützten, dazu verpflichtet; für die übrigen war es freiwillig.

122

d  13  Oc

e  1  Chuen

f  2  Eb

g  3  Ben

a  4  Ix

b  5  Men

c  6  Cib

d  7  Caban

e  8  Ezanab

f  9  Cauac

g  10  Ahau

OKTOBER

a  11  Imix

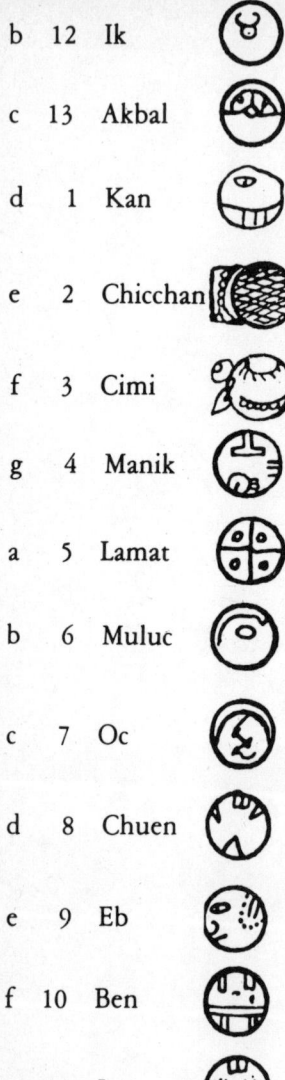

| b | 12 | Ik |
| c | 13 | Akbal |
| d | 1 | Kan |
| e | 2 | Chicchan |
| f | 3 | Cimi |
| g | 4 | Manik |
| a | 5 | Lamat |
| b | 6 | Muluc |
| c | 7 | Oc |
| d | 8 | Chuen |
| e | 9 | Eb |
| f | 10 | Ben |
| g | 11 | Ix |

## TZEC

Wenn der Festtag gekommen war, bereiteten sie sich in dem Haus vor, wo das Fest gefeiert werden sollte, und sie machten alles wie bei den übrigen Festen, nur daß sie kein Blut vergossen. Als Fürsprecher hatten sie die *Bacabes* und insbesondere *Hobnil*. Sie spendeten viele Opfer, und vor allem gaben sie den vier *Chaces* vier Schalen, auf denen in der Mitte je eine Weihrauchkugel lag und die ringsherum mit Bildern bemalt waren, die Honig darstellten, denn dieses Fest sollte dazu dienen, daß es ihn im Überfluß gäbe. Am Ende tranken sie Wein, wie es bei ihnen Brauch war, und das ausgiebig, denn die Besitzer der Bienenkörbe spendeten hierfür Honig in Hülle und Fülle.

124

| | | | |
|---|---|---|---|
| a | 12 | Men |  |
| b | 13 | Cib |  |
| c | 1 | Caban |  |
| d | 2 | Ezanab |  |
| e | 3 | Cauac |  |
| f | 4 | Ahau |  |
| g | 5 | Imix |  |
| a | 6 | Ik |  |
| b | 7 | Akbal |  |
| c | 8 | Kan |  |
| d | 9 | Chicchan |  |
| e | 10 | Cimi |  |
| f | 11 | Manik |  |

## XUL

Es ist schon berichtet worden, daß *Cuculcán* aus Yucatán fortging; und danach erklärten einige Indios, er sei in den Himmel zu den Göttern aufgefahren; darum hielten sie ihn für einen Gott und bestimmten ihm einen Tempel, wo man ihm als Gott ein eigenes Fest widmete, und bis zur Zerstörung von *Mayapán* feierte das

125

| g | 12 | Lamat |
|---|----|-------|
| a | 13 | Muluc |
| b | 1  | Oc    |
| c | 2  | Chuen |

NOVEMBER

| d | 3  | Eb     |
|---|----|--------|
| e | 4  | Ben    |
| f | 5  | Ix     |
| g | 6  | Men    |
| a | 7  | Cib    |
| b | 8  | Caban  |
| c | 9  | Ezanab |
| d | 10 | Cauac  |
| e | 11 | Ahau   |

ganze Land dieses Fest für ihn. Nach der Zerstörung dieser Stadt wurde das erwähnte Fest nur noch in der Provinz *Maní* gefeiert, und die übrigen Provinzen schickten – die eine in dem einen Jahr und die andere im nächsten oder beide auf einmal – als Zeichen dafür, was sie *Cuculcán* verdankten, fünf sehr schöne Fahnen aus Federn nach *Maní*, mit denen man das Fest in der folgenden Art und nicht wie die vorhergehenden feierte: Am sechzehnten Tag des Monats *Xul* kamen alle Häuptlinge und Priester und dazu eine große Menschenmenge aus den Ortschaften in *Maní* zusammen, und diese Leute hatten sich schon durch Fasten und Enthaltsamkeit darauf vorbereitet. Am Nachmittag jenes Tages gingen sie zu einer großen Prozession, an der auch viele Komödianten teilnahmen und die am Haus des Häuptlings begann, wo sie zusammengekommen waren, und in tiefer Ruhe begaben sie sich zu dem *Cuculcán* geweihten Tempel, den sie festlich ausgeschmückt hatten; nachdem sie dort eingetroffen waren, verrichteten sie ihre Gebete, pflanzten die Fahnen an der Tempelspitze auf, und alle legten unten im Hof ihre sämtlichen Götzenbilder auf Baumblätter, die man hierfür hergebracht hatte, und sobald das

f 12 Imix

g 13 Ik

a 1 Akbal

neue Feuer angezündet war, verbrannte man Weihrauch an vielen Stellen und opferte Speisen, die ohne Salz und Pfeffer zubereitet waren, dazu Getränke aus den einheimischen Bohnen und Kürbiskernen, und sie verbrannten immer weiter Kopalharz; ohne daß die Häuptlinge (oder jene, die) ihnen geholfen hatten, nach Hause zurückkehrten, verbrachten sie fünf Tage und Nächte im Gebet und mit einigen frommen Tänzen. In diesen fünf Tagen, bis zum ersten Tag des Monats *Yaxkin*, besuchten die Komödianten die Häuser der Vornehmen und führten ihre Possen auf; sie sammelten die Geschenke ein, die man ihnen gab, und brachten alles in den Tempel, wo man nach dem Ende der fünf Tage die Gaben unter die Häuptlinge, Priester und Tänzer verteilte; und alle nahmen die Fahnen und Götzenbilder und gingen in das Haus des Häuptlings zurück, und von dort aus kehrte jeder heim. Sie sagten und glaubten fest, daß *Cuculcán* am letzten Tag vom Himmel herabstiege und die Zeremonien, das Vigilfasten und die Opfergaben gnädig aufnähme. Dieses Fest nannten sie *Chickabán*.

| | | |
|---|---|---|
| b | 2 | Kan |
| c | 3 | Chicchan |
| d | 4 | Cimi |
| e | 5 | Manik |
| f | 6 | Lamat |
| g | 7 | Muluc |
| a | 8 | Oc |
| b | 9 | Chuen |
| c | 10 | Eb |
| d | 11 | Ben |
| e | 12 | Ix |
| f | 13 | Men |

In diesem Monat *Yaxkin* begannen sie, wie es bei ihnen Brauch war, mit den Vorbereitungen für ein allgemeines Fest, das sie im Monat *Mol* an dem Tag feierten, den der Priester bezeichnete. Es war ein Fest für alle Götter, und sie nannten es *Olob-Zab-Kamyax*. Ihr Bestreben war, nachdem sie im Tempel zusammengekommen waren und die Zeremonien und das Beräuchern wie bei den vorhergehenden Festen ausgeführt hatten, mit ihrem blauen Erdpech alle Arbeitsinstrumente aller Berufe zu bestreichen: von (denen) des Priesters bis zu den Spindeln der Frauen und selbst die Hauspfosten. Zu diesem Fest holte man alle Knaben und Mädchen des Ortes zusammen, und man beschmierte sie nicht mit Farbe und führte auch keine Zeremonien mit ihnen aus, sondern gab ihnen auf die Außenfläche der Fingergelenke ein paar leichte Schläge; die Mädchen schlug eine alte Frau, die ein Federkleid trug und die Mädchen dort hingebracht hatte; und darum nannte man sie *Ixmol*, das heißt „die Sammlerin". Man gab ihnen diese Schläge, damit sie erfahrene Handwerker in den Gewerben ihrer Väter und Mütter würden. Der Abschluß

| | | | |
|---|---|---|---|
| g | 1 | Cib |  |
| a | 2 | Caban |  |
| b | 3 | Ezanab |  |
| c | 4 | Cauac |  |
| d | 5 | Ahau |  |
| e | 6 | Imix |  |

wurde mit einem ausgiebigen Trinkgelage gefeiert, nachdem man die Speiseopfer bereits aufgegessen hatte, nur daß, wie man glauben darf, jene fromme Alte wohl genug mitnahm, um sich zu Hause zu betrinken, damit sie nicht unterwegs die Federn ihres Amtskleides verlöre.

## DEZEMBER

| | | | |
|---|---|---|---|
| f | 7 | Ik |  |
| g | 8 | Akbal |  |
| a | 9 | Kan |  |
| b | 10 | Chicchan | |
| c | 11 | Cimi |  |
| d | 12 | Manik |  |

## MOL

In diesem Monat feierten die Bienenzüchter ein weiteres Fest wie das im Monat *Tzec*, damit die Bienen von den Göttern mit Blumen versorgt würden.

Eine Sache, die diese armen Leute für äußerst schwierig und mühselig hielten, war, Götzenbilder aus Holz herzustellen, was sie „Götter schaf-

129

| e | 13 | Lamat |
| f | 1 | Muluc |
| g | 2 | Oc |
| a | 3 | Chuen |
| b | 4 | Eb |
| c | 5 | Ben |
| d | 6 | Ix |
| e | 7 | Men |
| f | 8 | Cib |
| g | 9 | Caban |
| a | 10 | Ezanab |
| b | 11 | Cauac |
| c | 12 | Ahau |

fen" nannten; und daher hatten sie eine besondere Zeit bezeichnet, um sie zu schaffen, und dies war der Monat *Mol* oder auch ein anderer, wenn der Priester ihnen sagte, daß dies genüge. Diejenigen, die diese Götzenbilder machen wollten, konsultierten zuerst den Priester, und nachdem sie sich bei ihm Rat geholt hatten, gingen sie zu jenem, dessen Amt es war, sie herzustellen, und sie sagen, daß diese Handwerker sich immer entschuldigten, weil sie fürchteten, daß sie oder ein Familienangehöriger sterben oder sie tödliche Krankheiten heimsuchen müßten. Wenn sie ihr Einverständnis erklärten, so begannen die *Chaces*, die sie auch hierfür wählten, der Priester und der Handwerker mit dem Fasten. Während sie fasteten, holte derjenige, dem die Götzenbilder gehören sollten, selbst oder mit Hilfe von anderen im Wald das Holz, das immer Zedernholz war. Wenn das Holz eingetroffen war, errichteten sie eine Strohhütte und umgaben sie mit einer Umzäunung; in diese Hütte brachten sie das Holz und einen Zuber, in den sie die Götzenbilder legten und wo sie diese verhüllt aufbewahrten, wenn sie diese nach und nach fertigstellten; sie nahmen auch Weihrauch mit, um ihn vor vier Teufeln zu

d 13 Imix

e 1 Ik

f 2 Akbal

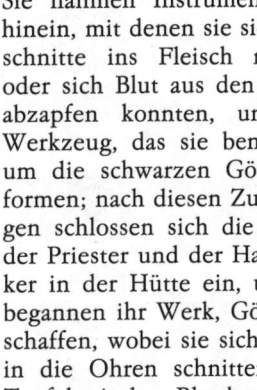

verbrennen, die *Acantunes* genannt wurden und die sie an den vier Weltseiten aufstellten. Sie nahmen Instrumente mit hinein, mit denen sie sich Einschnitte ins Fleisch machen oder sich Blut aus den Ohren abzapfen konnten, und das Werkzeug, das sie benutzten, um die schwarzen Götter zu formen; nach diesen Zurüstungen schlossen sich die *Chaces*, der Priester und der Handwerker in der Hütte ein, und sie begannen ihr Werk, Götter zu schaffen, wobei sie sich häufig in die Ohren schnitten, jene Teufel mit dem Blut bestrichen und ihren Weihrauch vor ihnen verbrannten; und so harrten sie aus bis zum Ende, während man sie mit Essen und dem Notwendigen versorgte. Und sie durften nicht mit ihren Frauen verkehren und nicht einmal an sie denken; es durfte sogar kein anderer zu jenem Ort kommen, wo sie waren.

g 3 Kan  CHEN

a 4 Chicchan

b 5 Cimi

| | | | |
|---|---|---|---|
| c | 6 | Manik | 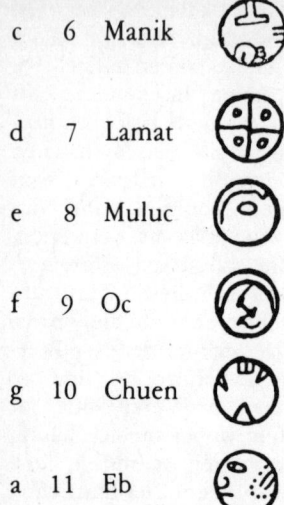 |
| d | 7 | Lamat | |
| e | 8 | Muluc | |
| f | 9 | Oc | |
| g | 10 | Chuen | |
| a | 11 | Eb | |

Die Indios hatten nicht nur das Jahr und die Monate berechnet, wie es oben erklärt und gezeigt wurde, sondern sie hatten auch ein bestimmtes Verfahren, um die Perioden und ihre Ereignisse nach Zeitaltern zu zählen, die sie in Einheiten von jeweils zwanzig (Jahren) einteilten, wobei sie dreizehnmal mit einem der zwanzig Tagesbuchstaben der Monate rechneten, den sie *Ahau** nennen; und diese Zeitalter hatten keine unveränderliche Ordnung, sondern folgten mit ständigen Umstellungen aufeinander, wie es sich an der unten abgebildeten Kreislinie zeigt.[62]

* „Herr".

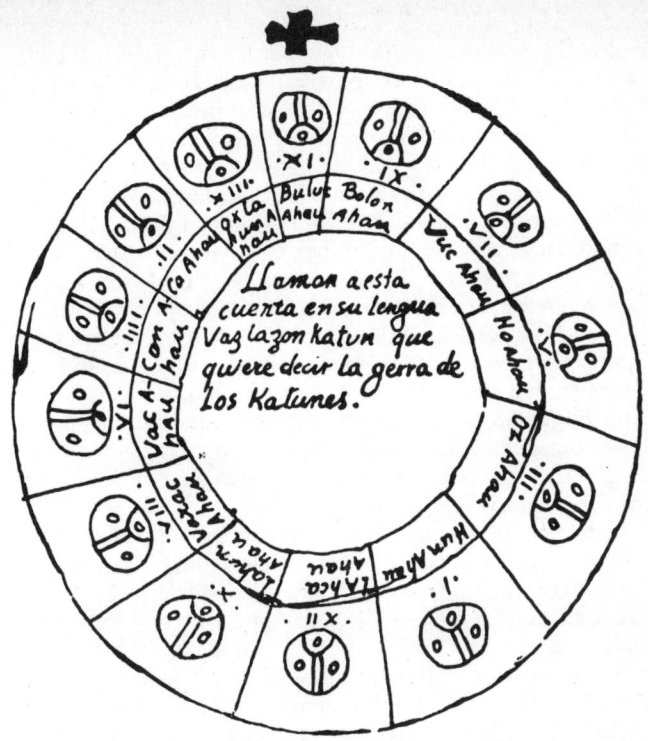

Innenkreis-Text:
*Llamon a esta cuenta en su lengua Vaz lazon katun que quiere decir la gerra de los Katunes.*

Landas Erläuterung im Innenkreis: Diese Rechnung nennen sie in ihrer Sprache *Vaz Lazon Katun*, das heißt „Der Krieg der Katunes"

Diese nennen sie in ihrer Sprache *Katunes*, und mit ihnen berechneten sie ganz vortrefflich ihre Zeitalter; und dem alten Mann, von dem ich im ersten Kapitel[63] sagte, er sei dreihundert Jahre alt, fiel es daher leicht, sich an diese Zeit zu erinnern. Und wenn ich nichts von ihren Berechnungen wüßte, so würde ich nicht glauben, daß er sich an ein so hohes Alter erinnern könnte.

Wenn der Teufel diese Rechnung der *Katunes* einrichtete, so tat er, was er gewöhnlich tut, indem er sie einrichtete, um sich selbst zu ehren; und wenn es ein Mensch war, so mußte er ein guter Götzendiener sein, denn mit diesen *Ka-*

*tunes* vervielfachten sie alle ihre hauptsächlichen Täuschungen, Vorzeichen und Betrügereien, wodurch diese Leute sich ganz und gar täuschen ließen, mehr noch als von ihren Nöten; und daher war dies die Wissenschaft, der sie am meisten vertrauten, die sie am höchsten schätzten und über die nicht alle Priester vollständig Auskunft geben konnten. Die Ordnung, in der sie mit dieser Zählweise ihre Ereignisse berechneten und ihre Weissagungen vornahmen, bestand darin, daß sie im Tempel zwei Götzenbilder hatten, die zwei von diesen Schriftzeichen geweiht waren. Das erste verehrten sie, wie es der Rechnung entspricht, von dem Kreuz über der Kreislinie an, die oben wiedergegeben wird; sie beteten es (in den ersten zehn Jahren) an, vollführten Zeremonien und brachten Opfer vor ihm, um Abhilfe für die Plagen in diesen zwanzig Jahren zu schaffen; und in den folgenden zehn Jahren, die von den zwanzig des ersten Götzenbildes übrigblieben, verbrannten sie nur Weihrauch vor ihm und verehrten es.

Nachdem die zwanzig Jahre des ersten vollendet waren, richteten sie sich nach den Schicksalsfügungen des zweiten und brachten ihm Opfer dar; sie entfernten jenes erste Götzenbild und stellten ein anderes auf, um es weitere zehn Jahre zu verehren.

Zum Beispiel: Die Indios sagen, daß die Spanier endgültig im Jahre 1541 nach Christi Geburt in die Stadt Mérida gekommen waren, und dies war ganz genau das erste Jahr der Ära des *Buluc-Ahau;* er steht in dem Feld, über dem sich das Kreuz befindet; und die Spanier kamen gerade im Monat *Pop,* dem ersten Monat ihres Jahres. Wenn es die Spanier nicht gegeben hätte, so hätten die Indios das Götzenbild des *Buluc-Ahau* bis zum Jahre 1551 angebetet, das sind zehn Jahre; und am Ende des zehnten Jahres hätten sie ein anderes Götzenbild aufgestellt, das des *Bolon-Ahau,* und es geehrt, während sie sich nach den Voraussagen des *Buluc-Ahau* bis zum Jahre 1561 gerichtet hätten, und dann hätten sie es aus dem Tempel entfernt, das Götzenbild des *Uuc-Ahau* aufgestellt und sich weitere zehn Jahre nach den Voraussagen des *Bolon-Ahau* gerichtet; und so hätten sie alle im Kreis vorbeiziehen lassen.[64] So verehrten sie denn diese *Katunes* zwanzig Jahre lang, und zehn Jahre richteten sie sich nach deren abergläubischen Vorschriften und Täuschungen, die so zahlreich und so groß waren, daß sie ausreichten, um einfältige Menschen vortrefflich zu täuschen, indes nicht diejenigen, die sich in den Naturerscheinungen auskennen und wissen, welche Erfahrung der Teufel in ihnen hat.

Diese Leute gebrauchten auch bestimmte Schriftzeichen oder Buchstaben, mit denen sie in ihren Büchern ihre alten Geschichten und ihre Wissenschaften aufschrieben, und durch sie, die Bilder und einige Zeichen an den Bildern verstanden sie ihre Angelegenheiten, machten sie anderen begreiflich und lehrten sie. Wir fanden bei ihnen eine große Zahl von Büchern mit diesen Buchstaben, und weil sie nichts enthielten, was von Aberglauben und den Täuschungen des Teufels frei wäre, verbrannten wir sie alle, was die Indios zutiefst bedauerten und beklagten.

Ich werde nun ein Abc ihrer Buchstaben anführen, denn mehr läßt ihre Schwerfälligkeit nicht zu, weil sie für alle gehauchten Laute vor den Buchstaben ein besonderes Schriftzeichen gebrauchen, und danach verbinden sie es mit dem Teil eines anderen Schriftzeichens, und so geht es *in infinitum* weiter, wie man an dem folgenden Beispiel sehen kann. *Le* heißt *Schlinge* und *mit ihr jagen;* damit sie *Le* in ihren Schriftzeichen schreiben konnten – denn wir hatten ihnen erklärt, daß es zwei Buchstaben seien –, benutzten sie drei, wobei sie für den Hauchlaut bei dem *L* den Vokal *E* setzten, den das *L* vor sich mitführt, und dabei irren sie sich nicht, obgleich sie aus Genauigkeit (ein weiteres) *E* gebrauchen, wenn sie wollen. Zum Beispiel:

e     l     e    lé

Am Ende hängen sie dann die miteinander verbundenen Teile an.

*Ha* bedeutet *Wasser*, und weil das *H* ein *A* vor sich hat, schreiben sie es am Anfang mit *A* und am Ende auf die folgende Art:

135

a     ha

Sie schreiben es auch in einzelnen Teilen, doch würde ich
hier weder das eine noch das andere anführen und behandeln, wenn es nicht deshalb wäre, um einen vollständigen
Bericht über die Angelegenheiten dieser Leute zu geben:
*Ma in Kati* bedeutet *ich will nicht,* und sie schreiben es auf
diese Art in einzelnen Teilen:

ma     l   n    ka   ti

Es folgt ihr Abc:

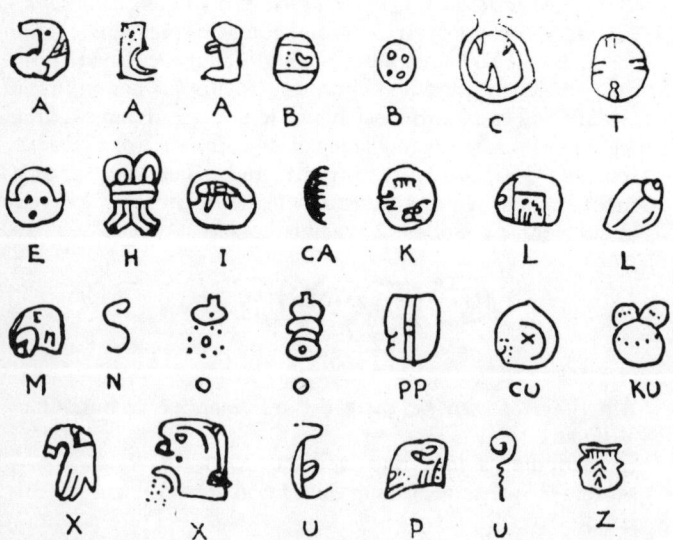

Die hier fehlenden Buchstaben sind in dieser Sprache nicht
vorhanden, und sie hat weitere, die der unseren hinzuge-

136

fügt werden, um andere Dinge auszudrücken, die für sie notwendig sind; jetzt gebrauchen sie ihre Schriftzeichen für nichts mehr, besonders gilt das für die jungen Leute, die unsere Buchstaben erlernt haben.

<br>

## KAPITEL VII
## Bauwerke in Yucatán

Wenn Yucatán sich durch die Vielzahl, Größe und Schönheit seiner Bauwerke einen Namen machen und Berühmtheit erlangen sollte,[65] wie andere Teile der Indias es mit Gold, Silber und (anderen) Schätzen erreicht haben, so hätte sich sein Ruf so sehr wie jener Perus und Neuspaniens verbreitet, denn gerade die Bauwerke und ihre Vielzahl sind das Bedeutsamste, was man bis heute in den Indias entdeckt hat, weil sie so zahlreich sind, sich an so vielen Orten befinden und in ihrer besonderen Art so gut aus Quadersteinen errichtet wurden, daß es in Erstaunen setzt, und da dieses Land gegenwärtig nicht so beschaffen ist, wenn es auch ein gutes Land ist, wie es allem Anschein nach in der Blütezeit aussah, als man in ihm so viele und so vortreffliche Bauwerke errichtete – obwohl es dort keinerlei Metall gibt, mit dem man die Steine bearbeiten könnte –, werde ich hier die Gründe anführen, die ich von denen hörte, die jene erwähnten Bauwerke betrachtet haben. Die Gründe sind, daß diese Menschen wohl einigen Herren unterworfen sein mußten, die sie gern mit reichlich Arbeit beschäftigten und die ihnen gerade dies als Arbeit zuwiesen; und da sie so gute Götzenverehrer gewesen seien, zeichneten sie sich dadurch aus, daß sie gemeinsam Tempel für die Götzen erbauten; überdies wurden aus gewissen Gründen die Ortschaften verlegt, und wo sie sich ansiedelten, bauten sie daher immer wieder neue Tempel, Kapellen und Häuser für die Häuptlinge, wie sie bei ihnen Brauch waren und aus Holz und einem Strohdach bestanden; oder der große Vorrat an Steinen, Kalk und einer gewissen weißen Erde, die sich vortrefflich für Bauwerke eignet, habe sie angeregt, so viele zu errichten; man wird es nämlich für einen Scherz halten, wenn man jemandem von ihnen erzählt, es sei denn, man hat sie selbst gesehen; oder das Land soll auch irgendein Geheimnis haben, und wenn man es bisher noch nicht ergründet habe, was selbst den Landesbewohnern nicht gelungen sei, so habe man es ebensowenig in unseren Zeiten ergründet. Wenn man allerdings sagt, andere Völker hätten die Indios unterworfen und diese Bauwerke errichtet, so trifft das nicht zu, weil es Hinweise gibt, daß indianische und nackte Menschen sie erbaut haben müssen, wie man an einem der vielen und sehr großen Gebäude sieht, die es dort gibt, und zwar an den Mauern seiner Bastionen, wo sich noch Bilder von nackten Menschen erhalten haben, deren Scham mit ein paar langen Streifen bedeckt ist, die sie *Ex* in ihrer Sprache nennen, und wo auch andere Wahrzeichen zu sehen sind, die von den Indios dieser Zeiten getragen wurden, und alles besteht aus sehr festem Mörtel. Während ich mich dort aufhielt, wurde in einem Gebäude, das wir abrissen, ein großer Krug mit drei Henkeln entdeckt, der außen mit silberfarbenen Flammen bemalt war und die Asche eines verbrannten Leichnams enthielt, und in dieser Asche fanden wir drei schöne Steinkugeln[66] von der Art, wie die Indios sie jetzt als Geld benutzen; das alles läßt erkennen, daß es Indios gewesen sind. Wenn es auch wahr sein mag, daß sie Indios waren, so sind es doch stattlichere Menschen als die heutigen gewesen und hatten weitaus größere Körpermaße und Kräfte; das sieht man hier in *Izamal* noch mehr als anderswo an den halb erhabenen Bildsäulen, die, wie ich gesagt habe, aus Mörtel sind und sich heute an den Bastionen befinden, sie stellen großgewachsene Männer dar; und die äußersten Arm- und Beinknochen des Mannes, dessen Asche in dem Krug lag, den wir in dem Bauwerk fanden, waren wunderbarerweise nicht verbrannt und sehr dick. Man sieht es auch an den Treppen der Bauwerke, deren Stufen über zwei gute Spannen hoch sind, und dies nur hier in *Izamal* und in Mérida.

Hier in *Izamal* gibt es ein Gebäude, das bei den anderen steht und so hoch und schön ist, daß es Bewunderung erregt; anhand dieser Zeichnung und der folgenden Beschreibung kann man sich ein Bild von ihm machen: Es hat zwanzig Treppenstufen, die alle über zwei gute Spannen hoch und breit sind, und sie mögen mehr als hundert Fuß lang

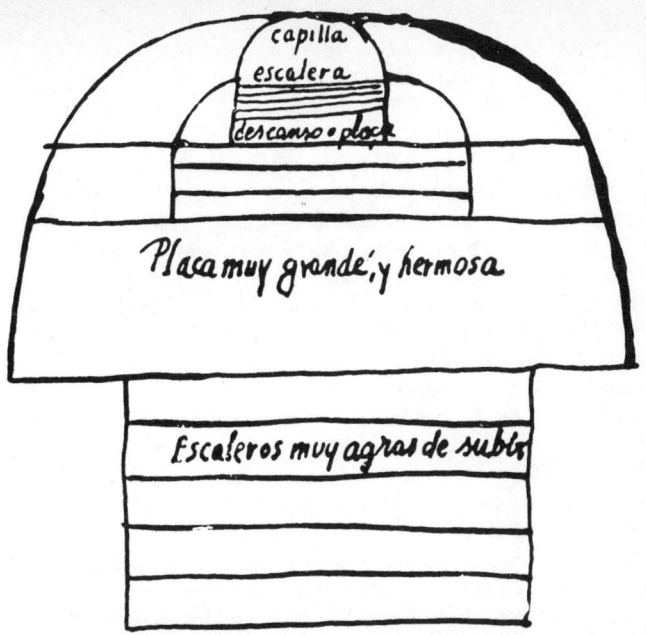

Von oben nach unten: Kapelle – Treppe – Ruheplatz. Platz – sehr
großer und schöner Platz – Treppenstufen, die man sehr schwer
hinaufsteigen kann

sein. Diese Stufen bestehen aus sehr großen behauenen
Steinen, obwohl sie nun schon unansehnlich und beschä-
digt sind, da so viel Zeit vergangen ist und sie dem Wasser
ausgesetzt waren. Ringsum ist dann, wie es die runde Linie
veranschaulicht, eine sehr starke Mauer aus Quadersteinen
errichtet, an der in ungefähr anderthalb Klafter Höhe eine
Kranzleiste aus schönen Steinen herausragt, die um die
ganze Mauer herumführt; und oberhalb dieser Steine setzt
sich dann das Mauerwerk fort, bis es die gleiche Höhe wie
der Platz erreicht, der nach der ersten Treppe kommt. Diesem Platz schließt sich eine weitere Treppe wie die erste an,
die jedoch nicht so lang ist und auch nicht so viele Stufen
hat, wobei das Mauerwerk immer weiter rundum hinauf-
reicht. Oberhalb von diesen Stufen kommt ein weiterer

schöner und kleiner Platz, und auf ihm ist ziemlich nahe an der Mauer ein sehr hoher Hügel errichtet, der eine Treppe an der Südseite hat, wohin die großen Treppen führen; und oben befindet sich eine schöne Kapelle aus sorgfältig behauenen Quadersteinen.

Ich bin auf das Dach dieser Kapelle gestiegen, und da Yucatáns Boden flach ist, sieht man von dort so erstaunlich weit ins Land, wie das Auge reicht, und man erblickt das Meer. Diese Bauwerke in *Izamal* waren insgesamt elf oder zwölf, wenn auch dieses das größte ist, und sie liegen sehr nahe beieinander. Es fehlt jede Erinnerung an ihre Erbauer, und sie sind allem Anschein nach die ersten gewesen. Sie liegen acht Meilen vom Meer entfernt in einer sehr schönen Gegend, und es ist ein gutes Land und ein volkreicher Bezirk; und deshalb drängten uns die Indios im Jahre 1549 sehr, daß wir uns in einem Haus einrichteten, das zu einem dieser Gebäude gehörte und das wir mit dem Namen des heiligen Antonius benannten; dort und im ganzen Umkreis hat man den Indios viel geholfen, um sie in ihrem Christentum zu bestärken; und darum wurden auch an dieser Stelle zwei gute Ortschaften angelegt, die voneinander getrennt sind.

Der Bedeutung und dem Alter nach stehen in diesem Land die Bauwerke von *T-ho* an zweiter Stelle – sie haben ein solches Alter, daß von ihren Erbauern jede Erinnerung fehlt –; diese Bauwerke liegen dreizehn Meilen von denen *Izamals* und wie sie acht Meilen vom Meer entfernt; es gibt heute noch Spuren einer sehr schönen befestigten Straße,[67] die beide verbunden hat. Die Spanier gründeten hier eine Stadt und nannten sie „Mérida" wegen der Fremdartigkeit und Größe der Gebäude; das größte von ihnen werde ich hier in einer Zeichnung wiedergeben, so gut ich es vermag; und ich habe es (zusammen mit dem) von *Izamal* aufgeführt, damit man besser erkennen kann, was es ist.

Ich konnte den folgenden Plan des Bauwerks skizzieren, und um ihn richtig zu verstehen, muß man wissen, daß dieser Ort große Höhenunterschiede und eine sehr weite Ausdehnung hat, denn er ist länger als zwei Pferderennstrekken. An der Ostseite beginnt die Treppe gleich am Boden; sie hat etwa sieben Stufen, die so hoch wie die in *Izamal* sind. An den übrigen Seiten, also im Süden, Westen und Norden, schließt sich eine starke und sehr breite Mauer an.

Diese äußere Umfassungsmauer besteht ganz aus Steinen, die ohne Mörtelverband zusammengefügt sind; und an der offenen Seite folgt eine weitere Treppe, die ebenfalls im Osten liegt, nach meiner Schätzung achtundzwanzig oder dreißig Fuß enger als die andere ist und aus ebenso vielen und gleich großen Stufen besteht. Sie verengt sich gleichermaßen nach Süden und Norden, nicht nach Westen; und es folgen zwei starke Mauern, die an der Westseite schließlich auf die äußeren Mauern treffen oder sich mit ihnen vereinigen; und so reichen sie an die massiven Treppen heran, wobei der Mittelteil ganz mit Steinen ausgefüllt ist, die ohne Mörtelverband zusammengefügt sind, so daß es Verwunderung erregt, in welcher Höhe und Größe dort die Steine gleichmäßig und fest miteinander verbunden wurden.

Weiter oben in dem offenen Teil folgen dann die ersten Bauwerke in dieser Art: Auf der östlichen Seite kommt ein langgestrecktes, zu einem Viereck gehörendes Teilgebäude, das bis zu sechs Fuß nach innen zurückgesetzt ist, so daß es nicht an die äußersten Enden heranreicht; es ist aus sehr guten Quadersteinen errichtet und besteht auf beiden Seiten ganz aus Zellen, die zwölf Fuß lang und acht breit sind; die Türen, die sich bei allen Zellen in der Mitte befinden, zeigen keine Spuren von Rahmenschenkeln und auch keinerlei Türangeln, in denen sie sich schließen ließen, vielmehr sind sie offen und bestehen aus sorgfältig behauenen Steinen, und das Mauerwerk ist wunderbar fest zusammengefügt; alle Türen werden oben von Tragesteinen abgeschlossen, die aus einem Stück hergestellt sind; in der Mitte hat das Gebäude einen Durchgang, der einem Brückenbogen gleicht; und über den Zellentüren ragt eine Leiste aus behauenen Steinen heraus, die um das ganze Bauwerk (herumläuft); oberhalb von ihr treten einige kleine Pfeiler hervor, die in die Höhe reichen und zur Hälfte rund herausgearbeitet sind, während ihre andere Hälfte in die Mauer eingelassen ist. Diese kleinen Pfeiler reichten bis zur Spitze der Gewölbe, aus denen die Zellen bestanden und mit denen sie oben abgeschlossen wurden. Über diesen kleinen Pfeilern ragte eine weitere Leiste heraus, die das ganze Gebäude umgab. Den oberen Abschluß bildete ein flaches Dach, das mit einer sehr dicken Kalkschicht bedeckt war, wie man sie dort mit einer gewissen, aus der Rinde eines

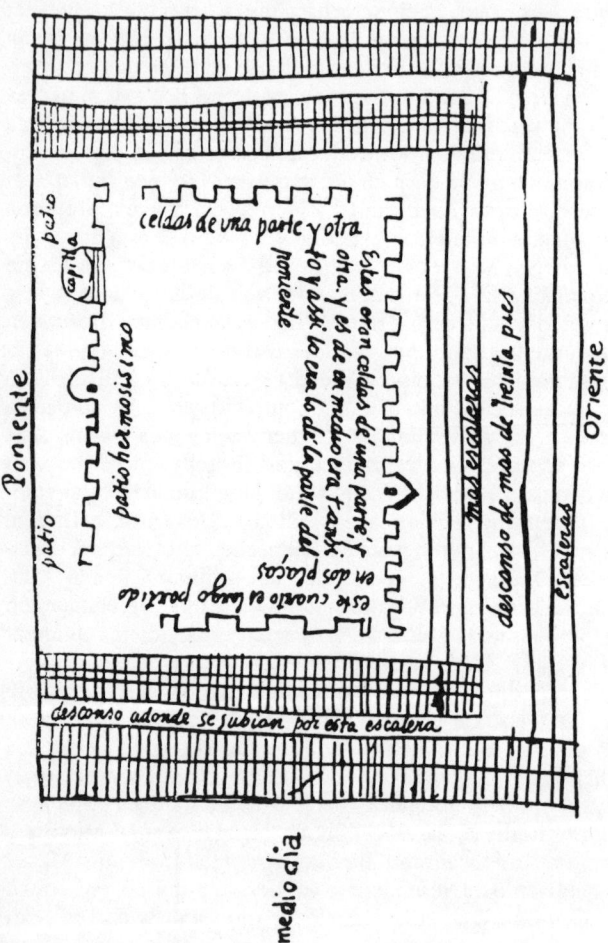

Öffentliches Gebäude in T-ho nach der Kartenskizze in Landas *Bericht*:

| Norte | Norden |
|---|---|
| celdas de una parte y otra | Zellen auf beiden Seiten |
| Estas eran celdas de una parte y otra y es de en medio era transito y assi lo era lo de la parte del poniente | Dies waren Zellen auf beiden Seiten, und dies in der Mitte war ein Durchgang, und ebenso war es auf der Westseite |
| mas escaleras | weitere Treppen |
| descanso de mas de treinta pies | Ruheplatz von über dreißig Fuß |
| Escaleras | Treppen |
| Oriente | Osten |
| medio dia | Süden |
| descanso adonde se subian por esta escalera | Ruheplatz, zu dem sie auf dieser Treppe hinaufstiegen |
| este cuarto es largo partido en dos plaças | Dieses Teilgebäude ist langgestreckt und in zwei Plätze geteilt |
| poniente | Westen |
| patio | Hof |
| capilla | Kapelle |
| patio hermosisimo | überaus schöner Hof |

Baums gewonnenen Flüssigkeit herstellt. Auf der nördlichen Seite gab es ein weiteres Gebäude aus solchen Zellen wie jenen erstgenannten, nur daß dieses Gebäude beinahe um die Hälfte weniger lang war. Auf der Westseite kamen weitere Zellen; und (nach jeweils) vier oder fünf (Zellen) gab es einen Bogen, der, wie jener in der Mitte des Bauwerks an der Ostseite, das ganze Gebäude durchquerte; und hierauf folgte ein runder, etwas höherer Bau; dann kam ein weiterer Bogen, und das übrige waren Zellen wie die vorherigen. Dieses Gebäude erstreckt sich über einen beträchtlichen Teil des gesamten großen Hofes hinweg, ausgenommen in der Mitte, und daher bildet es zwei Höfe, den einen nach hinten auf der Westseite und den anderen östlich von ihm; dieser Innenhof wird von vier Gebäuden umschlossen, deren letztes sich sehr von den anderen unterscheidet, weil es nach Süden ausgerichtet ist und aus zwei

Räumen besteht, die wie die übrigen langgestreckten Räume mit einem Gewölbe abgeschlossen werden; der vordere Raum hat einen Korridor mit sehr dicken Pfeilern, die nach oben von sehr schönen, aus einem Stück bearbeiteten Tragesteinen abgeschlossen werden. In der Mitte zieht sich eine Wand hindurch, auf der das Gewölbe beider Räume ruht und die zwei Türen hat, damit man von einem Zimmer in das andere hinübergehen kann. Oben wird das Ganze nun von einer Kalkschicht abgeschlossen.

Ungefähr zwei reichliche Steinwurfweiten von diesem Gebäude entfernt liegt ein weiterer, sehr hoher und schöner Hof, auf dem sich drei Hügel befinden, die aus Mauerwerk errichtet und sorgfältig bearbeitet waren; und darauf standen sehr schöne Kapellen, die ein Gewölbe hatten, wie es bei ihnen Brauch war und wie sie es herzustellen wußten. In ziemlicher Entfernung von diesem Gebäude liegt ein schöner Hügel, der so groß war, daß – wenn man auch einen beträchtlichen Teil der Stadt (mit Steinen) aus diesem Hügel erbaut hat, (um) im ganzen Umkreis (die Häuser zu bauen, mit) denen man die Stadt gründete – ich nicht weiß, ob man ihn jemals vollständig abtragen wird.

Der Adelantado Montejo gab uns das erste Gebäude von diesen im Viereck angelegten Teilen, das mit dichtem Gestrüpp überwuchert war; wir säuberten es und haben in ihm mit seinen eigenen Steinen ein ganz aus diesem Baustoff bestehendes, recht annehmliches Kloster und eine gute Kirche errichtet, der wir den Namen der Muttergottes gaben. Die Gebäude enthielten so viele Steine, daß der südliche Bau (noch) ganz unversehrt ist, und auch die seitlichen Gebäude sind zum Teil erhalten; und wir gaben den Spaniern viele Steine für ihre Häuser, insbesondere für ihre Türen und Fenster; so reichlich waren sie vorhanden.[68]

Die Gebäude des Ortes *Tikoh* sind nicht zahlreich und auch nicht so prächtig wie einige von jenen anderen, obwohl sie durchaus gut und ansehnlich waren; und ich würde sie hier auch nicht erwähnen, wenn es nicht deshalb wäre, weil es dort eine große Ansiedlung gegeben hat, von der im folgenden unbedingt zu sprechen ist; deshalb wird hier nicht weiter darauf eingegangen. Diese Gebäude liegen drei Meilen östlich von *Izamal* und sieben Meilen von *Chichenizá*.

*Chichenizá* ist nun ein sehr ansehnlicher, zehn Meilen von

*Izamal* und elf von Valladolid entfernter Ort, wo, wie die alten Indios erzählen, drei Brüder als Häuptlinge herrschten, die, so können sich jene an die Berichte ihrer Vorfahren erinnern, aus dem Westen in jenes Land gekommen waren; in dieser Gegend siedelten sie in zahlreichen Orten sehr viele Menschen gemeinsam an, und sie regierten dort einige Jahre lang sehr friedlich und gerecht.

Sie waren große Verehrer ihres Gottes, und darum errichteten sie viele Gebäude, die sehr schön sind, insbesondere eines, das größte, dessen Plan ich hier wiedergeben werde, wie ich ihn gezeichnet habe, als ich mich dort befand, damit man es sich besser vorstellen kann. Diese Häuptlinge, erzählen sie, hätten ohne Frauen und überaus ehrsam gelebt, und solange sie so lebten, hätten alle sie immer hochgeachtet und ihnen gehorcht. Dann sei nach geraumer Zeit der eine von ihnen verschwunden, der wohl gestorben war, obgleich die Indios sagen, er hätte in der Gegend von *Bac halal* das Land verlassen. Die Abwesenheit dieses Mannes, was auch immer ihre Ursache war, bewirkte solche Verfehlungen bei jenen, die nach ihm regierten, daß sie sogleich selbstherrlich in der Staatsverwaltung und in ihren Sitten so unehrenhaft und zügellos wurden, daß das Volk sie schließlich verabscheute, weshalb man sie tötete; sie zerstörten und verwüsteten den Ort, sie gaben auch die Gebäude und die ganze Gegend auf, die ausnehmend schön ist, denn sie liegt ja in der Nähe des Meeres, zehn Meilen von ihm entfernt. Im Umkreis befinden sich sehr fruchtbare Landstriche und Provinzen. Der Plan des Hauptgebäudes ist der folgende:

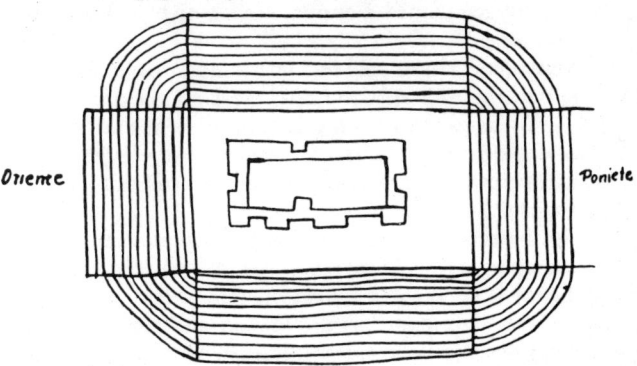

Oriente                          Poniete

145

Dieses Gebäude hat vier Treppen, die in die vier Himmels-
richtungen gehen, dreiunddreißig Fuß breit sind und jeweils einundneunzig Stufen haben, die zu ersteigen eine
unerträgliche Mühe ist. Die Treppenstufen haben bei ihnen
die gleiche Breite und Höhe, wie wir sie den unseren geben. Jede Treppe hat zwei niedrige Geländer, die ebenso
wie die Stufen zwei Fuß breit sind und aus gutem Mauerwerk wie das ganze Gebäude bestehen. Dieses Gebäude hat
keine Ecken, weil von seinem Fuß und von den Geländern
an einige runde Wehrtürme in der entgegengesetzten Richtung herausgearbeitet sind, wie sie hier dargestellt werden;
diese ragen in bestimmten Abständen empor und führen in
einer sehr schönen Ordnung zur Verjüngung des Gebäudes. Als ich es sah, gab es unterhalb von jedem Geländer einen scheußlichen Steinblock, der eine Schlange darstellte
und sehr sorgfältig aus einem Stück herausgearbeitet war.
Am Ende der solcherart gestalteten Treppen liegt oben ein
kleiner ebener Platz, auf dem sich ein Gebäude befindet,
das aus vier Räumen besteht. Drei von ihnen erstrecken
sich ohne Unterbrechung ringsum; jeder hat eine Tür in der
Mitte und wird von einem Gewölbe abgeschlossen. Der
nördliche Raum liegt für sich und hat einen Korridor mit
dicken Pfeilern. Der mittlere Teil, der gleichsam der kleine
Innenhof sein mußte und die Füllmauern des Gebäudes
ausgleicht, hat eine Tür, die sich zum Korridor an der
Nordseite öffnet; er ist nach oben mit Holz abgeschlossen,
und in ihm wurden die Rauchopfer verbrannt. An der Vor-
derseite dieser Tür oder des Korridors gibt es so etwas wie
ein in Stein gehauenes Wappen, das ich nicht richtig verstehen konnte.
Bei diesem Gebäude gab es viele andere, und es gibt sie
noch heute in seinem Umkreis; sie sind ebenmäßig und
groß, und der ganze Boden zwischen diesem und jenen ist
mit einer Kalkschicht bedeckt, von der es an einigen Stellen
noch Überreste gibt, so stark ist der Mörtel, aus dem sie
diese machen.
Vor der Nordtreppe dieses Gebäudes lagen in einiger Entfernung zwei kleine Theater aus Mauerwerk, die vier Treppen hatten und oben mit Steinplatten belegt waren; und
man erzählt, daß man dort die Possen und Komödien zum
Ergötzen des Volkes aufführte. Diesen Theatern gegenüber

ging von dem Hof eine schöne und breite befestigte Straße aus, die zu einem ungefähr zwei Steinwurf entfernten Brunnen führte. Die Indios hatten damals und später den Brauch, lebende Menschen in diesen Brunnen zu werfen, um sie den Göttern zu opfern, wenn eine Dürre herrschte; und sie dachten, diese Menschen würden nicht sterben, obwohl man sie nicht wiedersah. Sie warfen auch viele Gegenstände aus Stein hinein, die wertvoll waren und die sie schätzten. Und wenn es Gold in diesem Land gegeben hätte, so fände sich daher in diesem Brunnen der größte Teil von ihm, derart andächtig verehrten ihn die Indios. Der Brunnen reicht gute sieben Klafter bis zum Wasser hinab, ist über hundert Fuß breit und bis zum Wasser rund aus einem Felsen gehauen, daß es Bewunderung erregt. Sein Wasser scheint ganz grün zu sein; und ich glaube, dies wird von den Baumgruppen bewirkt, die ihn umstehen, und er ist sehr tief; oberhalb von ihm, neben seiner Eingangsöffnung, steht ein kleines Gebäude, in dem ich Götzenbilder fand, mit denen alle Hauptgötter des Landes geehrt werden sollten, beinahe wie das Pantheon in Rom. Ich weiß nicht, ob die alten oder die heutigen Indios dies ersonnen haben, damit sie ihre Götzen aufsuchen konnten, wenn sie sich mit Opfergeschenken zu jenem Brunnen begaben. Ich entdeckte Löwenstatuen, Krüge und andere Dinge, so daß ich mir nicht erkläre, wie jemand sagen kann, daß diese Menschen keine Eisenwerkzeuge besessen hätten. Ich entdeckte auch zwei Steinfiguren, die großgewachsene Männer darstellen und von denen jede aus einem Stück gehauen war; diese Männer trugen ihre Scham bedeckt, wie die Indios es zu tun pflegten, und im übrigen waren sie nackt. Ihre Köpfe waren aus einem selbständigen Teil gearbeitet und trugen Ohrringe, wie sie bei den Indios üblich waren; hinten am Genick befand sich ein Zapfen, der in ein hierfür vorgesehenes, ebenfalls am Genick geöffnetes tiefes Loch paßte, und nachdem er darin eingefügt war, hatte die Bildsäule ihre endgültige Gestalt erhalten.

## KAPITEL VIII

## Aus welchen Gründen die Indios weitere Opfer darbrachten

Der Kalender dieser Leute, wie er weiter oben angeführt wird, zeigt uns, welche und wie viele Feste es bei ihnen gab, wofür und wie sie diese feierten. Da ihre Feste aber allein dem Zweck dienten, ihre Götter gnädig und günstig zu stimmen, vergossen sie bei diesen Festen, wenn sie ihre Götter für erzürnt hielten, nur noch mehr Blut; und sie glaubten, ihre Götter seien erzürnt, wenn sie Nöte, Pestilenzen, Streitigkeiten, Dürren oder dergleichen mehr Übel heimsuchten; dann waren sie unablässig bemüht, die Teufel zu besänftigen, indem sie ihnen Tiere opferten; sie brachten ihnen nicht allein Speisen und Getränke als Gaben dar oder vergossen ihr Blut und peinigten sich mit Nachtwachen, Fasten und Enthaltsamkeit, sondern sie vergaßen auch alle natürliche Barmherzigkeit und jedes Gesetz der Vernunft und opferten den Teufeln so leichtfertig Menschen, als schlachteten sie Vögel, und dies so oft, wie ihnen die ruchlosen Priester oder die *Chilanes* sagten, daß es notwendig sei, oder wie die Häuptlinge es für wünschenswert oder angebracht hielten. Und wenn man in diesem Land, weil das Volk nicht so zahlreich wie in Mexiko war und nach der Zerstörung *Mayapáns* auch nicht mehr einer Hauptstadt, sondern vielen unterstand, die Menschen nicht an einer Stelle zusammen schlachtete, so starben trotzdem überaus viele eines elenden Todes, da jeder Ort die Befugnis hatte, so viele zu opfern, wie der Priester oder *Chilán* oder auch der Häuptling für angemessen hielt, und hierfür hatten sie besondere öffentliche Stätten in den Tempeln, als wäre dies die für die Erhaltung des Gemeinwesens notwendigste Sache auf der Welt. Sie töteten nicht nur in ihren Ortschaften, sondern hatten auch noch jene zwei fluchbeladenen Heiligtümer von *Chichenizá* und *Cuzmil*, wohin sie unzählige arme Menschen schickten, damit sie in dem einen geopfert oder von oben herabgestürzt wurden oder man ihnen auch in dem anderen das Herz herausriß; von diesem Unheil möge sie der barmherzige Herrgott gütig für immer befreien, der uns die Gnade erwiesen hat, sich am Kreuz dem Vater für alle zu opfern.

O du mein Herrgott, du wahrer Mensch, Wesen und Leben meiner Seele, du heiliger Führer und sicherer Wegweiser für meine Sitten, du Trost, mit dem ich getröstet werde, du innerliche Freude in all meiner Betrübnis, du Erquickung und Labsal in meinen Mühen! Und was gebietest du mir denn, o Herr, daß man es Mühe nennen könnte und nicht viel eher Labsal? Welche Verpflichtung erlegst du mir auf, die ich nicht voll und ganz erfüllen könnte? O Herr, kennst du etwa nicht das Maß meines Gefäßes, die Zahl meiner Glieder und die Beschaffenheit meiner Kräfte? Versagst du mir vielleicht, o Herr, deine Hilfe in meinen Mühen? Bist du nicht ein sorgsamer Vater, von dem dein heiliger Prophet im Psalm sagt: „Ich bin bei ihm in der Not, ich will ihn herausreißen und zu Ehren bringen"*?

O Herr, ja, du bist der Herr, und du bist jener, von dem der mit deinem hochheiligen Geist erfüllte Prophet sagte, daß du vorgibst, dein Gebot mache dir Mühe, und daher kommt es, o Herr, daß jene, die keinen Gefallen an der Beobachtung und Erfüllung deiner sanften Gebote haben, in ihnen Mühe finden; doch, o Herr, das ist eine vorgebliche Mühe, eine gefürchtete Mühe, eine Mühe für Kleinmütige, und es fürchten sie jene Menschen, die nie endgültig die Hand an den Pflug legen, um sie zu erfüllen, denn jene, die sich deren Beobachtung zuwenden, finden sie sanft, deren wohlriechenden Salben gehen sie nach, deren Sanftmut erquickt sie bei jedem Schritt, und jeden Tag empfinden sie weitaus größere Freuden (denn niemand weiß und erkennt sie) wie eine neue Königin von Saba; und darum, o Herr, flehe ich dich an, daß ich deine Gnade empfange, um deinem Beispiel zu folgen, nachdem ich das Haus meiner Sinnlichkeit und das Reich meiner Laster und Sünden verlassen habe, und um ganz die Erfahrung zu machen, dir zu dienen und deine heiligen Gebote zu halten, damit die Erfahrung mich noch mehr lehrt, wenn ich sie halte; möge ich, wenn ich nur sie lese und behandle, das Gut deiner Gnade für meine Seele finden, und wie ich glaube, daß dein Joch sanft und leicht ist, ebenso möge ich dir danken, daß du mir ihr Jochkissen aufgelegt und mich von der (Sünde) befreit hast, der, wie ich sehe, so überaus viele Menschen verfallen sind und

* Ps. 91,15.

waren, indem sie sich der Hölle zuwenden: Das ist eine so schwere Pein, daß ich nicht weiß, wem es nicht das Herz bricht, wenn er die tödliche Last und die unerträgliche Bürde sieht, mit denen der Teufel stets die Götzendiener in die Hölle geschleppt hat und es auch heute tut; und wenn dies eine große Grausamkeit des Teufels ist, der danach trachtet und es ausführt, so ist es doch Gott mit dem allergrößten Recht gestattet, damit sie – wenn sie sich nämlich nicht nach dem Licht der Vernunft richten wollen, das er ihnen gegeben hat – schon in diesem Leben geplagt werden und einen Teil der Hölle empfinden, die sie verdienen, und das durch die mühseligen Dienste, die sie ständig dem Teufel mit überaus langen Fastenzeiten, Vigilien und Enthaltsamkeit, mit unerhörten Opfergaben und Geschenken von ihren Dingen und ihrem Besitz, mit dem fortwährenden Vergießen ihres eigenen Blutes, mit schlimmen Schmerzen und Wunden ihres Leibes und, was schrecklicher und schwerwiegender ist, mit dem Leben ihrer Nächsten und Brüder leisten; und trotz alledem wird der Teufel durch ihre Plagen und Mühen nie satt und zufrieden, ebensowenig dadurch, daß er sie mit diesen Plagen und Mühen in die Hölle schleppt, wo er sie ewiglich peinigt; gewiß läßt Gott sich leichter besänftigen und gibt sich mit weniger Qualen und Todespein zufrieden: Denn laut ruft er den großen Patriarchen Abraham und gebietet ihm, daß er nicht die Hand ausstrecke, um seinem Sohn das Leben zu nehmen, weil Gott der Allmächtige beschlossen hat, seinen eigenen Sohn in die Welt zu senden, damit er wahrhaftig das Leben am Kreuz verliert und die Menschen erkennen, daß dem Sohn des ewigen Gottes das Gebot seines Vaters schwer ist, obwohl um seinetwillen die Mühe für die Menschen sehr sanft und vorgeblich (ist).

Darum sollen die Menschen endlich die Lauheit ihres Herzens und die Furcht vor der Mühe ablegen, die ihnen dieses heilige Gesetz Gottes abverlangt, denn diese Mühe ist vorgeblich und wird bald für die Seelen und Körper sanft, was um so mehr gilt, als nicht allein Gott es wert ist, daß man ihm eifrig dient, und wir ihm dies mit der größten Gerechtigkeit schulden, sondern es gereicht uns vielmehr selbst ganz zum Nutzen, und das sowohl für die Ewigkeit wie auch schon in dieser Welt; und wir Christen sollen alle, insbesondere wir Priester, bedenken, daß es in diesem Leben eine große Schmach und Schande und eine noch größere in dem zukünftigen Leben ist, wenn man sieht, daß der Teufel jemanden findet, der ihm mit unerhörten Mühen dient, um als Lohn dafür in die Hölle hinabzufahren, und daß Gott beinahe niemanden findet, der, um so sanfte Gebote zu halten, ihm treu dient, um zur ewigen Seligkeit aufzufahren. Darum sag du mir, Priester Gottes, ob du das Amt dieser unseligen Priester des Teufels und all jener genau bedacht hast, die, was wir in der Heiligen Schrift finden, in den vergangenen Zeiten ein solches Amt ausübten, ob du genau bedacht hast, wie beschwerlich, lang und zahlreich ihre Fastenzeiten waren, mehr als die deinen: Wieviel beständiger waren sie in ihren Vigilien und unseligen Gebeten als du in den deinen; wieviel sorgfältiger und gewissenhafter bei ihren Amtsverrichtungen waren sie als du bei den deinen; mit wieviel größerem Eifer als du haben sie sich dem Werk gewidmet, ihre verderblichen Lehren weiterzugeben; und wenn du deshalb irgendeine Schuld bei dir findest, mache sie wieder gut und bedenke, daß du ein Priester des Allerhöchsten bist, der dich schon allein um deines Amtes willen verpflichtet, danach zu trachten, rein und achtsam zu leben, in der Reinheit des Engels und um so mehr des Menschen.

KAPITEL IX
## Die natürliche Umwelt

Yucatán ist von allen Ländern, die ich gesehen habe, dasjenige mit dem wenigsten Erdreich, denn sein Boden besteht ganz aus natürlich gewachsenem Stein; und es hat so erstaunlich wenig Mutterboden, daß es wohl kaum eine Stelle gibt, an der man einen Klafter tief graben kann, ohne auf große und sehr dicke Steinschichten zu stoßen. Das Gestein eignet sich nicht allzugut für feinere Arbeiten, weil es hart und grob ist; so wie es ist, war es jedoch der Werkstoff, aus dem man die Vielzahl von Bauwerken errichtet hat, die es in jenem Land gibt; dieses Gestein läßt sich sehr gut verwenden, um Kalk zu gewinnen, von dem es viel gibt; und

Bewunderung verdient, daß dieser Boden auf und zwischen den Steinen so überaus fruchtbar ist.

Alles, was es in diesem Land gibt und was in ihm wächst, gedeiht besser und üppiger zwischen den Steinen als im Erdreich, weil auf dem Boden, der sich gelegentlich an einigen Stellen findet, nicht einmal Bäume wachsen und es sie dort überhaupt nicht gibt; die Indios säen auch nichts in dieser Erde aus, und auf ihr steht nur Gras; die Indios säen vielmehr zwischen und auf den Steinen: Dort gehen alle ihre Samenkörner auf, und dort wachsen alle Bäume, von denen einige so groß und schön sind, daß sie einen wunderbaren Anblick bieten; ich glaube, der Grund ist, daß es dort mehr Feuchtigkeit gibt und sie sich besser auf den Steinen als in der Erde hält.

In diesem Land hat man bisher keine natürlichen Vorkommen irgendeines Metalls entdeckt; und es setzt in Erstaunen, (daß,) obwohl es keine entsprechenden Hilfsmittel gab, man so viele Bauwerke errichtet hat, denn die Indios können keine Auskunft geben, mit welchen Werkzeugen sie diese Bauten errichtet haben; da ihnen jedoch Metalle fehlten, hat Gott sie mit einer Bergkette aus Feuerstein versehen, die jener anderen gegenüberliegt, welche, wie ich sagte, das Land durchzieht, und von dort holten sie Steine, aus denen sie die Lanzenspitzen für den Krieg und die Dolchmesser für die Opfer machten, und hiervon hatten die Priester einen guten Vorrat; daraus machten sie und machen noch heute auch die Pfeilspitzen, und so diente ihnen der Feuerstein als Metall. Sie hatten ein gewisses weißes Messing, dem Gold in sehr geringer Menge beigemischt war und aus dem sie Handbeile sowie große Schellen, mit denen sie tanzten, und außerdem bestimmte kleine Meißel machten, mit denen sie die Götzenbilder bearbeiteten und die Pfeilschleudern durchlöcherten, wie es dieses Bild am Rand zeigt,* denn sie benutzen oft die Pfeilschleuder und schießen gut mit ihr. Dieses Messing und andere, härtere Platten oder Tafeln aus Metall brachten die Leute von Tabasco, um sie für die Landesprodukte einzutauschen, und dieses Metall benutzte man für die Götzenbilder; irgendein anderes Metall gab es bei ihnen nicht.

* Das Manuskript enthält keine derartige Zeichnung (Anm. d. Hrsg.).

Dem Weisen zufolge ist das Wasser einer der lebensnotwendigsten Stoffe für den Menschen, und das so sehr, daß ohne Wasser die Erde keine Frucht gibt und die Menschen keine Nahrung finden; und obwohl in Yucatán die vielen Flüsse fehlen, die es in den Nachbarländern in großem Überfluß gibt – denn Yucatán hat nur zwei Flüsse, der eine ist der Río de Lagartos, der sich an einem Kap ins Meer ergießt, und der andere der Río de Champotón, beide haben salziges und schlechtes Wasser –, hat Gott auch Yucatán mit vielem und sehr schönem Wasser versorgt, das zum einen durch menschliche Kunstfertigkeit und zum anderen von der Natur geliefert wird.

Bei den Flüssen und Quellen ist die Natur in diesem Land anders als sonst verfahren, denn die Flüsse und Quellen, die überall in der Welt an der Erdoberfläche fließen, laufen und fließen in diesem Land alle in verborgenen Hohlräumen unter der Erde. Dies hat uns offenbart, daß fast die ganze Küste voller Süßwasserquellen ist, die im Meer entspringen, und aus ihnen kann man, wie ich es festgestellt habe, Wasser an vielen Stellen entnehmen, wenn die Küste durch die Ebbe beinahe ganz trocken ist. Im Landesinneren hat Gott für einige Wasserlöcher gesorgt, die von den Indios *Zenotes* genannt werden; sie liegen in ausgehöhlten, bis zum Wasser reichenden Felsen; in einigen gibt es eine äußerst reißende Strömung, und es kommt vor, daß das Vieh, das in sie hineinfällt, fortgetragen wird; sie alle münden ins Meer, woraus die erwähnten Quellen entspringen.

Diese *Zenotes* haben auffallend schönes Wasser; einige bestehen aus Hohlräumen in den Felsen, die bis zum Wasser hinabreichen, und andere haben mehrere Eingangsöffnungen, die Gott für sie geschaffen hat, oder sie sind durch Blitzschlag entstanden, denn dort sind Gewitter sehr häufig, oder sie wurden auch durch andere Ursachen hervorgebracht; im Inneren haben sie schöne Gewölbe aus feinem Felsgestein, und an ihrem oberen Rand stehen Bäume, so daß sich oben ein Wald und unten *Zenotes* befinden; und es gibt einige, in die eine Karavelle hineinpaßt und wo sie segeln kann, und bei anderen verhält es sich mehr oder weniger ähnlich. Diejenigen Leute, für die sie ausreichten, tranken aus ihnen; die anderen legten Brunnen an; und da ihnen Werkzeug fehlte, um sie zu graben, waren sie sehr wenig wert. Doch nun haben wir sie nicht nur die notwendige Kunstfertigkeit gelehrt, um gute Brunnen anzulegen, sondern wir haben ihnen auch sehr schöne Schöpfräder mit ausgemauerten Wasserbecken gegeben, aus denen sie Wasser wie aus Quellen holen.

Es gibt auch Lagunen, und sie alle haben salziges Wasser, das sich schlecht trinken läßt und das im Gegensatz zu den *Zenotes* keine Strömung hat. Etwas gibt es in diesem Land, das sich wunderbarerweise überall findet: Wo man auch Brunnen gräbt, sprudeln sehr gute Quellen hervor, von denen einige so vorzüglich sind, daß eine Lanze in ihnen versinkt; und überall, wo man Brunnen gegraben hat, fand man einen halben Klafter über dem Wasser eine Schicht aus Muscheln und kleinen Meeresschnecken, die so viele unterschiedliche Formen, Farben und Größen wie jene haben, die am Meeresufer liegen, und der Sand ist bereits zu einem harten weißen Felsen geworden. In *Maní*, dem Ort des Königs, haben wir einen großen Brunnen gegraben, damit wir für die Indios ein Schöpfrad aufstellen konnten; nachdem wir uns sieben oder acht Klafter durch feines Felsgestein gegraben hatten, fanden wir ein Grab, das reichlich sieben Fuß lang und ganz mit einer sehr kühlen, rotbraunen Erde und Menschenknochen gefüllt war, und alle diese Knochen hatten sich schon beinahe vollständig in Stein verwandelt; bis zum Wasser fehlten noch zwei oder drei Klafter, und über ihm gab es ein hohles Gewölbe, das Gott dort geschaffen hatte, so daß das Grab in den Felsen eingelassen war, und unterhalb von ihm konnte man bis zum Wasser laufen; wir vermochten nicht herauszufinden, wie es sich hiermit verhielt, es sei denn, wir sagen, daß jenes Grab dort von innen her ausgehoben wurde, und da die Höhle feucht war und viel Zeit verging, verhärtete sich dann der Fels und wuchs empor, so daß jener Raum abgeschlossen wurde.

Außer den zwei Flüssen, die es in diesem Land gibt, wie ich gesagt habe, befindet sich bei Campeche, drei Meilen vom Meer entfernt, eine Quelle, die salziges Wasser hat; und im ganzen Land gibt es keine andere derartige und auch kein weiteres Gewässer. Die Indios, die zum Gebirge hin wohnen, machen gewöhnlich, da ihre Brunnen sehr tief liegen, für ihre Häuser in der Regenzeit einige Vertiefungen in den Felsen, und dort sammeln sie das Regenwasser: Denn in dieser Zeit regnet es sehr stark und heftig, und manchmal kommen Donner und Blitze dazu; alle Brunnen, besonders die in Meeresnähe, steigen und fallen jeden Tag in derselben Zeit wie das Meer, was noch deutlicher zeigt, daß alle Gewässer eigentlich Flüsse sind, die unter der Erde zum Meer strömen.

In Yucatán gibt es einen Sumpf, der Beachtung verdient, denn er ist über siebzig Meilen lang und insgesamt ein Salzteich; er beginnt an der Küste von *Ekab*, bei der Isla de las Mujeres, und setzt sich bis in die Nähe von Campeche zwischen der Küste und dem Wald in großer Meeresnähe fort; er ist nicht tief, weil die fehlende Erde dies verhindert, aber er ist schwer zu überqueren, wenn man von den Ortschaften zur Küste oder von dieser zu den Ortschaften will, weil es dort Bäume und viel Morast gibt. Dieser Sumpf ist eine Saline, die Gott dort geschaffen und mit dem besten Salz versehen hat, das ich in meinem Leben gesehen habe, denn gemahlen ist es ganz weiß, und als Salz, wie jene sagen, die sich darin auskennen, ist es so gut, daß eine halbe Metze von ihm mehr als eine ganze aus anderen Gebieten salzt. Unser Herrgott schafft das Salz in diesem Sumpf aus dem Regenwasser und nicht aus dem Meer, das nicht in ihn hineinfließt, denn zwischen Meer und Sumpf erstreckt sich ja ein Küstenstreifen, der sich an dem ganzen Sumpf entlangzieht und ihn vom Meer trennt. In der Regenzeit schwillt nun dieser Sumpf an, und das Salz verfestigt sich im Wasser selbst zu großen und kleinen Klumpen, wobei die kleinen lediglich wie Stücke Kandiszucker aussehen. Wenn vier oder fünf Monate seit der Regenzeit vergangen sind, ist die Lagune nun etwas ausgetrocknet; dann holten die Indios früher gewöhnlich das Salz heraus, indem sie jene Klumpen aus dem Wasser zogen und auf dem Land zum Trocknen auslegten. Hierfür hatten sie besondere Stellen in der Lagune bezeichnet, wo es das meiste Salz und am wenigsten Schlamm und Wasser gab; und es war bei ihnen üblich, dieses Salz nur mit der Erlaubnis der Häuptlinge einzusammeln, die in der Nähe dieser Salzstellen die größte Macht hatten; alle, die Salz holten, brachten ihnen eine kleine Abgabe von dem Salz selbst oder von ihren Landesprodukten; und weil ein Vornehmer namens Francisco Euan, der aus dem Ort *Caucel* stammte, dies nachwies und außerdem beurkundete, daß die Stadtobrigkeit von *Mayapán* seine Vorfahren an der Küste eingesetzt hatte, um diese und die Verteilung des Salzes zu beaufsichtigen, verfügte die Audiencia von Guatemala, daß jene, die Salz in diesen Gegenden holen, jetzt die gleichen Abgaben leisten sollen. Es wird bereits viel Salz in der hierfür günstigen Zeit gesammelt, das nach Mexiko, Honduras und Havanna geschafft wird. An einigen Stellen dieses Sumpfes gibt es sehr schöne Fische, die zwar nicht groß, aber sehr wohlschmeckend sind.

Fische gibt es nicht nur in der Lagune, sie sind vielmehr auch an der Küste in solchem Überfluß vorhanden, daß die Indios denen in der Lagune fast gar keine Beachtung schenken, nur diejenigen Leute, die keine Netze haben, erlegen dort gewöhnlich viele Fische mit Pfeilen, da das Wasser sehr flach ist; die übrigen machen sehr große Fischzüge, und von dem Fang essen sie und verkaufen Fisch ins ganze Land.

Sie salzen ihn gewöhnlich ein und braten ihn, oder sie trocknen ihn ohne Salz in der Sonne, und sie beachten genau, wie jede Fischart zubereitet werden muß; der gebratene Fisch hält sich einige Tage, er wird zwanzig oder dreißig Meilen fortgebracht und verkauft; vor dem Essen braten sie ihn noch einmal, und er ist schmackhaft und gesund.

Die Fische, die es an jener Küste gibt und die man fängt, sind ganz vorzügliche und sehr dicke Meeräschen; Meerforellen, die den unsrigen in der Farbe, den Flecken und dem Geschmack vollkommen gleichen, jedoch dicker und noch wohlschmeckender sind, und in ihrer Sprache heißen sie *Uzcay*; sehr gute Seebarsche; Sardinen, mit denen zusammen sich Seezungen, Sägefische, Makrelen, Ährenfische und unzählig viele unterschiedliche Arten von anderen kleinen Fischen einfinden; an der Küste von Campeche gibt es sehr stattliche Polypen; drei oder vier Arten von sehr guten und bekömmlichen Dornhaien, und besonders einige, deren Fleisch sehr gesund ist und deren Köpfe sich ganz von den anderen unterscheiden, sie sind rund und erstaunlich platt, im Inneren befindet sich der Mund, und an den Rändern der Kopfrundung sitzen die Augen: Diese Art heißt *Alipechpol*. Die Indios erlegen ein paar sehr große Fische, die wie Teufelsrochen aussehen, und an den Ufern ringsum zerteilen sie diesen Fisch und legen die Stücke in

Salzlake; er ist sehr schmackhaft, (doch) ich weiß nicht, ob dieser Fisch ein Rochen ist.

An der Küste zwischen Campeche und La Desconocida gibt es viele Seekühe; sie liefern nicht nur viel Fisch- oder Tierfleisch, sondern man gewinnt aus ihnen auch viel Fett, das sich vorzüglich für die Zubereitung von Speisen eignet; über diese Seekühe erzählt man erstaunliche Dinge; insbesondere berichtet der Autor der *Allgemeinen Geschichte der Indias*, daß ein indianischer Häuptling sich in einem See eine Seekuh hielt, die so zahm war, daß sie ans Ufer kam, sobald man sie mit dem Namen rief, den man ihr gegeben hatte und der „Matu" war. Was ich über sie zu sagen habe, (ist,) daß sie so groß sind, daß man aus ihnen viel mehr Fleisch als aus einem guten und großen Kalb gewinnt, und außerdem viel Fett; sie zeugen wie die vierfüßigen Tiere, und hierfür haben sie Geschlechtsteile wie Mann und Frau, und das Weibchen gebiert immer zwei Junge und nie mehr oder weniger, und es legt keine Eier wie die übrigen Fische; sie haben zwei große Flossen, die kräftigen Armen gleichen und mit denen sie schwimmen, ihr Gesicht hat ziemliche Ähnlichkeit mit jenem des Ochsen, und sie strecken es aus dem Wasser, um das Ufergras abzuweiden; die Fledermäuse beißen sie häufig in einen runden und flachen Rüssel, den sie haben und der sich rund um ihr Gesicht zieht; an diesen Bissen sterben sie, weil sie erstaunlich blutreich sind; und jede Verletzung führt bei ihnen durch die Einwirkung des Wassers zum Tode. Ihr Fleisch, besonders das frische, ist gut; mit Mostrich schmeckt es beinahe wie gutes Rindfleisch. Die Indios töten sie mit Harpunen auf diese Art: Sie spüren sie in den Salzteichen und an seichten Stellen auf, denn dieses Tier ist kein Fisch, der sich in tiefem Wasser bewegen kann; sie haben dabei ihre Harpunen an Seile gebunden und am Ende einen Schwimmer befestigt; nachdem sie die Tiere entdeckt haben, harpunieren sie diese und lassen die Seile mit den Schwimmern daran los, und wegen der schmerzhaften Wunden fliehen die Tiere in der seichten, wasserarmen Lagune hin und her, denn niemals tauchen sie ja in die Meerestiefe hinab und können es auch nicht; da sie so groß sind, wühlen sie den Schlamm auf, und ihrer beträchtlichen Blutfülle wegen verbluten sie allmählich; und die Indios verfolgen sie in ihren kleinen Booten, indem sie auf die Schlammspuren im Wasser achten; dann entdecken sie die Tiere mit Hilfe der Schwimmer und holen sie heraus. Das ist eine sehr vergnügliche und nutzbringende Jagd, weil diese Tiere ganz aus Fleisch und Fett bestehen.

An dieser Küste gibt es einen anderen Fisch, den sie *Ba* nennen; er ist breit, rund und wohlschmeckend; aber er wird sehr gefährlich, wenn man ihn töten will oder zufällig auf ihn stößt, weil er ebenfalls nicht in die Meerestiefe hinabtauchen kann und gern im Schlamm umherschwimmt, wo die Indios ihn mit Pfeil und Bogen erlegen; und wenn sie ihn unachtsam anfassen oder im Wasser auf ihn treten, schlägt er sogleich mit seinem Schwanz zu, der lang und dünn ist, und reißt mit einer Säge, die er dort hat, ganz schreckliche Wunden auf; man kann diese Säge nicht aus dem Fleisch ziehen, wo er sie hineingedrückt hat, ohne die Wunde noch viel größer zu machen, weil die Sägezähne verkehrtherum stehen, so wie es in dieser Zeichnung dargestellt ist.* Die Indios benutzten diese kleinen Sägen, um sich bei den Opferzeremonien für den Teufel ins Fleisch zu schneiden; es gehörte zum Amt des Priesters, solche zu besitzen, und deshalb hatten sie viele; sie sehen ausnehmend schön aus, weil eine derartige Säge aus einem sehr weißen und sauberen Knochen besteht, und sie ist so spitz und dünn, daß sie wie ein Messer schneidet.

Es gibt ein kleines Fischlein, das so giftig ist, daß niemand, der es ißt, sich davor bewahren kann, anzuschwellen und zu sterben, was alles sehr schnell eintritt; und manche lassen sich von diesem Fisch ziemlich oft täuschen, obwohl von ihm bekannt ist, daß es einige Zeit braucht, bis er außerhalb des Wassers stirbt, und sein ganzer Körper schwillt dabei dick an. Im Río de Champotón gibt es ganz vorzügliche große Austern, und an der gesamten Küste kommen viele Haifische vor.

Außer den Fischen, deren Heimstatt die Wasser sind, gibt es einige andere Tiere, die sich sowohl im Wasser als auch am Land zu bewegen wissen und die hier wie dort leben, so etwa viele Leguane, die in Gestalt, Größe und Farbe den

---

* Auch diese Zeichnung ist in der Abschrift nicht vorhanden (Anm. d. Hrsg.).

spanischen Eidechsen gleichen, obwohl sie nicht so grün sind; diese Leguane legen sehr viele Eier und halten sich immer nahe am Meer und bei Gewässern auf, sie ziehen sich sowohl ins Wasser als auch an Land zurück; und daher essen die Spanier sie an Fasttagen und halten ihr Fleisch für eine ganz ausgezeichnete und gesunde Speise. Es gibt so viele von ihnen, daß sie während der Fastenzeit allen als Nahrung dienen; die Indios fangen sie mit Schlingen, wenn sie auf Bäume geklettert sind oder sich in ihren Schlupflöchern aufhalten; und unglaublich ist, wie lange sie den Hunger ertragen, denn es kommt vor, daß sie zwanzig oder dreißig Tage am Leben bleiben, nachdem man sie gefangen hat, ohne einen Bissen zu fressen und ohne magerer zu werden; ich habe gehört, man habe die Erfahrung gemacht, daß sie beträchtlich zunehmen sollen, wenn man ihnen den Bauch mit Sand abreibe. Der Kot dieser Tiere ist ein wunderbares Heilmittel für Hornhauttrübungen, wenn man ihn frisch auf die Augen aufträgt.

Es gibt staunenerregend große Schildkröten, denn einige sind weitaus größer als mächtige Rundschilde; sie sind schmackhaft und haben überaus viel Fleisch; die Eier, die sie legen, sind so groß wie Hühnereier, und sie legen hundertfünfzig oder zweihundert, wofür sie im Sand, außerhalb des Wassers, ein großes Loch schaufeln; danach decken sie die Eier mit dem Sand zu, und dort schlüpfen die kleinen Schildkröten aus. An Land, in den trockenen Waldgebieten und in den Lagunen gibt es verschiedene andere Schildkrötenarten.

An den Küsten habe ich manchmal einen Fisch gesehen, mit dessen Beschreibung ich bis jetzt gewartet habe, weil er ganz von Schalen umgeben ist. Er hat also den Umfang einer kleinen Schildkröte und ist oben mit einer zarten, runden und schön geformten Schale bedeckt, die eine sehr helle grüne Farbe hat; er hat einen Schwanz aus dem gleichen Stoff wie die Schale; dieser Schwanz ist sehr dünn, ungefähr eine Spanne lang und sieht wie eine Punze aus; unten hat der Fisch viele Füße und ist voller kleiner Eier; von ihm sind nur die Eier genießbar, die von den Indios viel gegessen werden; sie nennen ihn *Mex* in ihrer Sprache.

Es gibt sehr grausame Alligatoren, die zwar im Wasser leben, aber an Land gehen und sich dort lange aufhalten; sie fressen an Land oder mit dem Kopf über Wasser, weil sie keine Kiemen haben und im Wasser nicht kauen können. Der Alligator ist ein schweres Tier, er entfernt sich nicht weit vom Wasser und zeigt wütendes Ungestüm, wenn er angreift oder flieht. Er ist sehr gefräßig, und man erzählt merkwürdige Geschichten über ihn; was ich von ihm weiß, ist, daß einer, in der Nähe eines Klosters, uns einen Indio tötete, als dieser in einer Lagune badete; kurze Zeit darauf ging ein Ordensbruder zusammen mit den Indios dorthin, um ihn zu töten; und hierfür nahmen sie einen nicht allzu großen Hund und stießen ihm einen harten, mit Spitzen versehenen Stock durch das Maul bis in den After, und an den Gedärmen des Hundes banden sie einen sehr starken Strick fest; nachdem man den Hund in die Lagune geworfen hatte, kam sogleich der Alligator hervor, packte ihn mit den Zähnen und verschlang ihn; dann zogen diejenigen, die mit dem Mönch gekommen waren, an dem Strick, und unter großen Schwierigkeiten und Mühen zogen sie ihn heraus, da ihm der Stock quer im Leib festsaß; sie schnitten ihn auf und fanden in seinem Magen außer dem Hündchen die Hälfte des Mannes. Diese Alligatoren zeugen wie die vierfüßigen Landtiere und legen Eier; um die Eier legen zu können, graben sie sehr nahe am Wasser große Löcher in den Sand; sie legen dreihundert und mehr Eier, die größer als Vogeleier sind, und sie lassen sie dort so lange liegen, bis, wie die Natur sie gelehrt hat, die Jungen ausschlüpfen müssen, dann laufen sie dorthin zurück und warten darauf; und die Alligatorenjungen kommen so zur Welt: Wenn sie aus dem Ei schlüpfen, sind sie ungefähr eine Spanne groß; und sie warten nun auf die Mereswelle, die in ihrer Nähe an den Strand schlägt, und sobald sie diese wahrnehmen, springen sie von ihrem Platz ins Wasser; und all jene, die es nicht erreichen, bleiben tot im Sand liegen, denn da sie so zart sind und der Sand von der Sonne sehr erhitzt ist, werden sie versengt und kommen sogleich um. Diejenigen, die das Wasser erreichen, retten sich alle, und hierauf schwimmen sie dort umher, bis die Eltern herbeieilen und sie ihnen folgen; auf diese Weise entkommen sehr wenige, obwohl so viele Eier gelegt werden, was nicht ohne Eingreifen der göttlichen Vorsehung geschieht, nach deren Willen es mehr von dem geben soll, was uns nützt, als von dem, was uns schadet, und so etwas wie diese wilden Tiere könnte ja überaus verderblich sein, wenn sie alle überlebten.

## Von den verschiedenen Schlangen und anderen giftigen Tieren

Es gibt sehr unterschiedliche Nattern oder Schlangen in vielen Farben, und außer zwei Arten sind sie nicht gefährlich. Die einen sind äußerst giftige Vipern und weitaus größer als die Vipern hier in Spanien. Die Indios nennen sie *Taxinchan*. Eine andere Art ist ebenfalls äußerst giftig und sehr groß, und diese Schlangen haben eine Rassel am Schwanzende; auch die Schlangen einer dritten Art sind sehr groß, sie können ein oder zwei Kaninchen verschlingen und sind nicht gefährlich; und man muß sagen, daß es Indios gibt, die mühelos die einen und die anderen packen, ohne daß diese ihnen einen Schaden zufügen.

Es gibt eine Art von Mauereidechsen, die größer als die bei uns sind und vor denen die Indios eine ganz erstaunliche Angst haben, denn, wie sie sagen, sobald ein Mensch sie anfasse, sondern sie einen feinen Schweiß ab, der ein tödliches Gift sei. Unter den Steinen befinden sich viele Skorpione, und sie sind nicht so giftig wie die hier in Spanien. Es gibt eine besondere Art von großen Ameisen, deren Stich schlimmer und schmerzhafter ist und zu größeren Entzündungen führt als der Stich der Skorpione, und dies so sehr, daß die Entzündung mehr als doppelt so lange wie die von einem Skorpion hervorgerufene anhält, was ich aus eigener Erfahrung weiß. Es gibt zwei Arten von Spinnen, die eine ist sehr klein und äußerst giftig, die andere ist sehr groß und ganz mit ziemlich dünnen und kleinen schwarzen Stacheln bedeckt, die wie Flaumhaar aussehen, und in ihnen hat sie das Gift; darum hüten die Indios sich sehr, sie zu berühren, wenn es sie irgendwo gibt. Es kommt auch noch vieles andere Ungeziefer vor, das indes nicht giftig ist. Es gibt einen kleinen roten Wurm, aus dem man eine sehr gute gelbe Salbe für Geschwülste und offene Wunden herstellt, indem man die Würmer lediglich zusammen zerrührt oder knetet; und dieser Stoff dient (auch) als Öl, mit dem man die Gefäße bemalt und das Gemalte haltbar macht.

## Über die Bienen, ihren Honig und ihr Wachs

Es gibt zwei Arten von Bienen, und beide sind weitaus kleiner als die spanischen. Die größere Art hält man in Bienenstöcken, die einen sehr geringen Umfang haben; diese Bienen bauen keine Waben wie die unsrigen, sondern stellen gewisse kleine, Nußschalen gleichende Blasen aus Wachs her, die alle zusammen liegen und mit Honig gefüllt sind. Wenn die Indios einen Bienenstock ausnehmen wollen, öffnen sie ihn lediglich und bringen diese Bläschen mit einem kleinen Stock zum Platzen, und so läuft der Honig heraus; das Wachs entnehmen sie, wann sie es für angebracht halten. Die übrigen Bienen werden von ihnen in den Wäldern, in ausgehöhlten Bäumen und Felsen, gehalten, und dort holen sie das Wachs heraus, das ebenso wie der Honig in diesem Land sehr reichlich vorkommt; der Honig ist sehr gut, allerdings etwas verwässert, da die Weidegründe der Bienen sehr fruchtbar sind, und es macht sich erforderlich, ihn am Feuer aufzukochen; danach ist er sehr gut und ganz hart. Das Wachs ist gut, jedoch sehr trübe, und niemals konnte man die Ursache dafür finden; in einigen Provinzen ist es wegen der Blüten sehr viel gelber. Diese Bienen stechen nicht und tun auch (nichts), wenn man sie schlecht zeidelt.

Groß und sehr beachtenswert ist die Vielfalt der Kräuter, Blumen und Blüten, die Yucatán zieren, denn sowohl die Bäume wie auch die Kräuter blühen zu ihrer Zeit; viele sind wunderlieblich und schön, sie haben mannigfache Farben und Wohlgerüche, und sie schmücken nicht nur Wälder und Felder mit einem Festkleid, sondern liefern auch den kleinen Bienen überreichliche Nahrung, damit sie Honig und Wachs bereiten können. Doch werde ich hier nur einige anführen, und dies sowohl wegen ihres köstlichen Wohlgeruchs und ihrer Schönheit als auch wegen des Nutzens, den die Bewohner jenes Landes von ihnen haben.

Es gibt Wermutpflanzen, die viel üppiger und duftender als die hiesigen sind und längere und dünnere Blättchen haben; die Indios pflanzen sie an, um Wohlgerüche und eine Augenweide zu haben; und ich habe gesehen, daß sie schöner gedeihen, wenn ihre Stengel von den Indias unten mit Laugenasche bestreut werden.

Es gibt ein Kraut mit sehr breiten Blättern und hohen und dicken Zweigen, das einzigartig üppig und fruchtbar ist, denn aus zerstückelten Zweigen wachsen so viele neue, daß sie sich in der Art und Anzahl mit Weidenruten vergleichen lassen, obwohl sie sonst mit diesen nichts gemeinsam haben; wenn man die Blätter etwas zwischen den Fingern reibt, riechen sie ebenso wie Klee, allerdings verlieren sie diesen Geruch, nachdem sie vertrocknet sind; sie eignen sich sehr gut als frischer Festschmuck für die Tempel, und hierfür werden sie auch verwandt.

Es gibt so viel Basilienkraut, daß an einigen Stellen die Wälder und Wege voll von ihm sind; und wenn es auf jenen Felsen wächst, ist es sehr üppig, schön und wohlriechend, obwohl es sich nicht mit jenem vergleichen läßt, das in den Gärten gezogen wird und das man aus unserem Land eingeführt hat, denn es ist sehr sehenswert, wie bei ihm jeder Stengel wächst und zunimmt.

Es gibt eine Blume, die sie *Tixzula* nennen und die den lieblichsten Duft hat, den ich je geatmet habe, denn er ist viel stärker als der von Jasminblüten; diese Blume ist weiß, und es gibt sie auch in einem hellvioletten Ton; da ihre Wurzel aus dicken Zwiebelknollen besteht, könnte man sie in Spanien einführen. Sie wächst nun in der folgenden Art: Aus ihren Zwiebelknollen treiben hohe, dicke und sehr üppige schilfartige Blätter, die das ganze Jahr überdauern und einmal im Jahr einen grünen Kolben in der Mitte hervorbringen, der ungefähr drei Finger breit, dick und so lang wie ein Rohrkolben ist; an dessen Ende kommen die Blüten in einem Büschel hervor, wobei jede eine Spanne lang ist und sich am Stiel öffnet; sie bestehen aus fünf langen und ausgebreiteten Blättchen; unten werden sie von einer weißen und zarten Haut abgeschlossen, und in der Mitte haben sie mehrere gelbe Häutchen, so daß die ganze Blüte wunderschön weiß und gelb ist. Wenn man diesen Trieb abschneidet und in einen Wasserkrug stellt, behält er viele Tage seinen überaus lieblichen Duft, weil die Blüten sich nicht gemeinsam, sondern nach und nach öffnen.

Es gibt kleine, strahlend weiße und duftende Lilien, die sich im Wasser lange halten; sie lassen sich leicht in Spanien einführen, weil sie auch eine Zwiebelknolle als Wurzel haben; diese Blumen gleichen in allem den Lilien, nur daß ihr Duft lieblicher ist und nicht zu Kopf steigt, und in der Mitte sind sie nicht gelb wie unsere Lilien. Es gibt eine *Ixlaul* genannte Rose, die, wie man mir gesagt hat, sehr schön und wohlriechend ist.

Es gibt auch eine Baumart, die sie *Nicté* nennen; an diesen Bäumen wachsen viele weiße Rosenblüten, andere sind halbgelb und wieder andere halbviolett; sie sind sehr anmutig und wohlriechend, und man bindet sie zu prächtigen Sträußen; und wer will, macht aus ihnen auch Latwerge. Es gibt eine Blume, die sie *Kom* nennen, die stark duftet und sich sehr erhitzt, wenn sie ihren Geruch verströmt; man könnte sie leicht in Spanien einführen, und ihre Blätter sind wunderbar üppig und breit. Außer diesen wohlriechenden Blüten und Kräutern gibt es andere, die sehr nützlich und heilkräftig sind; dazu gehören zwei Arten von Brombeeren, die sehr erfrischend und schön sind.

Es gibt viel Milzfarn und Frauenhaarfarn sowie ein Kraut, dessen in Wasser aufgekochte Blätter die Schwellungen an Füßen und Beinen wunderbar schnell zurückgehen lassen. Es gibt ein anderes Kraut, das ganz vorzüglich wirkt, um alte Wunden zu heilen, und das sie *Iaxpalialché* nennen. Es gibt ein drittes, das gegessen wird und wie Fenchel schmeckt; nachdem man es in Wasser aufgekocht hat, läßt es sich sehr gut verwenden, um offene Wunden zu heilen, wobei man es wie das vorher genannte in frischem Zustand auflegt. In der Gegend von *Bac-halar* gibt es Sarsaparille.

Sie haben ein gewisses Kraut, das sie an den Brunnen und anderswo anpflanzen und dessen Blätter dreieckig wie Zypergras, jedoch viel dicker sind; daraus machen sie ihre Matten, die sie gewöhnlich bunt färben und wunderschön gestalten. Sie haben ein wildes Kraut, das sie auch bei ihren Häusern anpflanzen, und dann gedeiht es besser; aus ihm stellen sie den einheimischen Hanf her, der ihnen für unendlich viele Dinge im Haushalt dient. Auf einigen Bäumen wachsen auch, ohne zu deren eigenen Früchten zu gehören, bestimmte Gräser, die einige kleine Gurken ähnelnde Früchte hervorbringen; und aus ihnen macht man den einheimischen Gummi oder Leim, mit dem sie alles zusammenkleben, was für sie notwendig ist.

Das Saatgut, das sie für die menschliche Ernährung haben, ist: sehr guter Mais in zahlreichen unterschiedlichen Formen und Farben, von dem sie viel ernten; und sie bewahren ihn in Kornkammern und Scheuern für die schlechten Jahre auf. Es gibt zwei Arten von kleinen Bohnen; die einen sind schwarz, und die anderen haben verschiedene Farben; und weitere, die weißlich und klein sind, wurden von den Spaniern eingeführt. Es gibt einheimischen Pfeffer und viele unterschiedliche Kürbisse, von denen man einige anbaut, um ihre Kerne für die Speisen zu nehmen, und andere, um sie gebraten oder gekocht zu essen, wieder andere dienen ihnen als Gefäße im Haushalt; sie haben schon sehr gute Melonen und Kürbisse aus Spanien; wir haben sie unterwiesen, Hirse anzubauen und zu ernten, sie wächst erstaunlich gut und ist eine wertvolle Nahrung; sie haben eine wunderbar erfrischende und schmackhafte Frucht, die ausgesät wird, und diese Frucht besteht aus der Wurzel, die sich dick und rund wie eine Rübe herausbildet: Diese ißt man roh und mit Salz; man sät eine weitere Frucht aus, die aus einer unterirdisch wachsenden Wurzel besteht und eine sehr wertvolle Nahrung ist; sie hat viele verschiedene violette, gelbe und weiße Arten; und sie werden gekocht oder gebraten gegessen und sind eine gute Speise, und sie ähneln etwas Kastanien; gebraten sind sie beim Trinken eine bekömmliche Zukost. Es gibt zwei weitere Arten von Wurzeln, die den Indios als Nahrung dienen. Außerdem gibt es zwei andere wildwachsende Wurzeln, die den zwei von mir zuerst genannten etwas ähneln, und in Hungerzeiten sind sie den Indios eine Hilfe; wenn keine Not herrscht, kümmern sich die Indios nicht um sie. Sie haben ein Bäumchen mit zarten Zweigen, das viel Milchsaft enthält und dessen Blätter man kocht und ißt; sie schmecken wie Kohl und besonders gut mit viel fettem Speck. Wo die Indios sich ansiedeln, pflanzen sie dieses Bäumchen sogleich an, und im ganzen Jahr lassen sich Blätter von ihm ernten. Es gibt sehr schmackhafte Zichorie, und sie bauten sie auf ihren Grundstücken an, verstehen sich jedoch nicht auf deren Zubereitung.

Es ist ein Grund, Gott zusammen mit dem Propheten zu

preisen, der sagt: „Herr, wie herrlich ist dein Name in allen Landen"*, weil der Allmächtige in diesem Land so viele Bäume geschaffen hat, die alle von den unsrigen derart verschieden sind, daß man bis heute (nicht) einen gesehen hat, den ich kenne, ich meine in Yucatán, denn anderswo habe ich durchaus solche gesehen; und sie alle sind den Indios und selbst den Spaniern im Haushalt nützlich und vorteilhaft. Es gibt einen Baum, aus dessen Früchten, die wie runde Kürbisse aussehen, die Indios ihre Gefäße herstellen, und sie sind sehr gut; die Indios bemalen sie überaus bunt und schön. Von der gleichen Art gibt es einen anderen Baum, der kleinere und sehr harte Früchte hat, und aus ihnen stellen sie weitere kleine Gefäße für Salben und sonstige häusliche Zwecke her. Es gibt noch einen Baum, der eine kleine Frucht wie eine Haselnuß, jedoch mit einem Kern hat, und aus ihr stellt man schöne Kugeln her; mit der Schale wäscht man die Kleidung wie mit Seife, und sie erzeugt ebensolchen Schaum.

Für die Teufel hatten sie an vielen Stellen den Weihrauchbaum angepflanzt; und sie zapften den Weihrauch ab, indem sie die Baumrinde mit einem Stein aufritzten, damit dort jener Baumsaft oder jenes Harz austrat; es ist ein üppig wachsender und hoher Baum, der reichlich Schatten spendet und viele Blätter hat; doch wo es diesen Baum gibt, färben seine Blüten das Bienenwachs schwarz. Es gibt einen Baum, den sie an den Brunnen anpflanzen, der groß und schön ist und kräftige grüne Blätter hat; es ist ein wunderbarer Anblick, wie weit er seine Zweige ausstreckt, die in großer Ordnung vom Stamm abgehen; sie kommen immer in Gruppen von drei oder mehr Zweigen hervor und umgeben den ganzen Baum; so dehnen sie sich allmählich aus, während der Hauptzweig weiterwächst.

Es gibt Zedern, allerdings nicht von der feineren Art. Ein Baum hat etwas gelbes und wie die Eiche gemasertes Holz, das wunderbar stark, sehr hart und so widerstandsfähig ist, daß wir es an den Türen der Gebäude in *Izamal* vorfanden; es diente als Rahmen, und das ganze Bauwerk ruhte auf ihm. Es gibt ein anderes Holz, das äußerst stark ist; aus ihm machten sie die Bogen und Lanzen, und es hat eine fahlrote

* Ps. 8,2.

Farbe. Ein weiteres Holz hat eine dunkle rötlichgelbe Farbe, und aus ihm machten sie Wanderstäbe; es ist sehr stark, und ich glaube, man sagt, es sei Brasilholz.. Es gibt viele Bäume, von denen man sagt, ihr Holz sei ein gutes Mittel für die Bubonenkrankheit; und man nennt sie *Zon*. Es gibt einen Baum mit einem Milchsaft, der alles, was er berührt, vergiftet und verletzt; und der Schatten dieses Baums ist äußerst schädlich, besonders wenn man in diesem Schatten einschläft. Es gibt einen anderen, der über und über mit Paaren von langen, sehr harten und dicken Dornen besetzt ist; niemals ruht ein Vogel auf ihm aus, und es kann sich auch keiner auf ihn setzen; jene Dornen sind alle am Stamm durchlöchert und immer voller Ameisen. Es gibt einen sehr hohen und großen Baum; er trägt eine Frucht, die wie Johannisbrot aussieht und mit kleinen schwarzen Kernen gefüllt ist; in Notzeiten machen die Indios daraus eine Speise, und aus deren Wurzeln machen sie Eimer, um Wasser aus den Wasserlöchern und Ziehbrunnen zu schöpfen.

Andere Bäume gibt es, aus deren Rinde die Indios kleine Eimer anfertigen, um für sich Wasser zu schöpfen; und es gibt einen weiteren Baum, aus dessen Mark sie Seile herstellen, und wieder andere, aus deren zerstoßener Rinde sie eine Brühe gewinnen, mit der sie die Kalkschichten glätten, und diese macht sie sehr widerstandsfähig. Es gibt sehr schöne Maulbeerbäume, die gutes Holz haben; und bei ihnen lassen sich noch einmal so viele Bäume finden, die für alles im Haushalt verwendbar und nützlich sind, so daß es Bewunderung erregt. In Wald und Feld haben sie viele unterschiedliche Weiden mit sehr langen Ruten, obwohl es keine richtigen Weiden sind; aus ihnen machen sie allerlei Körbe, und mit ihnen schaffen sie die festen Verbindungen in ihren Häusern und binden alles zusammen, was für sie nötig ist; dies bringt ihnen einen wunderbar großen Nutzen. Es gibt einen Baum, dessen Milchsaft ein vorzügliches Heilmittel für das Zahnfleisch ist. Ein anderer trägt eine bestimmte große Frucht, die mit Wolle gefüllt ist; und diese Wolle eignet sich besser für Kissen als Werg aus unserer Region La Alcarria.

Da ich fürchtete, den Früchten oder Obstbäumen sonst ein Unrecht anzutun, habe ich mich entschlossen, sie getrennt anzuführen; und zuerst will ich über den Wein sprechen, da er etwas ist, was die Indios sehr schätzten, und darum hatten sie ihn beinahe alle in ihren Höfen oder im Umkreis ihrer Häuser angepflanzt. Es ist ein häßlicher Baum, und er gibt keine weitere Frucht; man macht lediglich aus seinen Wurzeln*, aus Honig und Wasser den einheimischen Wein. In diesem Land gibt es gewisse wilde Weinstöcke, die eßbare Trauben tragen; an der Küste von *Kupul* sind sie sehr zahlreich. Es gibt Pflaumenbäume, die viele unterschiedliche Pflaumen tragen; und einige sind sehr wohlschmeckend, gesund und ganz anders als die unsrigen, denn sie haben wenig Fleisch und einen großen Kern, was sich also genau umgekehrt als bei denen hier in Spanien verhält, mit denen man sie vergleichen kann; dieser Baum setzt Früchte noch vor den Blättern an, und sie entstehen nicht aus Blüten, sondern gleich als Frucht. Es gibt viele Bananenbäume, und die Spanier haben sie eingeführt, denn früher wuchsen sie dort nicht. Es gibt einen sehr hohen Baum, der eine große Frucht trägt; sie ist etwas länglich und dick, ihr Fleisch ist rot und sehr wohlschmeckend; auch sie entsteht nicht aus einer Blüte, sondern die Frucht selbst wächst heran, wobei sie zunächst sehr winzig ist und ganz allmählich größer wird. Es gibt einen anderen, sehr dicht belaubten und schönen Baum, dessen Blätter niemals abfallen und der keine Blüten treibt, sondern gleich Früchte ansetzt, die ebenso süß, ja noch süßer als die obengenannten sind; sie sind klein, überaus köstlich, wohlschmeckend und lieblich, und die einen sind besser als die anderen, und sie sind so vorzüglich, daß sie bei uns sehr geschätzt würden, wenn wir sie hätten: In ihrer Sprache werden sie *Ya* genannt. Es gibt einen anderen sehr schönen und üppig wachsenden Baum, der niemals seine Blätter verliert und ein paar kleine und wohlschmeckende Feigen trägt, die sie *Ox* nennen. Es gibt einen weiteren wunderschönen und üppig wachsenden Baum, dessen Früchte wie große Eier aussehen. Die Indios ernten sie grün und lassen sie in der Asche nachreifen, und wenn sie ausgereift sind, werden sie vorzüglich und schmecken süß, und das in solchem Übermaß wie Eigelb.

---

* Gemeint ist die Rinde des „Weinbaums", des *Balché*, die als Gärmittel bei der Herstellung des Honigweins benutzt wurde.

Ein anderer Baum trägt eine weitere Frucht, die ebenso gelb und nicht so groß wie jene erstgenannte, weicher und noch süßer ist; wenn man das Fleisch gegessen hat, bleibt der Kern wie eine zarte Stachelkugel zurück, was sehenswert ist. Es gibt einen anderen sehr üppig wachsenden und schönen Baum, der eine genau der Haselnuß und ihrer Schale gleichende Frucht trägt; unter dieser Schale liegt eine Frucht wie eine Sauerkirsche, und sie hat einen großen Kern; die Indios nennen sie *Vayam* und die Spanier *Guayas*.* Eine Frucht haben die Spanier eingeführt, sie ist wohlschmekkend und gesund, und sie wird *Guaybas*** genannt.

In den Bergen gibt es zwei Arten von Bäumen. Der eine trägt Früchte, die so groß wie eine gute Birne, sehr grün und von einer dicken Schale umgeben sind; die Indios lassen sie reif werden, indem sie diese alle an einen Stein schlagen, und danach sind sie von ganz vorzüglichem Geschmack. Der andere Baum hat sehr große, wie Pinienzapfen aussehende Früchte; sie sind schmackhaft, wäßrig und herb, und sie haben viele kleine Kerne, sie sind jedoch nicht gesund. Ein Baum wächst immer an offenen Stellen und niemals zwischen anderen Bäumen, sondern steht immer allein; seine Rinde läßt sich sehr gut verwenden, um Tierhäute zu gerben, und sie wird wie Sumach benutzt; der Baum trägt eine kleine gelbe und schmackhafte Frucht, die für die Frauen ein beliebter Leckerbissen ist. Es gibt einen sehr großen und üppig wachsenden Baum, den die Indios *On**** nennen; seine Frucht gleicht ziemlich großen Springkürbissen, sie schmeckt sehr lieblich und ähnlich wie Butter, und sie ist fetthaltig, sehr nahrhaft und kräftig. Sie hat einen großen Kern und eine dünne Schale; und man ißt sie, nachdem man sie wie eine Melone (in) Scheiben geschnitten und gesalzen hat.

Es gibt sehr stachlige und häßliche Disteln; sie wachsen fleckenweise und immer dicht bei Bäumen, um die sie sich herumwinden. Sie haben eine Frucht, deren Schale rot ist; sie hat eine gewisse Ähnlichkeit mit Artischocken, und sie läßt sich leicht herauslösen und hat keine Stacheln. Das Fleisch im Inneren ist weiß und mit sehr kleinen schwarzen

* *Guaya* (aus dem Maya-Wort *Vayam*): Honigbeere; *Melicocca bijuga L.*
** *Guayaba*: Guajave, *Psidium guayava.*
*** Name der Avocatobirne *(Persea gratissima)* in Yucatán.

169

Körnern durchsetzt. Es ist süß und eine wunderbare Köstlichkeit und so saftig, daß es im Mund zergeht; man ißt es wie Apfelsinen in runden Scheiben und mit Salz; und die Indios können gar nicht so viele in den Wäldern finden, wie die Spanier essen wollen.

Es gibt einen schwammigen und häßlichen, wenn auch hohen Baum, der gewisse große Früchte voller gelber Fasern hat; diese sind sehr schmackhaft und enthalten kleine Kerne, die wie Hanfsamen, nur viel größer aussehen, und diese Kerne sind sehr gesund für den Urin. Aus diesen Früchten stellen die Indios ein gutes Obstmus her; nachdem die Frucht abgefallen ist, treiben Blätter an dem Baum.

Es gibt einen kleinen, mit einigen Stacheln besetzten Baum, der wie dünne und etwas längliche Gurken aussehende Früchte trägt. Ihr Geschmack hat eine gewisse Ähnlichkeit mit dem der Distelfrucht, und sie werden ebenso in Scheiben zerschnitten und mit Salz gegessen; die Kerne sind wie bei der Gurke sehr klein, zahlreich und zart. Wenn diese Frucht, solange sie noch am Baum hängt, durch irgendeinen Zufall ein Loch bekommen hat, so kann man dort einen feinen Gummisaft auffangen, der einen sehr zarten Moschusgeruch verströmt. Die Frucht ist auch ein gutes Heilmittel für Frauenkrankheiten. Es gibt einen weiteren Baum, dessen Blüten recht lieblich duften und dessen Frucht jene ist, die hier in Spanien „Manjar blanco"* genannt wird; von diesen Bäumen gibt es sehr viele Arten, die alle gute und noch bessere Früchte tragen.

Es gibt ein Bäumchen, das die Indios gewöhnlich bei ihren Häusern pflanzen und das stachlige Früchte wie Kastanien trägt, wenn sie auch nicht so groß oder so rauh sind. Sie platzen auf, wenn sie reif sind, und im Inneren haben sie kleine Körner, die sowohl die Indios als auch sogar die Spanier benutzen, um die Speisen so zu färben, wie es Safran tut; ihre Farbe ist ebenso fein, und sie erzeugen große Flekken. Ich glaube durchaus, daß ich noch weitere Früchte erwähnen müßte, doch ich will noch über die Früchte der Palmen sprechen, von denen es zwei Arten gibt. Mit den Zweigen der einen werden die Häuser gedeckt; diese Palmen sind sehr hoch und schlank, und sie tragen ein paar

---

* „Süßer Bissen"; Annone, Rahmapfel.

sehr große Büschel einer ganz köstlichen, wie Kichererbsen aussehenden schwarzen Frucht, (von der) die Indias große Liebhaberinnen sind. Die zweite Art sind niedrige und sehr stachlige Palmen, deren Blätter nicht den geringsten Nutzen haben; sie sind recht kurz und wenig zahlreich. Diese Palmen tragen ein paar große Büschel mit runden und grünen Früchten, die so groß wie Taubeneier sind. Wenn man die Schale abzieht, bleibt ein sehr harter Kern übrig; und nachdem man ihn aufgeknackt hat, kommt eine runde, haselnußgroße und sehr schmackhafte Mandel heraus, die in Hungerzeiten von Nutzen ist; aus ihr machen sie ein heißes Getränk, das sie morgens zu sich nehmen, und im Notfall könnte man mit ihrer Milch jede Speise wie mit unserer Mandelmilch zubereiten.

Man erntet wunderbar viel Baumwolle, und sie wächst überall im Land; von ihr gibt es zwei Arten: Die eine säen sie jedes Jahr aus, und ihr Strauch, der klein ist, hält sich nur jenes eine Jahr; der andere Strauch hält sich fünf oder sechs Jahre; und in jedem Jahr liefert er seine Früchte, die ein paar walnußgroße Kapseln mit grüner Schale sind; sobald eine derartige Kapsel reif ist, platzt sie an vier Stellen auf, und dann hat man die Baumwolle vor sich.

Man sammelte regelmäßig Koschenille ein, und man sagt, sie gehöre zu der besten in den Indias, da sie aus einem trockenen Land komme; etwas Koschenille sammeln die Indios noch heute an einigen Stellen. Es gibt sehr mannigfaltige Farbstoffe, die aus einigen Farbhölzern und Blüten gewonnen werden; und da die Indios es nicht verstanden, diese Farben mit den Klebstoffen zu vervollkommnen, die sie binden und die notwendig sind, damit sie nicht verblassen, verlieren sie ihre Kraft. Doch jene, die Seide herstellen, haben schon nach Abhilfe gesucht; und man sagt, daß es so vollkommene Farben wie an jenen Orten geben wird, wo sie heute ganz vollkommen sind.

Dieses Land besitzt Vögel in wunderbar großem Überfluß; sie sind so mannigfaltig, daß jener hoch gepriesen werden muß, der es mit ihnen füllte, um es zu segnen. Sie haben zahmes Geflügel und halten es im Haus, da es ja ihre Hühner und Hähne sind, in großer Zahl, obwohl deren Aufzucht mühsam ist. Sie sind dazu übergegangen, spanisches Geflügel zu halten; jetzt haben sie schon erstaunlich viele

Hühner, und in allen Zeiten des Jahres haben sie Küken. Sie halten auch einige zahme Tauben aus Spanien, und diese vermehren sich stark. Der Federn wegen züchten sie eine gewisse Art von großen weißen Enten, die, wie ich glaube, aus Peru zu ihnen gekommen sind; und daher rupfen sie ihnen oft den Bauch, und sie wollen jene Federn für den Zierat an ihren Kleidern.

Es gibt auch kleinere Vögel in reicher Vielfalt; viele sind hübsch, und dazu gehören zwei Arten von sehr anmutigen Turteltäubchen; die eine Art ist sehr klein und läßt sich leicht zum anhänglichen Haustier machen. Es gibt ein ganz winziges Vögelchen, das so lieblich wie eine Nachtigall singt und das sie *Ixyalchamil* nennen; es hält sich in den Wänden von Häusern auf, wenn diese mit Gärten umgeben sind, und in den dortigen Bäumen. Es gibt einen anderen großen und sehr schönen Vogel von sehr dunkler grüner Farbe, dessen Schwanz lediglich aus zwei langen Federn besteht, die nur bis zur Hälfte und am Ende mit Federhärchen besetzt sind; er lebt in Bauwerken und fliegt nur am Morgen umher. Es gibt weitere Vögel, die wie Elstern aussehen und auch mit ihren frechen Streichen an sie erinnern; sie kreischen laut, wenn Leute auf den Wegen vorbeikommen, so daß sie diese nicht unbemerkt passieren lassen. Es gibt viele kleine Mauersegler oder Schwalben, und ich glaube, es sind Mauersegler, weil sie ihre Jungen nicht wie die Schwalben in den Häusern aufziehen.

Es gibt einen großen, bunten und schönen Vogel, der einen mächtigen und sehr starken Schnabel hat; dieser Vogel ist immer an dürren Bäumen zu finden, an denen er sich mit den Krallen festhält; er pocht so kräftig mit dem Schnabel an die Rinde, daß man es noch in größerer Entfernung hört, und er durchlöchert die Rinde, um die Holzwürmer herauszuholen, von denen er sich nährt; und diese Vögel machen so viele Löcher, daß die Bäume, in denen derartige Würmer leben, von oben bis unten wie ein Sieb durchlöchert sind.

Auf den Feldern gibt es viele Vögel, die alle genießbares Fleisch haben; so etwa sind drei Arten von sehr hübschen kleinen Täubchen vorhanden. Einige Vögel gleichen in allem den spanischen Rebhühnern, nur daß sie sehr hohe Beine haben, die allerdings auch noch rot sind, und sie haben ungenießbares Fleisch; sie sind jedoch wunderbar anhänglich, wenn man sie im Haus hält. Es gibt erstaunlich viele Wachteln, die etwas größer als die unsrigen sind und vorzügliches Fleisch haben; sie fliegen wenig, und die Indios fangen sie mit Hunden, wenn sie auf Bäumen sitzen, und mit Schlingen, die sie ihnen um den Hals werfen; dies ist eine sehr kurzweilige Jagd. Es gibt viele bräunliche und bunte Fasane von beachtlicher Größe, ihr Fleisch ist aber nicht so schmackhaft wie das der italienischen Fasane. Ein Vogel ist so groß wie die einheimischen Hühner, und man nennt ihn *Cambul*; er ist wunderschön und sehr beherzt, und sein Fleisch ist schmackhaft. Einen anderen Vogel nennen sie *Cox*, der so groß wie der vorige ist; er läuft ungestüm und schwenkt dabei den Körper hin und her; die Männchen sind alle ganz schwarz wie ein Stück Pechkohle; sie haben sehr schöne Kronen aus gekräuselten Federchen, und ihre Augenlider sind gelb und sehr anmutig. Es gibt viele Truthähne, die zwar kein so schönes Gefieder wie die spanischen haben, doch ist es durchaus sehenswert; die Tiere sind wunderschön, so groß wie die Hähne der Indios und ebenso schmackhaft. Viele andere Vögel gibt es, an die ich mich nicht erinnere, obwohl ich sie gesehen habe.

Alle größeren werden von den Indios mit Pfeilen erlegt, wenn sie auf Bäumen sitzen; und allen stehlen sie die Eier, die sie von ihren Hühnern ausbrüten lassen, und die Jungen wachsen ganz zahm auf. Es gibt drei oder vier Arten von kleinen und großen Papageien; sie kommen in solchen Schwärmen vor, daß sie auf den Saatfeldern großen Schaden anrichten.

Außerdem gibt es Nachtvögel, wie etwa Eulen, Käuzchen und Ziegenmelker, so daß eine nächtliche Wanderung sehr kurzweilig ist, denn über lange Wegstrecken fliegen sie vor den Menschen auf. Sie mißfallen den Indios sehr, und diese halten sie für ein schlechtes Vorzeichen, was sie ebenso von anderen Vögeln glauben.

Es gibt ein paar sehr gefräßige Vögel, die von den Spaniern „Auras"* und von den Indios *Kuch* genannt werden; sie sind schwarz, Kopf und Hals sehen wie bei den einheimischen Hühnern aus, und der Schnabel ist länglich und mit einem Haken versehen. Sie sind sehr schmutzig, weil sie

* Truthahngeier.

sich immer in Ställen und Abtritten aufhalten, wo sie die Abfälle fressen und außerdem nach Aas suchen, das sie vertilgen. Nachweislich hat man bisher noch nie entdeckt, wo sie ihr Nest haben; und man weiß auch nicht, wo sie ihre Jungen aufziehen; deshalb behaupten manche, daß sie zweihundert Jahre und länger leben, und andere glauben, sie seien wirkliche Raben. Aas riechen sie derart weit, daß die Indios, wenn sie Hirsche angeschossen haben und diese todwund vor ihnen geflohen sind, kein anderes Mittel haben, um sie aufzuspüren, als auf hohe Bäume zu steigen und zu beobachten, wohin diese Vögel fliegen; und es ist gewiß, daß sie dort ihre Jagdbeute finden.

Raubvögel gibt es in wunderbar großer Vielfalt, denn es finden sich kleine Adler, sehr schöne und eifrig jagende Habichte und stattliche Sperber, die größer als die spanischen sind. Es gibt Lerchenfalken, Würgfalken und andere, doch da ich kein Jäger bin, kann ich mich nicht an sie erinnern.

Bewundernswert ist die Unzahl, Vielfalt, Verschiedenartigkeit und Fülle wie auch die Schönheit aller Arten von großen und kleinen Vögeln, die es am Meer gibt. Einige braune Vögel sind so groß wie ein Strauß und haben einen kräftigeren Schnabel als dieser; sie halten sich immer im Wasser auf und jagen Fische; und sobald sie einen Fisch entdecken, erheben sie sich in die Luft und stürzen voller Ungestüm mit Hals und Schnabel auf den Fisch nieder, und niemals gehen sie leer aus; nachdem sie zugestoßen haben, schwimmen sie weiter und verschlingen den Fisch lebend, ohne ihn weiter herzurichten oder abzuschuppen. Es gibt ein paar große und hagere Vögel, die lange und sehr hoch fliegen; sie haben den Schwanz in zwei Spitzen geteilt, und ihr Fett ist ein wunderbares Heilmittel für Wundmale und Gliederkrämpfe, die von Verletzungen herrühren. Es gibt einige Enten, die sich äußerst lange Zeit unter Wasser halten, um nach Nahrung zu suchen; sie sind sehr flink und haben am Schnabel einen Haken, mit dem sie fischen. Es gibt andere kleine und sehr schöne Entlein, die *Maxix* heißen; sie sind überaus zutraulich, und wenn sie im Haus gehalten werden, sind sie unfähig zu fliehen.

Es gibt viele Arten von Fischreihern und Seidenreihern, die einen sind weiß und die anderen braun, die einen groß und die anderen klein; an den Lagunas de Términos gibt es viele

Jaina-Krieger

Figur einer üppigen Frau

Figur eines sich umarmenden Paares

Muscheltrompete

Muschelschale mit der Abbildung eines rauchenden Mannes

Ballspieler

Jaina-Krieger

Mais-Gott

leuchtend hellrote, die aussehen, als seien sie mit Koschenillepulver gefärbt; und es kommen dort so viele Arten von kleinen und größeren Vögelchen vor, daß ihre Vielzahl und Mannigfaltigkeit bewundernswert sind, und noch größere Bewunderung erregt, wenn man sie alle sieht, wie sie an jenem Strand eifrig nach Nahrung suchen, wobei die einen der Welle nacheilen, in die Meeresbrandung hineinlaufen und sich dann vor der nächsten Welle geschwind zurückziehen, während andere an den Ufern nach Nahrung suchen und wieder andere sie den übrigen entreißen, indem sie schneller auf sie zustürzen; und was am meisten Bewunderung verdient: daß man sieht, wie Gott für sie alle sorgt (und) sie mit seinem Segen überschüttet.

Viele Tiere haben den Indios gefehlt; und besonders fehlten ihnen diejenigen, die für die Bedürfnisse des Menschen am notwendigsten sind; doch sie hatten andere von den übrigen, deren sie sich für ihren Unterhalt bedienten, und keines von ihnen war ein richtiges Haustier, außer den Hunden, und diese können nicht bellen und den Menschen auch kein Leid antun, Jagdtiere aber greifen sie an: Sie stöbern die Wachteln und andere Vögel auf und setzen den Hirschen eifrig nach, und manche sind sehr gute Spürhunde. Sie sind klein, und die Indios aßen sie als Festbraten; ich glaube, jetzt halten sie es schon für eine Schande und ein Elend, Hundefleisch zu essen. Sie sagen, daß die Hunde gut geschmeckt hätten.

Tapire gibt es nur in einem Winkel des Landes, der hinter den Bergketten von Campeche liegt; dort gibt es viele, und die Indios haben mir gesagt, daß es sie in vielen Farben gebe, graue, falbe, hellbraune und kastanienbraune, schneeweiße und schwarze. In diesem Landstrich finden sich mehr von ihnen als überall sonst, weil dieses Tier das Wasser sehr gern hat, und dort, in jenen Wäldern und Bergen, gibt es viele Lagunen. Der Tapir ist ein Tier von mittlerer Maultiergröße, er ist sehr schnell und hat gespaltene Füße wie der Ochse und an der Schnauze einen kleinen Rüssel, in dem er Wasser aufbewahrt. Die Indios hielten es für eine große Heldentat, diese Tiere zu töten, und das Fell oder Teile von ihm wurden als Andenken gehütet und bis an die Urenkel weitervererbt, wie ich es gesehen habe; dieses Tier nennen sie *Tzimin*, und seinetwegen haben sie den Pferden denselben Namen gegeben.

Man findet kleine Löwen\* und Tiger, und die Indios erlegen sie mit dem Bogen, wenn sie auf Bäume geklettert sind. Überall kommt eine bestimmte Bärenart vor, und dieser Bär nimmt außerordentlich gern Bienenstöcke aus. Er ist braun, hat einige schwarze Flecken, einen langen Körper, kurze Beine und einen runden Kopf.

Es gibt eine bestimmte Art von kleinen Steinböcken\*\*, die sehr schnell und von annähernd dunkelbrauner Farbe sind. Dort leben auch Schweine, die kleine Tiere sind und sich stark von den unsrigen unterscheiden; sie haben den Nabel auf dem Rücken und stinken ungemein. Es gibt so viele Hirsche, daß es ein Wunder ist, und sie sind klein und haben wohlschmeckendes Fleisch. Kaninchen gibt es unendlich viele, die in allem den unsrigen gleichen, nur daß sie ein langgestrecktes Gesicht haben, das nicht flach, sondern wie bei einem Hammel ist; sie sind groß und haben sehr schmackhaftes Fleisch. Es gibt ein Tierchen, das ein äußerst trübseliges Wesen hat, und nachts läuft es ständig in Höhlen und Verstecken umher; um es zu jagen, stellen ihm die Indios eine besondere Falle, und darin fangen sie es; es ähnelt dem Hasen, ist furchtsam und bewegt sich in Sprüngen vorwärts. Es hat sehr lange und dünne Vorderzähne, ein noch kleineres Schwänzchen als der Hase, seine Haarfarbe ist grünlich und sehr dunkel; wenn man es im Haus hält, ist es überaus zahm und freundlich, und es heißt *Zub*\*\*\*.

Es gibt ein anderes kleines Tierchen, das wie ein neugeborenes Spanferkel aussieht, denn seine Vorderfüßchen und die Schnauze sind genauso; es wühlt gern in der Erde, und es ist ganz mit anmutigen Schalen bedeckt, so daß es einem geharnischten Pferd vollkommen gleicht, wobei nur die Öhrchen, die Vorder- und Hinterfüße herausschauen, während Hals und Vorderkopf auch mit Schalen bedeckt sind; sein Fleisch ist sehr wohlschmeckend und zart.

Andere Tiere sehen wie kleine Hündchen aus; ihr Kopf gleicht dem des Schweins, sie haben einen langen Schwanz, und ihr Fell ist rauchfarben; sie sind über die Maßen schwerfällig, so sehr, daß man sie oft am Schwanz packt. Sie

---

\* Pumas.
\*\* Kleine Rothirsche.
\*\*\* Goldhase, Aguti (in Yucatán so genannt).

sind sehr gefräßig und streifen nachts in den Häusern umher, und mit der Zeit entgeht ihnen kein einziges Huhn. Die Weibchen bringen vierzehn oder achtzehn Junge zur Welt, die kleinen Wieseln ähneln, nicht das geringste schützende Haarkleid haben und überaus unbeholfen sind; Gott hat die Mutter mit einem seltsamen Beutel am Bauch versehen, in dem sie die Jungen unterbringt, denn es wächst ihr über die ganze Bauchlänge, auf beiden Seiten und über den Zitzen, eine Lederwulst, und wenn sie die beiden Wülste zusammenschiebt, sind die Zitzen verschlossen, und sie öffnet diese, wann sie will; dort bekommt jedes Junge eine Brustwarze ins Maul, und wenn sie alle fest untergebracht hat, zieht sie ihnen diese Weichteile oder Lederwülste über und preßt sie derart stark zusammen, daß ihr keines herunterfällt; nachdem sie sich so mit ihnen beladen hat, läuft sie in der Gegend umher und sucht nach Nahrung; so zieht sie die Jungen auf, bis sie Haare haben und laufen können.

Es gibt Füchse, die in allem den hiesigen gleichen, nur daß sie nicht so groß sind und auch keinen so schönen Schwanz haben. Es gibt ein Tier, das sie *Chic* nennen und das ein ausgemachter Schelm ist; es ist so groß wie ein Hündchen und hat eine Schnauze wie ein Spanferkel. Die Indias ziehen diese Tiere auf, und sie verschonen nichts, vielmehr durchwühlen sie ihnen alles und werfen es über den Haufen; unglaublich ist, wie überaus gern sie mit den Indias schäkern, sie suchen ihnen die Flöhe ab und drängen sich ständig zu ihnen, und den Mann können sie genausowenig ausstehen wie den Tod. Es gibt viele von diesen Tieren, und sie laufen immer scharenweise in einer Reihe hintereinander, wobei stets das hintere die Schnauze unter den Schwanz des vorderen steckt; und wo sie eindringen, richten sie große Verwüstungen auf den Maisfeldern an.

Es gibt ein kleines Tier wie ein Eichhörnchen, es ist weiß und hat ein paar dunkelgelbe schmale Streifen, die ihm den ganzen Leib umgeben, und man nennt es *Pay*; es verteidigt sich gegen seine Verfolger oder Feinde, indem es uriniert, und seine Ausscheidung hat einen derart schrecklichen Gestank, daß niemand sie ertragen kann, und eine Sache, auf die sie fällt, kann man nicht mehr anfassen. Man hat mir gesagt, jene Ausscheidung sei kein Harn, sondern ein feiner Schweiß, den es am Hinterleib in einem kleinen Beutel trage. Mag dem nun sein, wie es wolle, jedenfalls schützen es seine Waffen; und es kommt außerordentlich selten vor, daß die Indios eines von diesen Tieren töten. Es gibt viele sehr hübsche Eichhörnchen, außerdem Maulwürfe, Wiesel und viele Mäuse wie die in Spanien, nur daß sie sehr lange Gesichter haben.


KAPITEL X
## Schlußbetrachtung

Die Indios haben durch die Ankunft der Spanier nichts verloren, sondern viel gewonnen, selbst bei dem, worauf es weniger ankommt, obwohl es durchaus bedeutsam ist, indem man ihnen vieles brachte, was sie sich schließlich im Lauf der Zeit gewiß zunutze machen müssen, und manches machen sie sich jetzt schon zunutze und gebrauchen es. Es gibt bereits viele und gute Pferde wie auch viele Mauleselinnen und Maulesel; Esel wollen nicht recht gedeihen, und ich glaube, der Grund ist, daß man sie verweichlicht hat, denn der Esel ist ganz sicher ein kräftiges Arbeitstier, und eine allzu nachsichtige Behandlung verdirbt ihn. Es gibt viele und sehr schöne Kühe, zahlreiche Schweine, Hammel, Schafe, Ziegen und Hunde aus Spanien, die verdienten Nutzen bringen, und man hat schon erreicht, daß sie zu den vorteilhaften Neuerungen in den Indias zählen. Außerdem gibt es Katzen, die dort sehr nützlich und notwendig sind, und die Indios haben sie sehr gern; Hühner und Tauben; Apfelsinen, Limetten, Bergamottpomeranzen, Weinstöcke, Granatäpfel, Feigen, Guajaven und Datteln, Bananen, Melonen und anderes Zugemüse; und nur Melonen und Kürbisse zieht man aus einheimischem Samen, für das übrige braucht man frischen Samen aus Mexiko. Es wird bereits Seide gewonnen, und sie ist sehr gut.

Zu ihnen sind Eisenwerkzeuge und der Gebrauch der Handwerke gelangt, und sie breiten sich bei ihnen sehr erfolgreich aus, ebenso die Verwendung des Geldes und vieler anderer Güter aus Spanien, denn obwohl die Indios ohne sie ausgekommen waren und dies auch konnten, leben sie mit ihnen unvergleichlich menschengemäßer und haben eine größere Hilfe bei ihren körperlichen Arbeiten und bei der Erleichterung ihrer Mühsal, da dem Ausspruch des Philosophen zufolge die Kunst der Natur hilft.

Gott hat den Indios durch die Anwesenheit unserer spanischen Nation nicht nur die besagten Neuerungen gebracht, die so notwendig für die Bedürfnisse des Menschen sind, daß sie es allein ihretwegen nicht mit dem vergelten, was sie den Spaniern geben oder geben werden; vielmehr sind zu ihnen ohne alle Vergeltung jene Güter gelangt, die man nicht kaufen oder verdienen kann, nämlich Gerechtigkeit, Christentum und Frieden, worin sie nun schon leben; darum schulden sie Spanien und den Spaniern, ganz besonders den guten katholischen Königen dieser Nation – die ihnen mit so beharrlichem Eifer und solch frommer christlicher Sinnesart diese beiden Gaben verliehen haben und weiter verleihen –, mehr als den ersten Gründern ihres Volkes, schlechten Eltern, die sie in Sünde und als Kinder des Zorns zeugten, während das Christentum sie in Gnade zeugt, damit sie das ewige Leben empfangen. Die ersten Gründer ihres Volkes vermochten ihnen keine Ordnung zu geben, (die sie) von solchen und so vielen Verirrungen befreit hätte, wie jenen, in denen sie gelebt haben. Die Gerechtigkeit hat sie durch die Predigt aus ihnen errettet, und sie muß diese Menschen beschützen, damit sie ihnen nicht wieder verfallen; und sollten sie ihnen doch wieder verfallen, muß sie diese Menschen mit Recht erneut aus ihnen erretten, denn Spanien darf ja Gott preisen, weil er es unter anderen Nationen auserwählt hat, daß es so vielen Menschen zu Hilfe käme, und darum schulden diese ihm weitaus mehr als ihren Gründern und Vätern; denn wie der selige Sankt Gregor sagt, wäre es uns nicht von großem Nutzen, geboren zu werden, wenn wir nicht schließlich Christus, unserem Gut, als Erlöste angehörten. Welche Frucht bringt es uns denn – so können wir desgleichen mit Sankt Anselm sagen –, daß wir erlöst werden, wenn wir nicht die Frucht der Erlösung erlangen, die unser Heil ist? Und daher irren sich jene sehr, die sagen, weil die Indios von den Spaniern mit Unrecht, Drangsalen und schlechten Beispielen heimgesucht wurden, wäre es besser gewesen, daß man sie nicht entdeckt hätte – denn größer waren die Drangsale und das Unrecht, die sie einander fortwährend zufügten, indem sie sich gegenseitig töteten, versklavten

und den Teufeln opferten. Wenn sie ein schlechtes Beispiel empfangen haben oder jetzt von einigen empfangen, so hat der König dem abgeholfen und schafft jeden Tag weiter Abhilfe dafür mit seinen Gerichten, der ständigen Predigt und dem beharrlichen Widerstand der Ordensgeistlichen gegen jene, die solche schlechten Beispiele geben und gegeben haben; und je frommer die Lehre ist, desto notwendiger sind die schlechten Beispiele und die Ärgernisse; und darum glaube ich, daß sie auch bei diesen Menschen notwendig waren, damit sie, wenn sie das Gold vom tauben Gestein und die Spreu vom Weizen sonderten, die Tugend zu schätzen wußten, wie sie es getan haben, indem sie zusammen mit dem Philosophen erkannten, daß die Tugenden unter den Lastern und die Tugendhaften unter den Lasterhaften hervorleuchten, und wer ihnen ein schlechtes Beispiel oder Ärgernis gegeben hat, erleidet schlimme Trübsal, wenn er es ihnen nicht mit (etwas) Gutem vergilt; und erbitte du es darum, liebster Leser, persönlich von Gott und empfange meine bescheidene Arbeit, vergib ihre Fehler und erinnere dich, wenn du auf sie stößt, daß ich sie nicht nur nicht verteidige – wie es Sankt Augustinus sagt, denn als Tullius über sich selbst erklärte, er habe niemals ein Wort geäußert, das er widerrufen wolle, gefiel es dem Heiligen nicht, weil Irren den Menschen so eigentümlich ist –, sondern daß du auch am Anfang, bevor du auf diese Fehler stößt, ihren Widerruf oder ihr Bekenntnis in meinen Einführungsworten oder Vorreden finden wirst, und darum wirst du, gemeinsam mit dem seligen Augustinus in seinem Brief an Marcella, den Unterschied ermessen, den es zwischen jenem gibt, der seinen Irrtum oder Fehler bekennt, und jenem, der diese verteidigt, und du wirst meine Unvollkommenheiten vergeben, wie auch der Prophet sagt, daß Gott es (mit) meinen und deinen Fehlern macht, als er erklärt: „Herr, ich sprach: Ich will meine Sünde und meine Missetat bekennen. Da vergabst du mir."*
Der Geschichtsschreiber der Indias, dem man in ihnen wegen seiner Arbeit und der Erkenntnisse, die er ihnen brachte, viel verdankt,** sagt über Yucatán, daß sie Schleu-

* Ps. 32,5.
** Bezieht sich auf Gonzalo Fernández de Oviedo (Anm. d. Hrsg.).

dern und feuergehärtete Speere im Krieg benutzten; über ihre Kriegsgeräte habe ich schon gesprochen, und es wundert mich nicht, daß Francisco Hernández de Córdoba und Juan de Grijalva die Steine, mit denen die Indios sie beschossen, wie Schleuderschüsse vorkamen, als sie in Champotón in die Flucht geschlagen wurden, denn sie zogen sich ja zurück; die Indios können jedoch nicht mit der Schleuder schießen, und sie ist ihnen unbekannt; allerdings schießen sie einen Stein sehr treffsicher und kräftig, und sie richten dabei den linken Arm und den Zeigefinger auf das Ziel. Der Geschichtsschreiber sagt auch, daß die Indios beschnitten seien; und wie es sich hiermit verhalten mag, wird man weiter oben finden. Er sagt, dort gebe es Hasen; und wie diejenigen aussehen, die es dort gibt, wirst du im letzten Kapitel finden. Er sagt, es gebe dort Rebhühner, und er beschreibt sie; wie sie aussehen, wirst du auch im letzten Kapitel finden. Weiter sagt unser Geschichtsschreiber: Man wolle am Kap *Cotoch* bei den Toten und den Götzenbildern einige Kreuze[69] gefunden haben, und er glaube es nicht, wenn sie nämlich von jenen Spaniern stammten, die Spanien verließen, als es verlorenging,[70] wären sie zwangsläufig zuerst in anderen Ländern eingetroffen, denn es gebe ja viele. Ich glaube es auch nicht, allerdings nicht aus diesem Grund, der mich nicht überzeugt, weil man in den anderen Gegenden, die sie sichten und in denen sie vor Yucatán landen konnten, nicht weiß, ob sie gelandet sind oder nicht, ebensowenig wie hier in Yucatán. Doch der Grund, warum ich es nicht glaube, ist: Als Francisco Hernández und Grijalva nach *Cotoch* kamen, wollten sie keine Toten ausgraben, sondern Gold bei den Lebenden suchen; und ich glaube auch von der Kraft des Kreuzes und der Bosheit des Teufels, daß er es nicht dulden würde, ein Kreuz bei den Götzenbildern zu sehen, was ihn der Gefahr aussetzen müßte, daß das Kreuz ein Wunder wirkte und eines Tages die Götzenbilder durch seine Kraft zerschmetterte, ihn in die Flucht schlüge und zuschanden werden ließe, wie die Lade des Testaments es mit Dagon machte,* obwohl sie nicht wie das heilige Kreuz mit dem Blut des Gottessohns geweiht war und keine Würde von seinen göttlichen Gliedern emp-

* Vgl. 1. Sm., 5,1–4.

fangen hatte. Doch will ich trotzdem erzählen, was mir ein Häuptling der Indios, ein sehr verständiger und bei ihnen hochangesehener Mann, sagte: Als ich eines Tages hierüber sprach und ihn fragte, ob er irgendwann Kunde von Christus, Unserem Herrn, oder von seinem Kreuz vernommen hätte, antwortete er mir, er hätte von seinen Vorfahren nie etwas über Christus oder das Kreuz gehört, als sie jedoch in einer bestimmten Küstengegend ein kleines Gebäude eingerissen hätten, seien sie in einigen Gräbern auf ein paar kleine Metallkreuze gestoßen, die über den Leichnamen und den Knochen der Toten lagen, und sie hätten nicht auf ein solches Kreuz geachtet, was sie erst jetzt täten, da sie Christen seien und sehen, wie man dieses verehre und anbete; und nun glaubten sie, jene Toten, die man dort begraben hätte, seien gewiß Christen gewesen. Wenn es sich damit so verhielt, sind möglicherweise einige wenige Leute aus Spanien dorthin gelangt und in kurzer Zeit zugrunde gegangen; und darum konnte sich keine Erinnerung an sie erhalten. ENDE

# Anmerkungen

1 Vom Herausgeber der 1985 erschienenen neuen spanischen Ausgabe der *Relación de las cosas de Yucatán*, Miguel Rivera Dorado, wurden die Kapitelüberschriften eingesetzt, um den Text übersichtlicher zu machen.

2 Landa, der den Süden Yucatáns wahrscheinlich nie selbst bereist hatte, urteilt hier nach dem Hörensagen; erst im neunzehnten Jahrhundert wurde nachgewiesen, daß Yucatán nur einige kleinere Bergketten besitzt. Zutreffend ist jedoch seine Widerlegung der falschen Auffassung, Yucatán sei eine Insel, und er erklärt diesen Irrtum durch die Tatsache, daß sich im Südosten der Halbinsel der „Golfo Dulce" („Süßer Golf", der See Lago de Izabal) und im Südwesten „Dos Bocas" („Zwei Durchlässe", die Laguna de Términos) befindet.

3 Gerónimo de Aguilar hatte in seiner Jugend eine geistliche Erziehung erhalten und das Keuschheitsgelübde abgelegt, an dem er unerschütterlich festhielt. Aus diesem Grunde gewann er die Achtung der Indios, die ihn gefangengenommen hatten und deren Häuptling ihm die Aufsicht über seine Frauen anvertraute. Da er die Sprache und die Gesellschaft der Eingeborenen kannte, wurde er später als Maya-Dolmetscher und Ratgeber des Hernán Cortés zu einer Schlüsselfigur bei der Eroberung Mexikos und ganz allgemein bei den Angelegenheiten der Indios und den Beziehungen zu ihnen, während sein früherer Gefährte Gonzalo Guerrero auf seiten der Indios kämpfte und fiel.

4 Diego de Nicuesa, der 1510 die Kolonie Nombre de Dios (an der Nordküste des heutigen Panama) gründete, war nominell die höchste Autorität in der Region zwischen dem Golfo de Urabá (im heutigen Kolumbien) und dem Cabo Gracias a Dios (an der heutigen Grenze zwischen Honduras und Nikaragua). Vasco Núñez de Balboa drang auf dem Río Darién in diese Territorien ein und gelangte am 29. September 1513 als erster spanischer Konquistador zur Küste des Pazifischen Ozeans.

5 Francisco Hernández de Córdoba segelte am 8. Februar 1517 von dem Hafen Axaruco in der Nähe Havannas ab. Bei seiner Rückkehr brachte er die ersten Nachrichten über die Existenz eines kulturell hochstehenden und Menschenopfer praktizierenden Indiovolkes mit.

6 Eine zweite Expedition segelte am 20. April 1518 von Matanzas ab und landete am 4. Mai an der mexikanischen Küste. Sie stand unter dem Befehl von Juan de Grijalva, einem Neffen des Gouverneurs, und zu ihren Mitgliedern gehörten Alonso de

Ávila und Pedro de Alvarado, die später Cortés' Stellvertreter bei der Eroberung Mexikos waren, sowie Francisco de Montejo, der zukünftige Eroberer Yucatáns.

7 Antón de Alaminos galt als einer der erfahrensten spanischen Seeleute. Auch an der Expedition des Cortés (1519) nahm er als Steuermann teil.

8 In der Inselgruppe, die an der Küste vor der heutigen Stadt Veracruz liegt, hatte später die Insel San Juan de Ulúa besondere Bedeutung als Einschiffungshafen für direkt nach Spanien exportierte Waren.

9 Melchor war einer von den Maya-Indios, die Francisco Hernández de Córdoba auf seiner Expedition gefangengenommen und versklavt hatte.

10 Die Predigt wurde von einer sehr wirkungsvollen symbolischen Handlung begleitet: der Zerstörung der Götterfiguren, von denen die Indios geglaubt hatten, sie würden sich an den Tempelschändern durch einen Blitzstrahl rächen.

11 Die Malinche der Azteken, „Doña Marina", wurde in Painalla in der Landschaft Coatzacualco geboren; als ihre Mutter verwitwete und wieder heiratete, wurde das Mädchen heimlich als Sklavin verkauft, um dem Sohn aus der zweiten Ehe die ganze Erbschaft zu sichern. Die Eltern verbreiteten das Gerücht, sie sei tot, und gaben die Leiche eines anderen Mädchens als die ihrer Tochter aus. Marinas Muttersprache war das von den Azteken gesprochene Náhuatl, sie beherrschte die Maya-Sprache und erlernte auch das Spanische. Der Sohn, den Marina mit Hernán Cortés hatte, Don Martín Cortés, wurde Komtur des Sankt-Jakobs-Ritterordens.

12 Eine während der Kolonialzeit sehr umstrittene Frage war die des Ursprungs der amerikanischen Indios, und dabei wurde auch die Legende herangezogen, es habe nach der Zerstörung des Königreichs Israel (721 v. u. Z.) ein anderes hebräisches Reich gegeben, das sich sowohl im Mittleren Osten wie auch in Äthiopien befunden haben soll. Nach Diego de Landas Vorstellung befinden sich das „unbekannte Südland" *(Terra australis incognita),* der auf der Südhalbkugel vermutete große Erdteil, den Landa mit dem Land an der Magalhäesstraße identifiziert, und Asien nahe beieinander.

13 Die mündlichen Überlieferungen der Bevölkerung Yucatáns, die Diego de Landa zusammentragen konnte, reichten bis zur Ankunft der Itzá zurück, einer toltekischen Gruppe, die in das Land der Mayas unter der Führung eines mythischen Herrschers namens Cuculcán eingefallen war, was zu einem Zeitpunkt geschah, der zwischen 967 und 987 u. Z. liegt. Ihr erstes Zentrum war Chichén Itzá („Am Brunnen der Itzá"). Die ältere

Geschichte der Mayas konnte deshalb nicht Gegenstand der *Relación de las cosas de Yucatán* sein.

14 Cuculcán war der fünfte König der Tolteken, dessen ursprünglicher Name Ce Acatl Topiltzin Quetzalcóatl war. (*Cuculcán* ist die wörtliche Maya-Übersetzung des Náhuatl-Titels *Quetzalcóatl*: „Gefiederte Schlange".) Der Legende zufolge zwang ihn die Scham über das Leben, das er in seiner Hauptstadt Tula geführt hatte, die mexikanische Heimat zu verlassen und ein neues Land zu suchen, in dem er sich ansiedeln konnte. (Diese vermutlich um die Mitte des zehnten Jahrhunderts erfolgte Wanderung ist historisch entweder auf einen religiös motivierten Bürgerkrieg oder auf eine Invasion nordmexikanischer Stämme zurückzuführen.) Cuculcán prägte das lokale Leben der mittelamerikanischen Indiogruppen, bei denen er den Charakter eines wohlwollenden und toleranten Kulturbringers annahm, was im Widerspruch zu der von ihm eingeführten Herrschaftsordnung steht.

15 Die Rückkehr Cuculcáns (oder eines Nachfolgers mit demselben göttlichen Titel) in das Tal von Mexiko, um dort zu sterben, liegt zeitlich zwischen 987 und 1007. Mit der Erinnerung an diese Wanderung ist die Prophezeiung einer zukünftigen Wiederkehr Cuculcáns (Quetzalcóatls) aus dem Osten und übers Meer in seine alten Herrschaftsgebiete verknüpft, die offenbar ganz entscheidend zur psychologisch bedingten Lähmung der Azteken bei der Ankunft des Cortés und seiner Soldaten beigetragen hat, da diese bärtig wie der alte König waren.

16 In der als „klassischen Periode" bezeichneten Zeit der Mayas wurden ihre Stadtstaaten von Priesterkönigen regiert. Als die Tolteken eine neue Religion einführten und die politische Macht der Maya-Priester einschränkten, bewahrte der Oberpriester im Bereich der Kulthandlungen die Kontinuität mit der Vergangenheit der Gemeinschaft. Sein Name (*Can* = „Schlange") bezieht sich jedoch auf Cuculcán, der als gefiederte Schlange dargestellt wird.

17 Nach Art eines Leporelloalbums gefaltete Bücher. Ihr einheimischer Name war *Analté* („Buch aus Holz"). Man stellte sie aus der Rinde des *Copó* (einer wildwachsenden Feigenbaumart, *Ficus cotinifolia*) her, die durch Wässern und Klopfen in eine weiche Masse verwandelt und in Streifen gelegt wurde; diese Lagen Rindenstoff verklebte man dann mit Pflanzengummi. Die drei präkolumbischen Maya-Kodizes, die in Wien, Madrid und Paris wiederentdeckt wurden, sind unter den Namen *Codex Dresdensis* (annähernd vier Meter lang), *Codex Tro-Cortesianus* (etwa sieben Meter lang) und *Codex Peresianus* (ein anderthalb

Meter langes Fragment) bekannt. Um diesen Rindenstoff beschreiben zu können, mußte man die aneinandergeklebten Streifen noch mit einer Schicht aus Weißkalk überziehen, so daß sie eine glasurartige Oberfläche erhielten. Man unterteilte diese Flächen mit hellroten Linien in einzelne Felder. Der bilderschriftliche Text wurde stets von links nach rechts eingezeichnet.

18 Die toltekischen Adligen traten als Bewahrer des bei der Invasion mitgebrachten Wissens auf. Die von Cuculcán ererbte Macht wurde nach der Zerstörung Chichén Itzás (vgl. Anm. 24) mit Ausschließlichkeitsanspruch vom Geschlecht der Cocom ausgeübt, das die Stadt Mayapán gründete und beherrschte. Zu den Zwangsmaßnahmen, mit denen die Cocom regierten, gehörte, daß die übrigen Maya-Adligen in Mayapán leben mußten.

19 Hun Uitzil Chac Tutul Xiú, das Haupt des Geschlechtes Xiú, gründete die Stadt Uxmal, die später wegen der ständigen Kriege mit Mayapán aufgegeben wurde. Die Xiú gründeten hierauf die Stadt Maní, wo sie bis zur Konquista ansässig blieben.

20 Die *Ah Canul* („Beschützer") genannten Mexikaner, die den Cocom als Leibwache dienten, führten die Sklaverei ein. Nach ihrer Niederlage wurden sie zwangsweise in die Nordostregion Yucatáns umgesiedelt.

21 Der *cacau* (Kakao) war das Geld der Mayas. Mit ihm war die Gottheit Ek Chuah verbunden, die den Kakao, die Kaufleute und Reisenden beschützte.

22 Mayapán wurde um das Jahr 1441 von den Xiú zerstört, so daß die Vorherrschaft Mayapáns beinahe zweieinhalb Jahrhunderte gedauert hatte. Nach dem Untergang des Geschlechts der Cocom zerfiel das Maya-Land in etwa zwanzig Provinzgruppen, die einander ständig befehdeten; diese Situation wurde später von den spanischen Konquistadoren ausgenutzt. In der letzten Maya-Periode ist Maní das wichtigste Zentrum.

23 Am Ende jedes Zyklus von 20 × 360 Tagen (eines „Katun") wurden Stelen mit eingemeißeltem Datum errichtet. Die zunehmende Macht der Priesterkaste führte dazu, daß Stelen auch nach jedem halben Katun, also nach 10 × 360 Tagen, errichtet wurden. Der Stelenkult setzte sich in der klassischen Periode allgemein durch und erhielt sich bis zum neunten Jahrhundert.

24 Wahrscheinlich hat seit dem Jahr 1007 für ungefähr zwei Jahrhunderte ein Bündnis (eine „Liga") zwischen Chichén Itzá, Mayapán und Uxmal bestanden. 1194 soll Hunac Ceel aus dem Geschlecht der Cocom, der Herrscher Mayapáns, mit Unterstüt-

zung mexikanischer Söldnertruppen die Itzá besiegt und deren Zentrum Chichén Itzá zerstört haben, was ihn zum Herrn Nordyucatáns machte.

25 Der hier erwähnte Orkan muß das Land zwischen 1460 und 1465 heimgesucht haben, also zwanzig Jahre nach der Zerstörung Mayapáns.

26 Die Indios hatten in ihrem Immunsystem keine Abwehrstoffe gegen die Pocken. Diese erste Epidemie, die sich bei der spanischen Invasion um den Golf von Mexiko ausbreitete, hatte verheerende Folgen für die amerikanische Bevölkerung.

27 Der Westindienrat *(Consejo de Indias)* wurde 1509 von der spanischen Krone als oberstes gesetzgebendes, Verwaltungs- und Gerichtsorgan für die amerikanischen Kolonien eingerichtet. Erst 1542 wurde seine Tätigkeit gesetzlich geregelt. Er handelte in Übereinstimmung mit der *Casa de contratación* (dem Handelsgericht bzw. Seeamt), die seit 1503 Kolonialexpeditionen ausrüstete, um „Entdeckungen zu machen" und Handelsgewinne zu erzielen, später aber auch neue Karten herausgab und andere wissenschaftliche Forschungen leitete.

28 Francisco de Montejo (1479–1548) verließ 1526 Spanien mit einer Truppe von etwa vierhundert Soldaten; als Stellvertreter nahm er seinen Schwiegersohn Alonso de Ávila mit. Nach einem Aufenthalt in Santo Domingo, wo ein Schiff zurückblieb, erreichte er Ende September 1527 die Insel Cozumel. In der Nähe der Ortschaft Xelba kam er auf das Festland. Als er in das Landesinnere Yucatáns vordringen wollte, stieß er auf starken Widerstand. Dies und Versorgungsschwierigkeiten zwangen ihn 1528, nach Mexiko zurückzukehren. Ein zweiter Vorstoß, den Francisco Montejo und sein gleichnamiger Sohn 1531 unternahmen, blieb ebenfalls erfolglos, obwohl sie von den Xiú und den Chel gut aufgenommen wurden, so daß die Konquistadoren 1533 erneut nach Mexiko zurückkehren mußten. Die militärischen Aktionen seines Sohnes und seines ebenfalls gleichnamigen Neffen erlaubten es Montejo im Jahre 1541, sich ständig in Yucatán festzusetzen; günstig wirkte sich auch die Bekehrung des Kaziken Tutul Xiú zum Christentum aus. Francisco Montejo der Jüngere gründete am 6. Januar 1542 Mérida, die zukünftige Hauptstadt. Der Indioaufstand von 1546 wurde mühelos unterdrückt. Allein die Itzá behaupteten sich in der Stadt Tayasal, die auf einer Insel im Lago Petén lag, bis zum Jahr 1697.

29 1528 hatte sich Francisco de Montejo der Ältere am spanischen Hof um den Titel des Gouverneurs von Honduras beworben, den er zusammen mit dem des Generalkapitäns sieben Jahre später erhielt.

30 Der Name dieser von Landa mehrmals unterschiedlich transkri-
bierten Ortschaft wird in der Maya-Sprache *Ticoh* ausgesprochen, was „Ort des Pumas" bedeutet. Ticoh hatte von Izamal
die führende Rolle in der ganzen von den Chel beherrschten
Provinz übernommen, und in den Jahren 1532 bis 1533 wurde
es von Namux Chel regiert, einem *Halach Uinic* („Wahrer
Mann", Titel des unumschränkten politischen und religiösen
Oberhauptes einiger yucatekischer Stadtstaaten).

31 Den ersten Rechtsvorschriften gemäß, die am 20. März 1503 in
Zaragoza erlassen wurden, mußten an der Spitze jeder Ansiedlung in den Indias ein spanischer Verwalter und ein Geistlicher
stehen, die als Bevollmächtigte mit der Verwaltung, Gerichtsbarkeit, Besteuerung und Polizeiaufsicht bzw. der religiösen Erziehung beauftragt waren. Das feudale Herrschaftsrecht der
Konquistadoren und die Behandlung der Eingeborenen als
Kriegsbeute wurden durch das königliche Reskript von Medina
del Campo am 20. Dezember 1503 bekräftigt und von den Gesetzen von Burgos am 27. Dezember 1512 endgültig festgelegt.
Im Jahre 1542 verfügte der Westindienrat, daß die Rechte, die
Arbeitskraft der Eingeborenen innerhalb des Encomienda-Systems kostenlos zu nutzen, auf drei Generationen beschränkt
sein sollten, was die Rebellion der spanischen Konquistadoren
und ihrer Nachkommen in Peru gegen die Krone veranlaßte.

32 Seit damals (1544) ist der Ostteil Yucatáns fast ganz entvölkert.
Heute bildet er das mexikanische Territorium Quintana Roo,
wo auf 51 000 km$^2$ nur 27 000 Menschen leben.

33 Ein mit weitestgehenden Vollmachten ausgestatteter Vizekönig
war der einzige Vertreter der Krone in den Indias. Schon vor
der Ernennung der ersten Vizekönige wurden die königlichen
Audiencias als Gerichtshöfe in den Kolonien eingeführt; sie bestanden aus einem Vorsitzenden *(presidente)*, vier oder acht
Oberrichtern *(oidores)* und einem Staatsanwalt *(fiscal)*. In der Kolonialzeit existierten vierzehn Audiencias; die älteste war die
von Santo Domingo (1511). Im Lauf der Zeit entwickelten sich
die Audiencias zu Kontrollorganen der Verwaltungstätigkeit,
und sie übernahmen die Regierung der Territorien, die nicht
der Gerichtsbarkeit eines Vizekönigs unterstanden.

34 Jacopo (Jacques) de Testera entstammte einer adligen Familie
aus Bayonne (sein Bruder wurde Kaplan des französischen Königs Franz I.). Nachdem die Eroberungsversuche der Konquistadoren in Yucatán vorläufig gescheitert waren, kam er mit vier
weiteren Franziskanern 1535 nach Champotón, um die Mayas
mit friedlichen Mitteln zu bekehren. Als einige Kaziken sich
freiwillig unterworfen hatten, drangen Spanier in Yucatán ein,
die aus Beutegier Indios als Sklaven verkauften. Dadurch verlo-

ren die Franziskaner das Vertrauen der Mayas und mußten sich zurückziehen. Jacopo de Testera widersetzte sich energisch der Zerstörung von Maya-Kodizes, was bei den Ordensgeistlichen, die in Yucatán missionierten oder Ämter innehatten, etwas Außergewöhnliches war.

35 Luis de Villalpando veröffentlichte in Mexiko eine Sprachlehre und ein Wörterbuch der Maya-Sprache. Er führte bei den Indios ein System ein, mit dessen Hilfe sie Gebete auswendig lernten, ohne deren Bedeutung zu kennen: Jedes Wort oder jeder Satz entsprach einem Maiskorn in einer Art Rosenkranz. Mit diesem Hilfsmittel wurden die Gebete auch in mehrere Teile untergliedert.

36 Antonio de Mendoza, ein spanischer Grande, wurde 1535 zum ersten Vizekönig Neuspaniens ernannt; dieses Amt übte er bis 1550 aus. Von 1551 bis zu seinem Tod (1552) war er Vizekönig in Peru. Sein Regierungsstil als erster amerikanischer Vizekönig unterschied sich deutlich von der Amtsführung in anderen Territorien des spanischen Imperiums.

37 In Spanien war der Alcalde mayor (Oberrichter) der einzige Richter in einer Ortschaft oder kleineren Stadt. In Mexiko war er nicht nur Richter erster Instanz, sondern wirkte in manchen Kleinstädten auch als Bürgermeister.

38 Wie man an zahlreichen archäologischen Objekten feststellen kann, wurde jeder Mensch oder jeder Gegenstand, die an einer wichtigen Zeremonie beteiligt waren, blau bemalt. Bei Reinigungszeremonien trugen die Krieger auch schwarze Körperbemalung.

39 Familien, die ausschließlich als Handwerker tätig waren, wohnten in der Umgebung der Stadtstaaten. Diese waren die alleinigen Abnehmer der Erzeugnisse und sorgten für den Unterhalt der Handwerker, wenn dies nicht die Verwandtschaftsgruppe übernahm, zu der sie gehörten. Der jeweilige Stadtstaat lieferte die Rohstoffe, so daß die Arbeit der Handwerker sowohl als eine Sonderform des Tributs bezeichnet werden kann, zu dem die einzelnen und die lokalen Gruppen verpflichtet waren, wie auch als ein Abhängigkeitsverhältnis Handwerker–Zeremonialzentrum.

40 Die Ökonomie der Maya-Gesellschaft war auf die Ausbeutung der Ressourcen des tropischen Regenwaldes ausgerichtet, um die Bedürfnisse einer komplexen und aus klar differenzierten Schichten bestehenden Gesellschaft zu decken. Ihre Produktionsweise hing von den Beziehungen zwischen den regierenden Adligen und den Bauern ab, wobei der politische Faktor in der Wirtschaftsorganisation vorrangige Bedeutung hatte, denn aus ihm erklären sich die Produktions- und Distributionspro-

zesse. Land und Arbeitskräfte wurden von dem politischen Organismus kontrolliert. Zur strengen Arbeitsteilung nach Alter, Geschlecht und gesellschaftlicher Stellung gehörten wahrscheinlich auch Bestimmungen über die den verschiedenen Sippen eigentümlichen Leistungen, wobei die kleinste Produktionseinheit immer die Bauernfamilie war; sie ordnete sich in Strukturen des Typs ein, den man als „konischen Clan" bezeichnet hat und der sich in der klassischen Periode herausbildete.

41 Die Mathematik der Mayas beruhte im wesentlichen auf dem Vigesimalsystem. Weiterhin hat man häufig auf die enge Verbindung hingewiesen, die bei den Mayas die Arithmetik mit den astronomischen Beobachtungen hatte, von denen sie sich herleitet.

42 Der hier gemeinte Vogel ist der Quetzal.

43 Diese von Landa eingehend beschriebene Zeremonie gehört zu den Pubertätsriten, mit denen der Heranwachsende in die Gemeinschaft aufgenommen und heiratsfähig wurde. Die reiche Symbolik des Ritus beginnt mit der Namensgebung, die bezeichnet, daß das Kind gestorben und der Erwachsene geboren ist. Landa nennt diese Zeremonie wohl auch deshalb eine „Taufe", weil Gesicht und Gliedmaßen des Neophyten mit jungfräulichem Wasser – das dem christlichen Weihwasser entspricht – benetzt wurden. Diese mit Kakao und Blüten des *Plumeria*-Strauchs vermischte Flüssigkeit versinnbildlicht, ebenso wie der Zigarrenrauch, die Fruchtbarkeit, die für die Mitglieder der Gemeinschaft notwendige Zeugungskraft. Auch der Weihwedel aus Klapperschlangenschwänzen und der Knochen sind Hinweise auf Ahnenkult, Herkunft und Fortbestand der Gemeinschaft. Die Zeremonie endet damit, daß die Priester und ihre Gehilfen den Kindern die sichtbaren Zeichen der Unschuld abnehmen, daß Geschenke verteilt und ein feierliches Gastmahl abgehalten werden, was die solidarische Verbundenheit der Anwesenden unterstreicht.

44 Gleich vielen anderen Maya-Göttern hat Ek Chuah eine doppelte – sowohl gütige als auch feindselige – Natur; er wird zum einen als eine Gottheit des Krieges und zum anderen als Beschützer der Kaufleute und Reisenden dargestellt.

45 Auf der Insel Cozumel befand sich der wichtigste Tempel und Wallfahrtsort der Ixchel, der Göttin des Mondes, der Zeugungskraft und Entbindungen, der Heilkunst und Gewässer. Ixchel war die Frau des Himmelsherrschers Itzamná.

46 Es handelt sich um ein zeremonielles Menschenopfer, das von den mexikanischen Invasoren eingeführt wurde und in der Zeit der Konquista in ganz Mittelamerika verbreitet war. Man brachte es zu Ehren des mexikanischen Gottes Xipe Totec („Unser Herr,

der Geschundene") dar, der Gottheit des Frühlings und der sich erneuernden Monate. Bei diesem Ritual wird kein „Hautwechsel", sondern die „Einverleibung" der Haut des Geopferten vollzogen. Die mögliche vorherige Identifikation des Geopferten mit dem Gott löst Mechanismen der Teilnahme-Identifikation aus, was vermittels der Handlung geschieht, die Haut des Geopferten dem eigenen Körper einzuverleiben.

47 Es handelt sich um einen für die Maya-Kultur eigentümlichen Opferritus, der mit Umweltelementen verbunden war und zu Ehren von Yum Kaax, dem jungen Mais- und Regengott, durchgeführt wurde.

48 Die kriegerischen Fähigkeiten waren das Kriterium für die Auswahl des Nacón.

49 Die Holcanes waren Angehörige eines stehenden Heeres und mußten in Friedenszeiten selbst für ihren Unterhalt sorgen.

50 Nach der Vorstellung der Mayas stand an jedem Kardinalpunkt der Welt eine heilige Ceiba, die mit einer bestimmten Farbe sowie einer Reihe von Pflanzen und Tieren verbunden war. Gemeinsam mit den unterschiedlichen Verwandtschaftsgruppen stellten sie die Grundlage für die Auffassungen der Mayas über ihre territoriale Zugehörigkeit dar.

51 Hun Ahau oder Yumcimil, der Herr des Mitnal, der neun Unterwelten („Höllen") und Fürst der Dämonen (Bolontiku, „Neun Götter"). In der neunten, der finstersten „Hölle", herrschte der oft mit Hun Ahau gleichgesetzte Todesgott Ah Puch. Den „Himmel" (Oxlahuntiku) stellte man sich in dreizehn Teilen vor, die alle ihre eigenen Götter hatten.

52 Die Mayas hatten zwei Kalender ausgearbeitet, einen Sonnenkalender von 365 Tagen und einen „heiligen" Kalender von 260 Tagen, mit dem sie bestimmte rituelle Daten festlegten; diese beiden Kalender heißen Haab und Tzolkin. Beide Maya-Jahre bestanden aus Monaten von je zwanzig göttlich verehrten Tagen, die unterschiedliche Namen hatten und in Dreizehnergruppen gegliedert waren, d. h., die Mayas setzten vor den jeweiligen Tagesnamen eine der Ordnungszahlen von 1 bis 13, um dann wieder mit 1 zu beginnen. (Die Monate im Haab fingen jedoch nicht mit einem „1. Tag" an, sondern jeweils mit einem „nullten Tag".) Im Verlauf eines Jahres hatte derselbe Name nicht wieder dieselbe Ordnungszahl. Die Mayas kombinierten die beiden Kalender, wobei sie die letzten fünf Tage des Haab ausklammerten, da sie eine ungerade Gesamtzahl ergaben. Somit bestand das Haab aus achtzehn Monaten, die Uinal genannt wurden, zu je zwanzig Tagen und einem weiteren „Kurzmonat" von fünf Tagen, der Uayeb genannt wurde. Haab und Tzolkin stimmten erst nach 52 „Langjahren" und 73 „Kurz-

jahren" wieder überein. Mit Hilfe des Mondzyklus, der Planetenzyklen und selbst nach dem Stand einiger Sterne nahmen sie Korrekturen vor, so daß ihre Form der Zeitrechnung, wie oft hervorgehoben wurde, exakter war als die europäische in der Konquistaperiode. Das Maya-Jahr dauerte genau 365,242129 Tage, während der 1582 eingeführte Gregorianische Kalender das Jahr mit 365,242500 Tagen angab.

53 Die Mayas glaubten, daß sich in den fünf unheilvollen oder überzähligen Tagen am Ende des Haab das Schicksal für die folgenden achtzehn Monate entschiede, was sich damit erklären läßt, daß diese fünf Tage die Zeitverschiebung zwischen Tzolkin und Haab bewirkten, so daß vier Haab-Jahre jeweils anderen Tagen des Tzolkin entsprachen; dies führte zu unterschiedlichen Voraussagen der Priester. Das Ende einer Jahresperiode, deren Name unbekannt ist, kam dem Weltende gleich. Der Wiederbeginn des Zeitenlaufs bestätigte die Macht der Priester und war Gegenstand großer Feiern.

54 Die vier Bacab stützen an den vier Kardinalpunkten den Himmel. Sie waren mit dem Gott Chac verbunden, dem Gebieter über Regen und Pflanzenwachstum, der als Herr der vier Horizonte ebenfalls in vierfacher Gestalt auftritt und auf den Mythos der Menschheitsschöpfung verweist. Viele Gottheiten, wie etwa die Chac, unterscheiden sich allein durch die ihnen zugeordneten Farben, was angibt, daß es sich jeweils um die Erscheinungsformen eines einzigen Wesens in den vier Weltgegenden handelt. So gab es den „Roten Chac des Ostens" (Chac Xib Chac), den „Weißen Chac des Nordens" (Sac Xib Chac), den „Schwarzen Chac des Westens" (Ex Xib Chac) und den „Gelben Chac des Südens" (Kan Xib Chac). Die vier Bacab unterscheiden sich in der gleichen Form; der oberste Bacab wurde auch „Hobnil" genannt.

55 Ein die Fruchtbarkeit der Felder und ein besonders glückliches Jahr verheißender Gott, der zuweilen auch als eine Gottheit des Windes angerufen wurde; damit entspricht er dem aztekischen Windgott Ehecatl, der eine Erscheinungsform des Quetzalcóatl ist, wie auch der mit ihm übereinstimmende Maya-Gott Cuculcán der Hauptgott des Windes war.

56 Itzamná ist der König der Götter, der Gebieter über Tag und Nacht, der Schutzherr des Tages Ahau („Herr") – des wichtigsten im Kalender –, der Erfinder der Schrift, der Bücher und der Heilkunst. Er gehört zur ältesten Maya-Überlieferung, wo er schon als Sohn des weltentrückten, unkörperlichen ersten Schöpfergottes Hunab Ku erscheint. Dieser genoß keine Verehrung, und auch Itzamná wurde weniger vom Volk als von der Priesterkaste angebetet.

57 Kinich Ahau, der Sonnengott, stand in enger Beziehung zu Itzamná. Er war der Schirmherr von Musik und Poesie wie auch ein berühmter Jäger.

58 Eine Gottheit der Unterwelt, sie symbolisierte die unglücklichen Voraussagen für das Jahr Cauac.

59 Da das Maya-Jahr 365 Tage lang war, konnte dessen erster Tag nicht immer mit dem 16. Juli des europäischen Kalenders übereinstimmen.

60 Das Haab begann stets mit dem Monat Pop, und zwar an dem mit „0 Pop" (nicht „1 Pop") bezeichneten Tag (vgl. Anm. 52). Es handelt sich hier um die gleiche Zählweise wie bei den Tagesstunden.

61 Das zentrale Anliegen dieser Beschreibung des Maya-Kalenders ist, mögliche Übereinstimmungen mit dem christlichen Kalender festzustellen und die religiösen Hauptfeste Yucatáns in den Jahresablauf einzuordnen.

62 Das System kreiste entgegen der Uhrzeigerrichtung. Jede einzelne Periode hatte eigene Schutzgötter, Rituale und Wahrsageverfahren.

63 Diego de Landa hatte sein Werk offenbar in Kapitel eingeteilt, was der Kopist der einzigen erhaltenen Abschrift nicht berücksichtigte. Der hier erwähnte alte Mann kommt in der Abschrift an keiner anderen Stelle vor.

64 In der postklassischen Periode benutzten die Mayas nicht mehr das komplizierte Datierungssystem der sogenannten „Langen Rechnung", die von einem dem Jahr 3113 v. u. Z. entsprechenden „Beginn der Zeitrechnung" ausging, sondern beschränkten sich auf die „Kurze Rechnung", die auf dem Katun, einem zwanzigjährigen Zyklus, beruht. Der längste mit dieser Methode berechenbare Zeitraum umfaßte nur noch ungefähr 260 Jahre, wenn man zwanzig aufeinanderfolgende Katunes von jeweils 7 200 Tagen und die dreizehn Tage des Monats Ahau im Tzolkin-Kalender kombinierte, mit denen sie enden konnten.

65 Die Mayas errichteten drei unterschiedliche Gebäudetypen: Tempel, Paläste und Ballspielplätze, die alle aus Stein waren. Die Hypothese, die eine direkt proportionale Beziehung zwischen Bevölkerungsdichte und Größe der Bauwerke annimmt, wobei die Zeitdauer als Invariante bleibt, erklärt unter den für Yucatán eigentümlichen Bedingungen – Bodenbeschaffenheit, Wassermangel –, warum die Maya-Bauten im Vergleich mit den Pyramiden im Tal von Mexiko kleinere Ausmaße haben.

66 Es handelt sich wahrscheinlich um Jade, ein Mineral, das bei den Mayas selten und sehr geschätzt war; aus ihm stellten sie die Juwelen her, die den Rang der Herrscher symbolisierten.

67 Ein Straßennetz verband die wichtigsten Städte und Kultzentren miteinander, so etwa T-ho (das heutige Mérida, die Hauptstadt Yucatáns) und Izamal. Sie waren besser angelegt als die damaligen spanischen Landstraßen, denn es handelte sich um gepflasterte und trockene, über dem Geländeniveau liegende Straßen, die trotz der Höhenunterschiede stets gleichmäßig verliefen.

68 Nachdem die Maya-Bauten ihren Mauerputz und ihre Decken verloren hatten, waren sie auf Grund der Umweltbedingungen im tropischen Regenwald selbstverständlich sehr schnell dem Verfall preisgegeben.

69 Das Kreuz war tatsächlich ein heiliges Zeichen der Mayas, es symbolisierte den Ursprung des Lebens und den Mais, das göttlich verehrte Hauptnahrungsmittel.

70 Gemeint ist die Unterwerfung des spanischen Westgotenreichs durch die Araber (711).

LINDA SCHELE / MARY ELLEN MILLER

# Die moderne Erfindung der alten Maya

Die populären Auffassungen von den alten Maya erfuhren, in Abhängigkeit vom historischen Blickwinkel der sie erforschenden Wissenschaftler, über die Zeiten eine Wandlung.

Zwei Bücher, deren Erscheinungszeit mehr als 30 Jahre zurückliegt, wirken mit ihren Ideen bis in unsere Tage: Sylvanus G. Morleys Schrift *Die alten Maya* und das Buch *Aufstieg und Untergang der Maya-Zivilisation* von J. Eric S. Thompson. Diese der Öffentlichkeit von den beiden bedeutendsten Maya-Forschern ihrer Zeit vorgelegten Publikationen stießen auf ein interessiertes Publikum, dessen Phantasie von der Romantik um eine untergegangene, in uralten Pyramiden und Skulpturen tief im tropischen Regenwald wiederentdeckte Zivilisation geradeso gefangengenommen wurde, wie das einst bei den Schriften des John Lloyd Stephens geschah. Die Bücher Morleys und Thompsons unterschieden sich jedoch von früheren populärwissenschaftlichen Schriften, denn die Autoren verliehen als führende Gelehrte ihren Werken das wissenschaftliche Gewicht professionell betriebener Archäologie und Anthropologie. Die beiden Wissenschaftler, die auch in so populären Zeitschriften wie „Life", „National Geography" und „Illustrated London News" publizierten, waren die dominierenden Lieferanten der für den Laien erreichbaren Informationen; selbst heute noch sind wohl zumeist ihre Werke in den Regalen der Bibliotheken überall in der Welt zu finden. Einem Leser des Jahres 1955, der Morleys Schrift zur Hand genommen hätte, wäre die klassische Periode der Maya-Zivilisation, ihr „Altes Reich", wahrscheinlich als glorreiche Idylle erschienen. Die Maya besiedelten, in Gemeinden rund um Kultzentren, fast ihre gesamte Geschichte hindurch das Tiefland von Nord-Honduras bis Süd-Mexiko. Morleys Version der Maya-Kultur orientierte sich an den Kalenderpriestern, die mit ihrem Wissen um kosmische Zusammenhänge die Massen beeinflußten. Unter ihrer Anleitung vollendeten die Maya ihre größten Kunstwerke und Architekturdenkmäler, die alle auf Grund von kalendarischen Inschriften der Zeit von 300 bis

900 oder der klassischen Periode zuzuordnen sind. Die Priester, deren Schmuck aus Federn bestand, sollen nach Morleys Aussagen ihr Leben damit verbracht haben, komplizierte Voraussagen zu treffen und bis tief in die Nächte hinein den Sternenhimmel zu beobachten, um Bewegungen der Himmelskörper mit minutiöser Genauigkeit bestimmen zu können. Es heißt von ihnen, sie hätten dafür gesorgt, daß der unerbittliche Gang der Zeit, deren Bürden die Götter der Zahlen trugen, in Texten aufgezeichnet wurde. Thompson stellt fest:

*Soviel wir wissen, enthalten diese Texte keine Glorifizierung von Herrschern oder Berichte von Eroberungen, wie das in Schriftdenkmälern anderer Völker üblich ist. Statt dessen finden wir eine sachliche Aufzeichnung von Schritten bei der Suche nach Wahrheit, wie die Maya sie sahen, das heißt die gesamte Philosophie von der Zeit mit ihren ineinanderfließenden Zyklen göttlicher Bestimmung.*

Die Kalenderpriester waren anonym und wesenlos. Morley und Thompson ließen ihre Leser glauben, die Darstellungen auf den Stelen seien Priester oder Götter und nicht Könige oder Häuptlinge: Die Maya-Priester waren jedoch, im Unterschied zu Verfassern von Inschriften anderswo in der Welt, frei von Eitelkeit: Sie hinterließen keine Informationen über sich selbst.

*Die Maya-Inschriften betreffen in erster Linie Chronologie, Astronomie – man sollte vielleicht besser Astrologie sagen – und religiöse Dinge. Sie stellen in keiner Hinsicht Aufzeichnungen persönlicher Glorifizierung oder Selbstverherrlichung dar, wie das bei den Inschriften der Ägypter, Assyrer oder Babylonier der Fall ist – sie sind in der Tat so ausgesprochen sachlich, so völlig unindividuell, daß es sogar vorstellbar ist, daß niemals Namen-Glyphen einzelner Männer und Frauen auf den Maya-Denkmälern aufgezeichnet worden sind.*

Wir sollen glauben, daß diese Priester nicht in Städten ähnlich denen der vorindustriellen Alten Welt, wie etwa Beijing, Timbuktu und Konstantinopel, gelebt haben. Statt dessen sollen sie sich in Kultzentren aufgehalten haben, die nur zu Zeiten, in denen die Bauern den Vorführungen und Ritualen der Priester beiwohnten, belebt waren. Sogar das Wort Stadt selbst verschwand aus den Schriften über die Maya, damit es nicht die ihm eigene Bedeutung von dauerhaftem Wohnen symbolisierte.

196

Die alten Maya wurden als völlig in ihren Abstraktionen aufgehende Anbeter der Zeit beschrieben. Sie waren friedliebend, religiös, traditionsbewußt und über sich selbst erhaben! Namen- und gesichtslos für den modernen Menschen, verharrten die Maya der klassischen Periode in einer Zeit des Friedens. Kontakte zwischen den Kultzentren beschränkten sich auf Konferenzen über Kalender und Astronomie. Es gab keinen Krieg; im Gegenteil, es heißt, die Maya hätten erst ein Jahrhundert später unter zentral-mexikanischem Einfluß kriegerisches Gebaren angenommen. Thompson und Morley glaubten, daß die Bauern den Urwald rodeten und verbrannten, um mit ihrer Landwirtschaft eine kleine Elite von Priestern zu erhalten, die ihnen die günstigen Zeiten für Aussaat und Ernte bestimmten. Da dieses rücksichtslose System landwirtschaftlicher Tätigkeit schnell den Boden erschöpft und nach jeweils drei Jahren das Erschließen neuer Felder erfordert, war schließlich Steppe an die Stelle des Urwalds getreten. Endlich fanden sich die Maya, die nicht über Metallpflüge zur Bodenbearbeitung verfügten, im tropischen Regenwald ohne fruchtbares Land. Morleys und Thompsons Standpunkt zufolge begannen die verzweifelten Maya im 9. Jahrhundert nach Yucatán überzusiedeln und gründeten hier in der frühen postklassischen Periode das „Neue Reich". Hier in Chichén Itzá entwickelte sich ihre Zivilisation teilweise im 10. und 11. Jahrhundert unter zentral-mexikanischem kulturellem Einfluß. Während dieser „Mexikanischen" Blüte verging das als „Altes Reich" bekannte friedliche Paradies. Die von Natur aus gutherzigen, freundlichen und ehrlichen Maya nahmen häßliche mexikanische Sitten an. Menschenopfer, sowohl aus den eigenen Reihen wie auch von Gefangenen, wurden den Göttern dargebracht, und aggressiveres Verhalten wurde zur Norm.

Die erwähnte Auffassung von den klassischen Maya zeigte ein kulturelles Verhalten, wie es von keiner anderen Zivilisation auf der Erde bekannt ist. Und in der Tat, wenn wir heutzutage lernen sollten, daß eine hochentwickelte Kultur entdeckt worden wäre, in der es keine Kriege gäbe, in der alle intellektuellen Aktivitäten auf die Bewegung der Himmelskörper und der Zeit gerichtet wären und in der die Bauern die Oberschicht lediglich deshalb ernähren, um im

Austausch dafür Kenntnisse über die richtige zeitliche Einteilung der Feldarbeiten zu erhalten, die jeder erfahrene Landwirt bereits besitzt – wir würden starke Zweifel äußern. Genau das war jedoch die weithin verbreitete Ansicht über die Maya, die als attraktive Science-fiction akzeptiert wurde.

Die in Morleys und Thompsons Gesamtwerk kulminierenden Ideen überlebten sich nur sehr langsam. Im Verlauf des 19. und zu Beginn des 20. Jahrhunderts wurden die Maya in dieser friedliebenden Rolle als notwendiger Hintergrund für die Azteken in der Neuen Welt dargestellt. Kriegs- und Opferbräuche sowie das dichte Zusammenleben in Städten und die harten Geschäftspraktiken der als *pochteca* bekannten Handelskrieger waren unter den Azteken weit verbreitet, und man nahm an, daß sich alle diese Dinge in ihrer Kunst widerspiegelten. Als Forscher im frühen 19. Jahrhundert die Kunst und Architektur der Maya zu dokumentieren begannen, wurden Werke einer völlig anderen Natur entdeckt. Es ist deshalb vielleicht nicht überraschend, daß zur Zeit von Morley und Thompson die Maya-Kunst eine dermaßen fremdartige Kultur widerzuspiegeln schien, daß man sie schwerlich als Teil von Mittelamerika ansehen konnte.

Der bedeutendste Kommentator der klassischen Maya des 19. Jahrhunderts, John Lloyd Stephens, war, ohne daß gegenteilige Beweise existierten, davon überzeugt, in den Maya Zeitgenossen der Azteken vor sich zu haben.

Gestützt auf seine Auffassungen von ihrer Kultur und ihren Inschriften, glaubte Stephens die Maya-Zivilisation frei von den Einflüssen anderer mittelamerikanischer Kulturen, nahm jedoch an, daß ein alles verbindendes Element existierte, das wir heute als Kulturtradition bezeichnen würden. Stephens hat die von ihm besichtigten Ruinen der Maya mit dem für einen ausgebildeten Juristen typischen Blick für Details beschrieben. Er vermutete, daß auf den mit Geröll und Mauerresten bedeckten Flächen in Copán (Honduras) einst eine ständig bewohnte Stadt gestanden habe und daß die Abbildungen auf den Monumenten Repräsentanten dieser Stadt darstellten. Nachdem er die Inschriften betrachtet hatte, wagte er folgende Vermutung über deren Inhalt:

*Von einem bin ich überzeugt – daß auf ihren Denkmälern ihre Ge-*
*schichte verewigt ist. Kein Champollion hat bisher die Energien sei-*
*nes schöpferischen Geistes auf sie verwendet. Wer soll sie entzif-*
*fern?*

Zur Stele A in Copán notierte er:

*Auf der Frontseite befindet sich ein Porträt. Die Rückseite ist gänz-*
*lich mit Hieroglyphen bedeckt, wobei immer zwei Hieroglyphen auf*
*einer Tafel miteinander verbunden sind. Diese Tafeln beinhalten*
*wahrscheinlich die Geschichte des dargestellten Königs oder Helden*
*sowie Aufzeichnungen der speziellen Umstände oder Taten, auf die*
*sein Ruhm sich gründete.*

Vielleicht fußte Stephens' Annahme, es habe unter den
Maya Krieg und Opferriten gegeben, auf seiner Überzeugung, sie hätten zur selben Zeit wie die Azteken ihre Blüte
erlebt. Er notierte jedoch ebenfalls, daß ihm auf keinem der
Denkmäler Darstellungen von Kriegswaffen und deren Gebrauch begegnet seien, und bereitete damit unbeabsichtigt
den Boden, auf dem später die Aussagen über die Maya und
deren „Friedfertigkeit" gediehen.

Es ist wohl kein anderes Werk über die alten Maya so ausgiebig studiert worden wie die zwischen 1841 und 1843 von
Stephens publizierten vier Bände. Sie rangierten unter den
größten Bestsellern des 19. Jahrhunderts und werden immer zu den besten Büchern gehören, die je über die Maya
geschrieben wurden. Die Illustrationen, Stiche von Frede-
rick Catherwood, vermittelten sowohl einen Eindruck von
der Romantik des Gegenstandes als auch weitgehend ver-
läßliche Informationen über die Ruinen. Stephens ver-
merkte die im gesamten von ihm bereisten Gebiet bestän-
dige Einheitlichkeit des Hieroglyphensystems, ob die
Niederschriften nun auf Stein oder in Buchform festgehalten worden waren, und bezeichnete die Monumente in seiner Argumentation als historische Kunst. Sehr bedeutsam
für seine Zeit, in der viel von ägyptischen, indischen und
chinesischen Einflüssen gesprochen wurde, war Stephens'
Überzeugung, die Maya-Kultur habe sich als Eingeborenen-
zivilisation amerikanischer Gebiete ohne einen solchen be-
fruchtenden Einfluß entwickelt.

Die Stephensschen Ideen verbreiteten sich während des
19. Jahrhunderts nur in Gelehrtenkreisen. Die Vorstellungen von einer friedlichen Maya-Zivilisation hatten gegen

Ende des Jahrhunderts auf Grund nur geringer Fortschritte bei der Deutung der Zeichnungen und Inschriften an Bedeutung gewonnen. Abgesehen von einer Handvoll von Haupttempeln war wenig über die vielen Maya-Städte bekannt. Die ersten Zeugnisse der Maya-Kunst, die einer breiten Öffentlichkeit zur Kenntnis gelangten (größtenteils dank der Stiche Catherwoods), kamen beispielsweise aus Palenque und Copán. Die zarten, vornehmen Abbildungen auf den Denkmälern an diesen beiden Stätten waren außerordentlich gut erkennbar.

Sie hoben menschliche Formen hervor und betonten, im Vergleich zur traditionellen Darstellungsart menschlicher Figuren in der Aztekenkunst, besonders die Gesichter. Westliche Besucher nahmen die Kunst der Maya, die so rein und ungetrübt von den Vorlieben der Azteken schien, begeistert auf. Der französische Forscher Graf Waldeck, der einige Zeit in den Ruinen von Palenque lebte, bestätigte mit seiner Meinung die damals, 1838, vorherrschenden Auffassungen. Die Maya, so versicherte er seinen Lesern, hätten als Volk und Kultur in Asien oder vielleicht Indien ihre Wurzeln. Obwohl seinen Schriften die Anerkennung versagt blieb, leisteten seine im ägyptisierenden Stil gehaltenen Illustrationen seinen Ideen Vorschub. Zudem können seine Kommentare ebenfalls zur weiteren Stärkung der Überzeugung von der Friedensliebe der Maya beigetragen haben. Als Graf Waldeck die stuckverzierten Säulen des Tempels der Inschriften in Palenque betrachtete, fragte er sich, ob die weichherzigen Palencanos je grausam oder nur grob zueinander gewesen sein könnten, denn er meinte, in den Abbildungen Kinder tragende Erwachsene zu erkennen. Heute ist bekannt, daß die von Waldeck identifizierten Kinder in Wahrheit, bis hin zu ihren Schneckenkörpern und Schlangenschwänzen deutlich dargestellte, übernatürliche Erscheinungen sind.

Das weiterhin nur schwer entwirrbare System der Hieroglyphenschrift vereinigte die Westler noch stärker in ihren Ideen von der Maya-Kunst. Gegen Ende des 19. Jahrhunderts waren einige Durchbrüche bei der Entzifferung von Daten gelungen, doch wenig mehr; die verbleibenden Inschriften schienen abstrakte, wunderbare Texte zu sein, geschaffen, um bewundert, aber vielleicht niemals gelesen zu werden. Die Daten waren ein klarer Beweis der arithmetischen und kalendarischen Fähigkeiten der Maya, ein weiterer Grund zu der Annahme, sie seien Philosophen der Zeit und der Zahlen gewesen.

Die 1905 von J. T. Goodman hergestellte Korrelation zwischen christlichem und Maya-Kalender hat bis heute Gültigkeit. Dem christlichen Kalender zufolge errichteten die klassischen Maya im Tiefland ihre großen Monumente vom 4. bis 9. Jahrhundert. Der Umstand, daß die meisten Monumente in Yucatán jüngeren Datums sind, gab zu der Theorie Anlaß, die Maya hätten zwei Blütezeiten erlebt, das sogenannte Alte Reich und das Neue. Die Maya wurden als die Griechen der Neuen Welt bezeichnet, die Azteken mit den Römern verglichen – die einen rein, originell und schön, die anderen sklavisch, unschöpferisch und kalt. Zum Ende des 19. Jahrhunderts wurden diese Ideen systematisiert. Alfred P. Maudslay schrieb:

*Den Skulpturen und Wandgemälden nach zu urteilen, brachte diese Verschiebung von Süd nach Nord eine Veränderung von friedlichen zu kriegsähnlichen Bedingungen mit sich, deshalb erscheint es als folgerichtig, daß die Besiedlung von Yucatán nach der gewaltsamen Vertreibung der Maya aus ihrer friedlichen südlichen Heimat stattfand und daß sie die Kriegskunst entwickelten, um ihre Rasse vor der Vernichtung zu bewahren.*

Andere Beweise schienen die Ansicht zu erhärten, daß die Maya friedlich gewesen seien; zu beschäftigt mit Zeit und Kalender, um Krieg zu führen. Die erste Stätte der klassischen Maya, die im Detail erforscht wurde (und 30 Jahre lang die einzige blieb), war Copán. Zu dieser Zeit, dem Ende des 19. Jahrhunderts, stießen Ausgräber des Peabody Museums auf kleine, als Reste von Verteidigungsanlagen erkennbare Wände. Die Stelen und Reliefs zeigten keine eindeutig als Krieger identifizierbaren Figuren. Grabstätten, die man fand, erinnerten nicht an Massengräber, wie man sie nach einem blutigen Krieg erwarten würde. Viele Jahre lang fügten sich die in Copán gesammelten (und, was ebenso bedeutsam ist, auch die nicht erfaßten) Daten in die Theorie von den friedlichen klassischen Maya ein. Praktiken, sowohl von den Maya als auch von den Spaniern in der Zeit der Eroberung beschrieben, wurden weiterhin einschränkend als postklassische, von den Mexikanern inspirierte Neuerungen bezeichnet. Das machte natürlich die Vorfahren der Azteken zu den Urhebern aller barbarischen Bräuche und stärkte die Idee von der griechisch-römischen Zweiteilung.

Doch hätten andere Maya-Ruinen, die ebenfalls zur Jahrhundertwende genauer untersucht wurden, diese Interpretationen in Frage stellen müssen. Maudslay zum Beispiel besuchte im Jahre 1882 Yaxchilán; er war so beeindruckt von der Schönheit der Monumente, daß er einige nach England verschiffen ließ, wo sie den Grundstock der Sammlung präkolumbischer Altertümer des Britischen Museums bildeten. Fast 20 Jahre nachdem er die Türstürze gesehen hatte, publizierte Maudslay einiges aus seinem Yaxchilán-Material, ohne deren Symbolik zu kommentieren. Unabhängig davon spricht die Zeichnung zu Türsturz 17 für sich; in der offensichtlich ein Selbstopfer illustrierenden Darstellung zieht sich eine Frau ein Seil durch die Zunge, während der Mann einen geschärften Knochen gegen seine Leistengegend richtet. In Maudslays Zeichnung sind jedoch nur der Text und die Gesichter der Hauptfiguren zu sehen. Sie unterschlug das durch den Mund der Frau gezogene Seil ebenso wie alle anderen Anzeichen von Gewalt oder Blutopfer.

Entweder hatte hier Maudslay oder Annie Hunter, seine hochbegabte Zeichnerin, eine editorische Entscheidung getroffen. Heute verwundert es uns, daß in den ersten Dekaden dieses Jahrhunderts niemand, der die neuentdeckten Kunstzeugnisse der Maya in Piedras Negras und Yaxchilán betrachtete, die klaren Beweise für die bei den Maya verbreitete Beschäftigung mit Krieg und Blutopfern erkannte. In Piedras Negras zeigte fast die Hälfte der Monumente Krieger, viele davon mit Gefangenen, und auf manchen der Nischen-Stelen ist ein einzelner geopferter Toter zu sehen. In Yaxchilán sind ganze Türsturzfolgen der Darstellung von Mißhandlungen Gefangener gewidmet. Ungeachtet der Bedeutung dieser Darstellungen wurde deren Inhalt, die Botschaft dieser Zeugnisse, nicht anerkannt. In einer zwischen 1896 und 1911 vom Peabody Museum veröffentlichten Fotografienserie der Monumente enthält sich deren Autor, Teobert Maler, jeglicher Stellungnahme zu den Interpretationen des Piedras-Negras- und Yaxchilán-Materials. Dessenungeachtet wurden Glyphen, wenn sie nicht gerade auf der Frontseite des Monuments zu sehen waren, nicht in die fotografische Dokumentation einbezogen. Sie waren nicht nur schlechthin zum Studium ungeeignet, für Maler schienen sie nicht zu existieren, denn er gliederte sie nicht einmal systematisch in sein unveröffentlichtes Material ein. Einige Jahre später erkannte Herbert Spinden sehr richtig die Herrscherporträts und den grausamen Inhalt der von Maler in Piedras Negras und Yaxchilán fotografierten Monumente, doch siedelte er mit seiner Besessenheit bei der Erforschung der Korrelationen zwischen christlichem und Maya-Kalender mehr am Rande des zukünftigen Mayanistenstroms, und das stand der ernsthaften Berücksichtigung seiner Ideen im Wege. Selbst als die Monumente 1918 von Roger Fry, einem einflußreichen Kunstwissenschaftler, in angemessener Weise studiert wurden, geschah das nur, um sie als Schlüssel zur Aztekenkunst zu benutzen. (Ironischerweise zog Fry gegen den alles beherrschenden Einfluß der griechisch-römischen Tradition zu Felde.)

*Was Mexiko betrifft, so herrscht vom ästhetischen Standpunkt aus betrachtet kein Zweifel an der Überlegenheit der älteren Kultur – die Azteken mußten alles von den Maya lernen und vermochten es nicht, sich über das Niveau ihrer Vorläufer zu erheben.*

Fry ignorierte in beeindruckender Manier den Inhalt der Maya-Kunst und bevorzugte unwissentlich die linearen, repräsentativen Elemente dieser Kunst, die der griechisch-römischen Tradition, die er so zu verabscheuen beteuerte, sehr nahestanden.

In den Vereinigten Staaten dominierte das Geschichtsinstitut der Washingtoner Carnegie Institution die laufenden Studien über die Maya von ihrer Gründung 1914 bis zu ihrer Auflösung 1955. Alle Projekte amerikanischer Maya-Archäologen dieser Jahre wurden von dieser Einrichtung angeregt, geleitet und veröffentlicht. Gleichzeitig beeinflußte sie alle anderswo über die Maya entstehenden Arbeiten. Die treibende Kraft im Hintergrund war dabei Sylvanus G. Morley. Er entwickelte Projekte, um mit deren Hilfe in Uaxactún, Guatemala und Chichén Itzá Theorien über die Maya zu testen, zudem regte er eine Forschungsaktion zur Dokumentation aller Maya-Ruinen und Inschriften an, ein Vorhaben, das schließlich zur Entdeckung vieler neuer

Fundstätten und Skulpturen führte. Der vom Carnegie-Institut öffentlich vertretene Standpunkt erfuhr in der vorliegenden Arbeit besondere Berücksichtigung.

Bei den Ausgrabungsarbeiten in der Maya-Region entwikkelte sich, praktisch als Nebenprodukt, eine gewisse Vertrautheit mit dem Leben der modernen Maya. Das Leben im Yucatán der Gegenwart übte auf die in Chichén Itzá arbeitenden Forscher einen Reiz aus, dem sie sich nicht zu entziehen vermochten. Morley beobachtete die Merkmale der auf Brandrodung basierenden Landwirtschaft und ordnete sie als Relikt der Vergangenheit zu. Damit machte er die Maya zu einem Anachronismus: eine hochentwickelte Gesellschaft, die auf primitiven landwirtschaftlichen Methoden basierte. Diese Schlußfolgerung mußte jedoch die anzunehmende Bevölkerungszahl der Maya auf eine Größe beschränken, die mit solchen Verfahren am Leben zu erhalten war. Die leeren Marktstädte im Hochland von Guatemala bestärkten Thompson in der Auffassung, daß die antiken Städte wenig mehr als Kultzentren gewesen seien. Seine Idee (oder vielleicht deren zwingende Darstellung) war von so gewaltigem Einfluß, daß, ungeachtet der im Ergebnis einer Bevölkerungsstudie in Uaxactún vorgebrachten Schätzung einer Bevölkerungszahl von ungefähr 50 000, auf den für die Carnegie Institution angefertigten Rekonstruktionszeichnungen Tatjana Proskouriakoffs unbelebte Kultzentren isoliert im Dschungel zu sehen sind, als seien dort keine Menschen ansässig gewesen. Die Zeichnungen Proskouriakoffs sind in ihrer Genauigkeit unübertroffen, davon abgesehen jedoch stark subjektiv gefärbt. Sie bleiben weiterhin die eindrucksvollsten Rekonstruktionen der Maya-Architektur und in ihrer Qualität möglicherweise unerreicht, doch werden sie immer die Vorstellung von den leeren Maya-Städten verbreiten.

Zu Beginn seiner Karriere (und bemerkenswerterweise vor seiner langen Zusammenarbeit mit Thompson) schloß sich Morley den von Stephens geäußerten Auffassungen über die Maya an: daß weltliche historische Informationen durch die Inschriften der Maya vermittelt wurden. Ungeachtet dessen hatte er zu der Zeit, als er das Korpus zu seiner großen fünfbändigen Arbeit *Inscriptions of Peten* zusammentrug, offensichtlich jede Hoffnung auf Entschlüsselung ihres Inhalts aufgegeben. Morley hatte eine unkomplizierte Art bei der Behandlung von Inschriften, die keine kalendarischen Daten enthielten: Er zeichnete sie nicht. Die diesem Verhalten zugrunde liegende Schlußfolgerung könnte man als sozusagen anmaßend bezeichnen; wenn er sie nicht entziffern konnte, war niemand dazu in der Lage. Thompson, der diese negative Haltung vehementer vertrat, mag dafür verantwortlich gewesen sein, daß sein Kollege seinen Spuren folgte. Es wurden in der Tat komplizierte Hypothesen aufgestellt, um den Inhalt der Maya-Schrift zu erklären:

*Ich bin überzeugt, daß um 9.13.0.0.0 (692 u. Z.) die Inschriften am längsten waren, denn zu dieser Zeit befanden sich die Maya-Gelehrten in umfassenden Auseinandersetzungen über zwei Probleme: die Länge des Sonnenjahres und auf welche Weise die Monddaten am günstigsten zu registrieren seien. Als diese Fragen ein Jahrhundert später zur Zufriedenheit der Priester-Astronomen geklärt waren, wurden die Inschriften auf den Stelen stark verkürzt.*

Die Entdeckung der Wandgemälde in Bonampak im Jahre 1946 brachte einen Einschnitt in der Maya-Forschung, denn diese Gemälde veränderten unsere Auffassung von den klassischen Maya. In keinem anderen Zeugnis der Maya-Kunst sind so viele Figuren zu sehen, und selbst den Uneingeweihten erscheinen sie als Einzelindividuen. Zudem stellen die kleinen Spalten mit Glyphen daneben fast unzweifelhaft Überschriften (bzw. Bildunterschriften) dar. In einem Triumphzug (Festumzug) zu Ehren eines Herrschers, der die Wände von drei Räumen in einem kleinen Tempel bedeckt, zeigen die Wandmalereien eine Reihe von Zeremonien, einschließlich des einzigen großen Schlachtengemäldes der antiken Neuen Welt. Thompson, der für die Carnegie-Einrichtung über dieses Werk schrieb, paßte es gewaltsam in seinen Standpunkt zur Maya-Gesellschaft ein, indem er die Szene als kleinen Raubzug von geringer historischer Bedeutsamkeit bezeichnete. Die Bilder sprachen jedoch für sich selbst; der Traum von den friedlichen Maya wurde zum aussterbenden Mythos.

Die Identität der Figuren auf den Maya-Stelen war ein Problem, dem sowohl Morley als auch Thompson aus dem Weg gingen, indem sie es vorzogen, darüber zu schweigen, obwohl sie sie zu verschiedenen Zeiten „Götter" oder „Kalenderpriester" nannten. Für Morley und Thompson handelte es sich hier nicht um Männer und Frauen, die an der Spitze ihrer jeweiligen Orte gestanden hatten. Sie zu greifbaren Persönlichkeiten zu machen hätte eine Erklärung ihres Verhaltens erfordert. Statt dessen wurde die Idee von den friedlichen, theokratischen und undynastischen Maya zum philosophischen Paradies für die Autoren des kriegerischen säkularen 20. Jahrhunderts. Erst als die Hieroglyphen verständlicher wurden, begannen die Erforscher von Mittelamerika die Maya in einem anderen Licht zu sehen. 1958 demonstrierte Heinrich Berlin, daß bestimmte Glyphen, die er „Emblem-Glyphen" nannte, ortsspezifische Hinweise auf Familien oder Orte enthielten. Tatjana Proskouriakoff veröffentlichte 1960 eine stichhaltige These zum historischen Inhalt der Maya-Glyphen und Maya-Kunst. Obwohl sie sich auf die Inschriften von Piedras Negras konzentrierte, bewies ihre Arbeit ohne jeden Zweifel, daß ähnliche historische Informationen an allen anderen Stätten gefunden wurden. In zwei Essays über Yaxchilán beschrieb sie die zwei Herrscher „Schild-Jaguar" und „Vogel-Jaguar" als militärische Führer, die sich selbst in Bild und Text als große Krieger verewigten. So waren die Maya in den frühen sechziger Jahren durch vier zukunftsweisende Artikel zu regional festgelegten, dynastischen und kriegliebenden Menschen geworden. Ihre Darstellungen waren nicht länger mehr abstrakte Repräsentationen von Kalenderpriestern, sondern Glorifizierungen verschiedener Könige.

Infolge der Auflösung der Carnegie-Institution 1955 wandten sich viele Maya-Archäologen der Erforschung technischer und theoretischer Probleme zu. Die Mayanisten beschäftigten sich nicht mehr mit dem Studium der Wohnzentren, sondern begannen, sich auf das weltliche Geschehen zu konzentrieren. Damit leiteten sie weltweit einen neuen Trend der Archäologie ein. Die dem Archäologen zur Verfügung stehenden Hilfsmittel wurden durch neue technische Möglichkeiten bereichert: Zeitberechnung auf Radiokarbon-Basis, Pollenstudien, Flächenfotografie. Die Mayanisten, empfänglich für kritische Stimmen, die behaupteten, das Studium der Maya sei zu einer Art intellektuellen Briefmarkensammelns geworden, konzentrierten sich auf „wissenschaftliche" Fragen, von denen drei hier angesprochen werden: Worauf basiert die Landwirtschaft der

Maya? Wo lebten die Maya? Wann entwickelte sich die Zivilisation der klassischen Maya?

Die Idee von den kleinen, von landwirtschaftlicher Brandrodung existierenden Bevölkerungsgruppen hielt sich, gestützt auf die Beobachtungen der Maya der Gegenwart, fast ein ganzes Jahrhundert. Sie bildete einen bemerkenswerten Gegensatz zur intensiven Landwirtschaft der Azteken. 1972 zeichneten Dennis Puleston und Alfred Siemens mit Hilfe der Flächenfotografie intensiv bewirtschaftete und vermutlich der klassischen Periode zuzurechnende Felder in Süd-Campeche auf. Nachdem die Maya-Forscher jahrelang die Existenz einer ertragreicheren Landwirtschaft nur theoretisch als Möglichkeit in Betracht gezogen hatten, erkannten sie plötzlich, daß intensive Landwirtschaft nicht die Ausnahme, sondern die Regel gewesen war. Diese überraschende Entdeckung ließ die Vorstellung dichter, städtisch besiedelter Gegenden zu. Neue Studien wiesen in zunehmendem Maße darauf hin, daß die Kultzentren der klassischen Periode von bewohnten Siedlungen umgeben waren. Die Bevölkerungszahl einer Wohnstätte in Dzibilchaltún schätzte man zum Beispiel auf 50 000; für Tikal wurde daraus folgernd eine ähnlich hohe Zahl veranschlagt. Man kann über die totale Bevölkerungszahl innerhalb des Maya-Gebiets während der klassischen Periode nur Vermutungen wagen, doch viele Maya-Archäologen halten zwei Millionen für eine vernünftige Schätzung. Zentren mit 50 000 Menschen waren, obwohl nicht groß, gemessen an vorindustriellen Standards – in Teotihuacán in Zentral-Mexiko sollen um 550 fast 250 000 Menschen gewohnt haben –, doch richtige Städte, die das Bild einer engen Besiedlung ergaben, und es können durchaus 20 Städte dieser Größenordnung bei den Maya existiert haben. Nach fast einem Jahrhundert voll Theorien um und über die friedlichen und ländlichen Maya wichen diese Ideen schließlich den überwältigenden anderslautenden Beweisen.

Letztendlich können viele der von uns als klassisch bezeichneten kulturellen Elemente, die lange einer Zeit um 300 zugeordnet worden waren, in die späte vorklassische Periode, und zwar um 150 v. u. Z., eingeordnet werden. Das älteste datierte Maya-Monument (Stele 29 in Tikal, datiert mit der Jahreszahl 292) wurde gewöhnlich als Markstein für den Beginn der klassischen Periode und, darüber hinaus, für die Entstehung der Maya-Zivilisation überhaupt benutzt. Doch Ausgrabungen in El Mirador, Tikal, Uaxactún, Lamanai und Cerros brachten offenkundige Beweise dafür, daß, mit Ausnahme von Stelen, alle für die Maya-Zivilisation charakteristischen Elemente dem ersten Jahrhundert vor Christus entstammen, wobei das gewaltige Gebäude in El Mirador ein Jahrhundert früher errichtet worden sein kann. Folglich hatte sich die im wahrsten Sinne des Wortes „klassische" Maya-Zivilisation bereits 100 Jahre vor Christus formiert.

Die Ursprünge dieser Zivilisation sollen nun in chronologischer Übereinstimmung mit der Entwicklung im restlichen Mittelamerika und in Zeiteinheit mit der Entwicklung in Zentralmexiko und Oaxaca aufgezeigt werden.

Die erste größere Etappe der mittelamerikanischen Kulturgeschichte der Vorklassik korrespondiert zu einem großen Teil mit der Entstehung der Zivilisation in Mittelamerika. Die frühe vorklassische Periode (2000–900 v. u. Z.) ist durch die Olmeken, die sich um 1200 vor Christus zur bestimmenden Gesellschaft in Mittelamerika entwickelten, geprägt. Die weitreichenden Handelswege dienten nicht nur der Verbreitung von Handelsgütern, sondern auch von Ideen. Die Keramik in Copantal ist um 1000 vor Christus oft vom Symbolismus der Olmeken geprägt, in ganz Chiapas und im Hochland von Guatemala sind Wohnbauten dieser frühen Zeit dokumentiert, die ebenfalls vom Einfluß der Olmeken künden; das trifft besonders auf die pazifische Seite zu (obwohl olmekische Symbole vergleichsweise selten im Tiefland zu finden sind).

Die mittlere vorklassische Periode (900–300 v. u. Z.) ist, insbesondere in der Maya-Region, eine Periode der Veränderungen. Die große Olmekenstadt San Lorenzo wurde 900 v. u. Z. aufgegeben, und La Venta entstand als prominentester Sitz der Olmeken an der Golfküste. Um 600 v. u. Z. wurden in den von den Maya besiedelten Tiefebenen und im Hochland Dörfer errichtet, von denen viele auf einen Handels- oder Produktionszweig spezialisiert waren. Die wachsende Vielfalt der öffentlichen Rituale wird durch die Einweihung einer neuen Terrasse um 400 v. u. Z. in Cuello dokumentiert, bei der über 20 Opfer verstümmelt und getötet wurden. Im Beginn einer intensiven Landwirtschaft in

Form von Feldanbausystemen und der Entwicklung von großen Entwässerungsanlagen in Städten wie Edzná sind die vielleicht bedeutendsten Impulse der mittleren vorklassischen Periode für die Entwicklung der Zivilisation zu sehen.

In der späten vorklassischen Periode (300 v. u. Z. bis 300 u. Z.) formte sich die Maya-Gesellschaft zu dem, was wir heute als Zivilisation bezeichnen. Die Maya begannen, sowohl im Hochland als auch in der Tiefebene, große Bevölkerungszentren zu erbauen, die von elitären Gruppen geleitet wurden. In der Ebene errichteten seßhafte Populationen anstelle ihrer Dörfer massive Gebäude, die zu den größten je im präkolumbischen Amerika entstandenen zählen. Im Süden war die Architektur von weniger überwältigender Größe, doch wurde sie von Stelen geschmückt, die sowohl den ewigen Kalender als auch Darstellungen von Rituale leitenden Herrschern zeigten. Die meisten der frühen Wohnstätten im südlichen Gebiet – Izapa, Abaj Takalik, El Baúl, Chalchuapa – befinden sich auf der pazifischen Seite des Kontinents. Nur Kaminaljuyú wurde in der Region zwischen dem nördlichen und dem südlichen Entwässerungssystem gebaut. Frühe Wohnsitze in den Ebenen liegen entlang der Flußableitungen, obwohl der letzte, El Mirador, sich im Sumpfland zwischen dem karibischen und dem Golfentwässerungssystem befindet. Während dieser späten vorklassischen Periode formten sich das Weltbild der Maya und ihre Lehre vom Herrschertum, die für die nächsten 1000 Jahre der Zivilisation Geltung hatten.

In Cerros, entlang der Küste von Belize und in El Mirador, in El Petén, vollzog sich eine dramatische Veränderung, die es uns ermöglicht, über die Art und Weise der Entwicklung der Maya-Zivilisation zu spekulieren. In Mittelamerika insgesamt und speziell in der Maya-Region stiegen die Bevölkerungszahlen rapide an. Der weitverzweigte Handel expandierte, wobei sich Wohlstand und Macht in wenigen Händen einer Familie oder eines Stammes konzentrierten. Die Welt zum Beispiel, in der die Maya von Cerros lebten, war nicht länger mehr eine Agrargemeinschaft sozial Gleichgestellter. Um 50 v. u. Z. wurden alle Gebäude in Cerros niedergerissen und neue Bauten – von großen Stuckmasken und neuen Bildern dramatischen Inhalts verzierte Stufenpyramiden – errichtet. In diesen Bildwerken erschienen zum ersten Mal die vorherrschenden Elemente der Ikonographie der klassischen Maya, die Sonne und die Venus. Große Jaguarmasken, mit der Maya-Glyphe kin, der Glyphe für Sonne oder Tag, gekennzeichnet, zierten die niedrigsten Stufen dieser Pyramiden. Eine lange Krokodilschnauze am oberen Teil dieser Masken soll möglicherweise auf Venus hindeuten. Diese Konfiguration zeigt den Prototyp des Morgensterns, der auf seiner Reise die Sonne über den Himmel zieht. Wie bunte Tupfer unterbrechen diese kosmischen Bildwerke der späten vorklassischen Periode an vielen Orten die Landschaft des Maya-Tieflandes.

Währenddessen errichteten die Maya im Hochland, speziell in Abaj Takalik und in El Baúl, Stelen aus Stein, auf denen die dargestellten Individuen höchstwahrscheinlich historische Herrscherpersönlichkeiten waren. Auf Stele 1 in El Baúl steht ein Herrscher, mit seinen Beinen und dem Gesicht in Seitenansicht dargestellt, während sein Körper frontal zu sehen ist. Er ist reich mit rituellem Zubehör ausgestattet und hält ein gebogenes Steinmesser. Neben ihm gibt ein Long-Count-Datum des 7. Zyklus das Jahr 37 u. Z. an. Es ist möglich, daß sich die Vorliebe für historische Herrscherpersönlichkeiten im Hochland niemals verlor, sondern kontinuierlich seit den Zeiten der Olmeken bewahrt und gepflegt wurde. Was immer auch ausschlaggebend war, mit der späten vorklassischen Periode hatte sich im Hochland das Stelenformat bei der Illustrierung historischer Aufzeichnungen durchgesetzt. Spätestens um das Jahr 200 verschmolzen diese beiden Aspekte der späten vorklassischen Periode – die mit vielen Masken verzierte Architektur und Aufzeichnungen historischen Königtums – sowohl in Tikal und Uaxactún in der Zentralregion El Peténs als auch in anderen Maya-Zentren einschließlich Río Azul, um die frühe Klassik zu begründen. Während sich in der späten vorklassischen Periode die Symbolik auf Gebäudefassaden manifestierte, begannen die Maya-Könige der frühen Klassik, die Bildwerke von der Architektur zu nehmen und zu verselbständigen. Die vollständigsten frühen Aufzeichnungen, die zu unserem fragmentarischen Verständnis dieser Transformation beitragen, entstammen Stelen des 3. und 4. Jahrhunderts aus Tikal. Schon damals, soviel ist jedenfalls deutlich, unterlag der visuelle Symbolismus des Herrschertums einer Systematik, die von allen Tiefland-Maya geteilt wurde. Die Maya hatten den Grundstein für eine Zivilisation gelegt, die im 9. Jahrhundert ihre Blüte erleben würde. Die klassische Periode verzeichnete einen großen Aufschwung in der Maya-Kunst und -Architektur und eine weitestgehende Verbreitung führender kultureller Manifestationen, wie zum Beispiel des Stelenkults, der Ikonographie, der Regentschaft und der Hieroglyphenschrift. Die zwei Hauptphasen der klassischen Periode, Frühklassik (200–600 v. Z.) und Spätklassik (600–900), sind durch eine von Morley als „Hiatus" bezeichnete Pause von 50 Jahren getrennt. Morley war aufgefallen, daß es keine Inschriften aus der Zeit von 530 bis 580 gab. Keramik, Stil und Komposition der Skulpturen, architektonische Elemente und die Palette der importierten Güter – all das änderte sich an dieser Grenze, obgleich die Unterschiede weder so bedeutsam noch so dramatisch sind, wie einst vermutet. Die Zahl der entdeckten, aus dieser Periode stammenden Schriften ist jedoch noch begrenzt, speziell in Tikal und Uaxactún, wo der Hiatus am ausgeprägtesten gewesen zu sein scheint, während er in anderen Städten – Yaxchilán, Palenque und Caracol – offensichtlich eine Zeit von Expressivität und Wachstum war. Da die meisten der vor der Spätklassik errichteten Gebäude (und wahrscheinlich viel andere Kunst auch) durch nachfolgende Konstruktionen überdeckt wurden, sind Formen der Frühklassik nur von Stätten bekannt, an denen umfangreiche Ausgrabungen erfolgt sind. Die überwiegende Zahl archäologischer Beweise für die die erste Hälfte der frühklassischen Periode charakterisierenden Tätigkeiten wurde in Zentral- und Nordost-Petén gefunden. Aus der Zeit um 350 u. Z. sind in der Kulturgeschichte der Maya drei Erscheinungen von großer Bedeutung zu registrieren. Alle von Maya bewohnten Städte der Region, besonders die peripher gelegenen wie Copán, Palenque und Toniná, beginnen ihre eigene dynastische geschichtliche Entwicklung, vermutlich als unabhängige Staaten. Fast gleichzeitig verloren viele der in der südlichen Region angesiedelten Städte (ausgenommen Kaminaljuyú) an Lebenskraft und traten späterhin in den führenden Manifestationen der Maya-Kultur nicht mehr in Erscheinung. Schließlich fand sowohl im Hochland als auch in der Tiefebene eine substantielle Interaktion zwischen den klassischen Maya und den Teotihuacanos aus dem Tal von Mexiko statt. Symbole fremder Ikonographie, neue exotische Waren (wie Obsidian, Federn, Baumwolle und Muscheln), veränderte Formen von Tongefäßen und, in gewissem Maße, der Austausch architektonischer Bräuche zeugen von diesem Kontakt (wobei es offenkundig ist, daß die Tieflandmaya sich den fremden Kulturformen viel freier öffneten, als das die Teotihuacanos taten). Die spätklassische Periode (600–900 u. Z.) erlebte eine Intensivierung der führenden Maya-Kultur im südlichen Tiefland und das Aufblühen von Städten in den Chenes- und Puuc-Regionen der nördlichen Tiefebene. Städte wie Quiriguá und Palenque, vordem noch unbedeutend und klein, nahmen eine rasante Entwicklung und konkurrierten bald mit renommierteren Nachbarn; Hunderte von kleinen und großen Städten wurden von sich bekriegenden Familien regiert, die sich mit der Errichtung außergewöhnlicher Bauwerke befaßten und auf Stein- und Stuckmonumenten ihre eigene Geschichte verewigten.

In den vielen, Stadtstaaten gleichenden Orten der Maya-Region setzte sich das Erbfolgerecht bei der Thronvergabe durch. Diese Stadtstaaten kämpften häufig gegeneinander, ihre Herrscherfamilien heirateten untereinander, nicht nur, um Bündnisse zu gründen, sondern auch, um die königlichen Familien einander näherzubringen und die herrschende Konkurrenz zu vermindern. Da sich solche Praktiken auch bei den Königshäusern Europas als uneffektiv erwiesen hatten, birgt die Tatsache, daß die Maya sich oft mit der eigenen Verwandtschaft schlugen, nichts Überraschendes. Könige lebten oftmals polygam, und die Größe ihrer Familien muß mit der Zeit beachtlich geworden sein.

Bedeutende Mitglieder der Herrscherfamilien wurden ahau, „Gebieter", genannt, und nur Könige trugen den Titel mah k'ina oder „Große Sonne". Besonders in Orten, die an Yaxchilán, Bonampak und Palenque angrenzten, trugen mit dem König verwandte führende Persönlichkeiten den Titel cahal. Diese Untergebieter mögen Gouverneure (möglicherweise militärische Befehlshaber) in den Städten gewesen sein, die sich im Einflußbereich einer größeren Stadt befanden. Die Maya praktizierten Erstgeburtsrecht, die Regentschaft ging generell vom Vater auf den Sohn über. Frauen königlichen Geblüts trugen vornehme Titel, wie verehrte Frau ahau oder Frau cahal, doch scheinen sie nie im Besitz des mah-k'ina-Titels gewesen zu sein. Inschriften weisen unterdessen zumindest in Palenque darauf hin, daß zweimal eine Frau in der Eigenschaft des obersten Herrschers die normalerweise vom männlichen König besetzte Stellung innehatte – mit anderen Worten, Frauen konnten in Ausnahmefällen „König" werden. Entsprechenden Aufzeichnungen ist zu entnehmen, daß die politische Maschinerie während der spätklassischen Periode vervollkommnet wurde. Die bildliche Dokumentation der herrschenden Verhältnisse gewann zunehmend an Komplexität.

In den letzten 200 Jahren dieser Periode traten die dem Krieg und der Eroberung gewidmeten Monumente immer zahlreicher auf. Auf den Denkmälern in Agua Teca, Seibal und anderen Orten innerhalb des Usumacinta-Entwässerungssystems sind um 810 erstmals Menschen ohne die für die klassischen Maya typischen ethnischen Besonderheiten – gewölbte Stirn und gestufter Haarschnitt – zu sehen, und mit ihnen kam zarte, orangefarbene Keramik, die von den Mayanisten als Zeichen für ein von der Golfküste von Tabasco her einfallendes Volk, die Putuu, gedeutet wurde. Um diese Zeit geschah es, daß einige der klassischen Stätten buchstäblich verfielen: Palenque, Yaxchilán und Copán um 800, Naranjo und Quiriguá um 820. Das letzte in Tikal und anderen nahe gelegenen Orten zu entdeckende Datum nennt das Jahr 869 u. Z. Seibal durchlebte um 849 eine kurze Zeit der Renaissance, in der die fremden Herrscher mit Hilfe der traditionellen Symbolik der Maya-Könige ihre eigene Regierung zu festigen suchten; dieser Aufschwung hielt jedoch nicht lang an. In Chichén Itzá herrschten Kakupacal und seine Familie (die auch in Quellen der Yucateken als Ausländer beschrieben sind), während Gebieter Chac auf dem Thron von Uxmal saß: Die Daten beider Dynastien liegen zwischen 850 und 900. Das letzte Long-Count-Datum wurde 909 auf einem bescheidenen Denkmal in Toniná in Chiapas aufgezeichnet. Die Hochzeit der klassischen Periode war vorüber und die Maya-Zivilisation (zumindest in ihrer ersten Manifestation) zerfallen. Die Kontinuität und der Erfolg der Zivilisation der Maya über fast ein Jahrtausend sind erstaunlich, und ihr Zusammenbruch hat Menschen der Gegenwart stets fasziniert, vielleicht, weil die Städte aus der klassischen Landschaft verschwanden. Schon zu Maudslays Zeiten wurde es evident, daß die ältesten überlieferten Daten in den Maya-Inschriften aus einer Zeit 500 Jahre vor der Eroberung stammen. Morley, der keinen Gegenbeweis fand, stützte seine Aussagen über das Alte und das Neue Reich auf diese Vorgabe. Das Alte Reich hatte seiner Meinung nach auf Grund rücksichtsloser Ausbeutung des tropischen Regenwaldes im 9. Jahrhundert ein Ende gefunden. Thompson schlußfolgerte unter dem Einfluß der traumatischen Geschichte jenes Jahrhunderts, daß die Massen sich zu einem Volksaufstand erhoben und ihre Herrscher ermordet haben. Dieser allumfassende Kollaps bleibt als Problem auch weiterhin für die Archäologen bevorzugter Gegenstand der Betrachtung. Schon viele der spekulativen Gründe sind überprüft worden, wie etwa Versagen der Landwirtschaft, Krankheit, Überbevölkerung und Invasionen. Neue Beweise deuten darauf hin, daß alle diese Faktoren auf ihre Weise zum Verfall beitrugen bzw. zu seinen Symptomen gehörten, doch konnte bis heute kein einziger alleinauslösender Faktor bestimmt werden.

Erstaunlicherweise haben nur wenige Forscher Gebrauch vom bedeutendsten verbliebenen Beweis gemacht, nämlich der von den Maya selbst aufgezeichneten Geschichte des Niederganges. Im 8. Jahrhundert zeigen sich zum Beispiel interessante Veränderungen in der Aussage der politischen Kunst der Maya. Während die Kriegskunst in der gesamten klassischen Epoche einen vorrangigen Platz einnahm, veränderte sich gegen Ende des 8. Jahrhunderts die Dokumentation in Ziel und Aussage. Krieg wurde zu einem Ereignis, das mehr dem einzelnen als dem System nutzte und kleinen Städten und deren Führern einen Status zu erreichen gestattete, der ihrer eigentlichen historischen Position nicht angemessen war. Je mehr Kämpfe es gab, um so deutlicher änderten sich deren Rang und Ziele, und unter der Führung eroberungswütiger Könige erweiterten einige kleine Orte und deren Gebieter ihren Status ganz erheblich. Palenque, Copán, Naranjo und Seibal verloren ihre Könige, die gefangengenommen und höchstwahrscheinlich geopfert worden waren. In Piedras Negras, Yaxchilán und Bonampak sind die letzten aufgezeichneten und illustrierten Niederschriften dem Sieg im Kampfe gewidmet. Inschriften entlang der Flüsse Pasión und Petexbatún in der südlichen Region El Peténs in Zentralguatemala berichten vom Krieg der Dos-Pilas-Könige, die auf diese Art versucht haben mögen, dieses Gebiet zu einem „Superstaat" zu vereinen. Wir können die Zahl der nicht aufgezeichneten Schlachten nur schätzen, doch es wird auch so deutlich, daß einige der Maya-Könige davon überzeugt waren, ihre Herrschaft über größere Territorien, als sie sie bisher besaßen, festigen zu müssen. Diese Entwicklung in Richtung zentralisierter Regionalstaat, so erfolgreich sie auch gewesen sein mag, lebte nicht länger als ihre Urheber. Erst nach dem Niedergang entstanden Regionalstaaten oder Konföderationen, und dann auch nur im Yucateken-Sprachbereich im Norden, wo die Eroberer die Macht angetreten hatten.

Druck von außen war ohne Zweifel auch vorhanden. Im Mittelamerika des 8. und 9. Jahrhunderts starben alte, stabile Kulturtraditionen aus. Mit dem Verschwinden altbewährter Mechanismen der Staatsgewalt, des Königtums und der Symbolik folgte die Geschichte der Maya-Zivilisation dem von ganz Mittelamerika vorgegebenen Muster. Nicht-Maya wurden wahrscheinlich als Barbaren angesehen, und deren Suche nach Ackerland und einem Zugang zu den Wasserwegen kann ein Auslöser für Kriege gewesen sein. Es ist möglich, daß in diesen Kämpfen die alten Regeln von Eroberung und Verlust, gefolgt von Tributzahlungen ohne Austausch von Territorien, nicht länger galten und durch neue Regeln der Kriegführung, vor allem die der Erweiterung von Territorien durch Eroberung, ersetzt wurden. Die von den klassischen Maya seit der Spätklassik sorgfältig manipulierte und gepflegte ethische Idee von kultureller Realität entsprach nicht mehr der Welt, in der sie lebten. Die klassischen Maya waren, anders als ihre Vorfahren von vor tausend Jahren, nicht in der Lage, ihre Ideologie der Wirklichkeit anzupassen. So starben die Maya-Elite, ihre Städte und ihre Kunst wie kulturelle Dinosaurier innerhalb nur weniger Generationen im südlichen Tiefland fast völlig aus.

In der postklassischen Periode erblühte, selbst in Städten wie Dzibilchaltún, wo der Verfall nur geringe Auswirkungen gezeigt hatte, eine andere Art von Maya-Kultur. Neue Architekturstile entstanden und eine, gemessen an den Vorgaben der Tiefland-Maya, nur leicht veränderte kosmische Sicht auf das Zusammenspiel irdischer Zeitläufe. Maya-Inschriften und -Kunst gab es auch weiterhin, doch trug die Verherrlichung der herrschenden Dynastie anderen Charakter, und die Ämter schienen ihre Bedeutung auf die sie ausübenden Individuen zu übertragen.

Es muß betont werden, daß die Menschen und ihre komplexe Gesellschaft nicht innerhalb der postklassischen Periode ausstarben. In Yucatán gelegene Städte wie Uxmal, Labná, Sayil und Kabah existierten bis 1100 u. Z. Außerdem entstand eine Reihe von Konföderationen, eine mit ihrem Zentrum in Chichén Itzá, eine weitere in Mayapán. Sie wurden von Familien wie den Itzá, welche die Yucateken als Ausländer bezeichneten, kontrolliert. Im Hochland von Guatemala kamen die Cakchiquel- und Quiché-Dynastien an die Macht, die sich beide als Erben der Tolteken betrachteten, des legendären Volks der Spätklassik, deren politische Nachfolger die meisten Völker der Postklassik zu sein behaupteten. Das Hochland von Chiapas beherrschten die Tzotziles, während der Río Candelaria und der Unterlauf des Usumacinta von den Acalán-Chontal-Maya kontrolliert wurden.

Im Jahre 1542 eroberten die Spanier Yucatán und errichteten ihre Hauptstadt in Mérida; die Dynastien des Hochlands fielen ein Jahr früher, 1541, unter spanische Knechtschaft. Sehr viel weniger wissen wir über das Schicksal der Menschen, denen die Spanier im südlichen Tiefland begegneten, denn das Klima dieser Region bekam den Eroberern nicht. Sie entvölkerten dieses Gebiet systematisch durch Versklavung, Raubzüge und Bekehrung und brachten die von ihnen als „wilde Indianer" bezeichneten Menschen in Hochland- und Küstengemeinden unter, die von ihnen einzig deshalb errichtet worden waren, um die Maya unter Kontrolle halten zu können. Die Festung Itzá im See Lago Petén Itzá, in der sich die letzte Maya-Gemeinschaft von erwähnenswerter Größe aufhielt, fiel 1697. Ein müdes Häufchen Überlebender, Stammväter der heutigen Lacandones, blieb übrig, um im Wald, in kleinen Familiengruppen, ein Nomadenleben zu führen.

Zur Zeit der Eroberung besaß die Elite der Maya ein Verständnis der klassischen Welt, das sie, ungeachtet großer Transformationen, der Vergangenheit näher brachte, als wir es je sein werden. Sie verehrten viele der Gottheiten der Klassik und, weit bedeutender, benutzten dasselbe Schriftsystem wie die klassischen Maya. Diese Götter und die Opferbräuche der Maya provozierten die Spanier über alle Maßen. Katholische Priester begannen die einheimische Bevölkerung auszurotten, Bücher und Skulpturen der Maya wurden gesammelt und vernichtet.

Diego de Landa, den späteren Bischof von Yucatán, beorderte die Inquisition 1563 nach Spanien zurück, weil er die Gesetze seiner Religion zu übereifrig anwandte. Landa schrieb seine *Relación de las cosas de Yucatán*, einen Bericht über das Leben in Yucatán, als Teil seiner juristischen Rechtfertigung. Landas Text stellt, obwohl er im Vergleich zu den von Mönchen in Zentral-Mexiko über die Neue Welt verfaßten Bänden etwas dürftig wirkt, ein unschätzbares Dokument dar. Er beschreibt das Land, die modernen Städte, die sich in Zyklen wiederholenden Rituale der Maya und den Kalender; sogar seinem Wunsche nach einheimischen Manuskripten verleiht er Ausdruck – um sie verbrennen zu können. Für die Maya-Archäologie ist besonders Landas Beschreibung eines heißen Nachmittags von Bedeutung, da er einen schriftkundigen Maya-Informanten über dessen „Buchstaben" ausfragt. Landa schrieb das spanische Alphabet nieder, und, jeden spanischen Buchstaben vorsprechend, fragte er seinen Informanten nach Entsprechungen in Glyphenform; ein ungeeignetes, doch verständliches Unterfangen von seiten eines Mannes, dessen Begriffsvermögen die Existenz eines andersartig funktionierenden Schriftsystems nicht zu fassen vermochte. Der verwirrte Maya tat genau, wie ihm geheißen – er gab die Lautform der spanischen Buchstaben, im silbischen System der Maya festgehalten, wieder. Erzürnt darüber, daß er nicht einzelne Zeichen für einzelne Buchstaben zu sehen bekam, befahl Landa dem Maya, irgend etwas seiner Wahl zu schreiben. Der Maya schrieb, als gequälten Kommentar seiner Frustration: ma in kati oder, in deutscher Umgangssprache „Ich will nich". Fast ein Jahrhundert lang ließ Landas Aufzeichnung die Gelehrten ratlos, bis sich 1952 schließlich herausstellte, daß sie den vollständigen Schlüssel zur Maya-Schrift, sowohl der postklassischen als auch der klassischen Ära, lieferte.

Spanische Mönche brachten im 16. Jahrhundert in der Neuen Welt dem einheimischen Adel das Lesen und Schreiben ihrer Sprache bei, wobei sie eine von Europäern stammende römische Schreibschrift verwendeten. Keines der Hieroglyphenbücher der Maya mit den langen, mythischen Erzählungen blieb erhalten; eines jedoch wurde von einem jungen Angehörigen des Quiché-Adels in Guatemala in der Mitte des 16. Jahrhunderts in europäische Schrift transkribiert. Dieses eine, hochbedeutende Dokument der Maya-Mythologie, das *Popol Vuh*, beschreibt die Erschaffung der Welt, die aufregenden Abenteuer der Helden-Zwillinge sowie die legendäre Herkunft und Geschichte der Quiché-Maya, einer der zur Zeit der Eroberung im Hochland Guatemalas dominierenden Gruppen. Das *Popol Vuh* ist nicht wie in der Kunst der klassischen Periode Wort für Wort illustriert, doch viele Elemente der Erzählstruktur zeigen eine erstaunliche Parallelität zur klassischen Bildsprache, die sieben Jahrhunderte zuvor entstanden war, und einige der Geschichten scheinen eigens mit der Absicht illustriert worden zu sein, ihnen einen Hauch von aus der Zeit vor der Eroberung geretteten Fragmenten zu geben, Geschichten von uralten, mythischen Zyklen, die das Universum und die Ursprünge von Göttern und Menschen beschreiben. Die Entdeckung, daß das *Popol Vuh* von unmittelbarer Bedeutung für die klassischen Maya war, sollte nicht mehr überraschen als Schliemanns Erkenntnis, daß Homers Werke Aufzeichnungen realer historischer Begebenheiten, in das Gewand mythischer Terminologie gehüllt, enthalten.

Das *Popol Vuh* ist in vier Kapitel unterteilt. Nach einer Übersetzung des Textes zeigte es sich, daß das Werk als Vorstellung konzipiert war, als mündliche Erzählung, deren Vollendung Tage in Anspruch genommen hätte. Im ersten Teil versammeln sich bedeutende Götter und versuchen dreimal ohne Erfolg, den Menschen zu schaffen. In Teil zwei und drei werden Geschichten über die Helden-Zwil-

218

linge, Hunahpú und Ixbalanqué, erzählt, obgleich nicht in chronologischer Reihenfolge. In Kapitel zwei besiegen die Zwillinge böse Götter der Erde. Der dritte Teil geht in die Zeit vor der Geburt der Zwillinge zurück, in der ihr Vater und ihr Onkel von Herrschern der Unterwelt besiegt werden. Die Zwillinge wurden gezeugt, als Splitter von des Vaters verwundetem Schädel eine Göttin der Unterwelt befruchten, die, um zu gebären, aus der Unterwelt in die Mittelwelt flieht. Wie Herkules waren die Helden-Zwillinge Halbgötter, deren Mission in der Überwindung göttlicher Gegner bestand. Die in diesen Geschichten veranschaulichte Auffassung der Maya vom Typ des Helden unterscheidet sich grundlegend von der westlicher Überlieferungen. Ein Held der Maya muß seinen Feind nicht überwältigen. Rohe Kraft gereicht ihm ebensowenig zum Vorteil wie die in westlichen Epen verbreitete Einmischung aus der göttlichen Oberwelt. Bei den Maya gibt es keinen Deus ex machina. Die Helden-Zwillinge gewinnen, weil sie gewitzt und klug sind, nicht, weil sie reinere, stärkere und größere Lebewesen oder von größerer Treue ihren Göttern und Idealen gegenüber gewesen wären. In der Unterwelt zum Beispiel versuchen die teuflischen Herrscher Nacht für Nacht, die Zwillinge in einem gefährlichen Ballspiel zu vernichten – und jede Nacht ohne Erfolg; nicht, weil sie schwach sind, sondern weil sie überlistet werden. Wenn die Herrscher der Unterwelt im letzten Spiel den Ball durch Hunahpús Kopf ersetzen, verwandelt Ixbalanqué diesen in ein Kaninchen, das außer Sichtweite hüpft und den Gegner so lange ablenkt, daß Ixbalanqué Zeit bleibt, den Kopf seines Bruders wieder an seinen Platz zu setzen. Die Fähigkeit, einen Hinterhalt zu erkennen und ihm durch phantasievolle, ja amüsante Lösungen zu entkommen, ist die bestimmende Qualität eines Maya-Helden.

Wenn ein Maya-König starb, tauchte er wie die Helden-Zwillinge in die Unterwelt hinab, um einen Wettkampf mit dem Gott des Todes zu beginnen. Er hatte sich gegen den Schrecken mit Geist gewappnet, um die Prüfungen der Unterwelt bestehen zu können und als Himmelskörper wiedergeboren zu werden. Auf diese Weise erneuert geistige Gewandtheit das Königtum der Maya, wobei sich ein Kreis von der Erde über die Unterwelt zur Oberwelt schließt. Ein solch umfassender Verstand gilt den modernen Maya in Honduras, Belize, Mexiko und Guatemala noch heute als das sine qua non des bedeutenden Mannes. Gewandte Rede, Schlagfertigkeit und ein Humor, der in Wortspielen Ausdruck findet, werden unter den Maya zum Beispiel hochgeschätzt.

Im vierten Teil des *Popol Vuh* gelingt es den Göttern schließlich, Menschen aus Mais zu erschaffen. Im Unterschied zu den früheren göttlichen Kreationen von Tieren und Menschen aus Schlamm und Holz war dies nun ein Erfolg: Die Maismenschen konnten ihre Schöpfer preisen und sich ihnen verpflichtet fühlen. Doch als die Götter ihr Produkt betrachteten, fiel ihnen auf, daß diese Menschen alles viel zu gut sehen konnten. Sie vermochten alles so perfekt zu verstehen, daß die Götter beschlossen, dieses Seh- und Begriffsvermögen zu limitieren, denn es durfte nicht sein, daß der Mensch in seiner Kraft den Göttern gleichkam. Die Götter versammelten sich und sprachen: „Nun, wir werden sie ein wenig voneinander trennen, mehr ist nicht nötig", und veränderten die Natur menschlichen Sehens. Das Auge der Menschen trübte sich „wie das Gesicht in einem Spiegel, auf den man seinen Atem haucht. Nun konnten sie nur noch die Dinge klar erkennen, die sich in nächster Nähe befanden. So verlor der Mensch die Fähigkeit, alles zu verstehen und alles zu wissen." Auch unsere Sehkraft ist, wie bei diesen ersten Menschen, eingeschränkt. Wir können nur das Naheliegende erkennen oder das Vergangene, nicht aber das Zukünftige. Wie alle, die vor uns kamen, sind wir an unseren historischen Blickwinkel gebunden, der erst unseren Nachfahren verständlich sein wird – und der breitet einen Schatten über den Spiegel, in dem wir das Gesicht der klassischen Maya zu erkennen suchen.

*Aus dem Englischen von Raymonde Will*

# Nachwort

Yucatán: Nur wenige Namen in Amerika kommen seinem exotischen Zauber gleich, wenige haben jahrhundertelang wie er die Ferne heraufbeschworen. Und ebenso steht er – vielleicht mehr als jeder andere, gleichsam eine Wiedergeburt der Vorstellung des Kolumbus, das Reich des Großkhans und der Kannibalen zu durchsegeln – stellvertretend für ein radikales Mißverständnis.

Als die spanischen Konquistadoren den Boden der Halbinsel betreten, stoßen sie laute Rufe aus und halten feierliche Reden. Die Mayas antworten in ihrer Sprache: „Ma c'ubab than", das heißt: „Wir verstehen eure Worte nicht." Dies deuten die Spanier zu „Yucatán" um und erklären es als den Namen der Provinz.

Zwei Begriffe haben in letzter Zeit dazu beigetragen, die Möglichkeit eines neuen erkenntnistheoretischen Herangehens und einer neuen Methode bei der Beurteilung der so wechselvollen Geschichte der europäischen Vorstellungen über den „minderwertigen Anderen" zu eröffnen. Es sind dies die Begriffe Unterschied und Andersartigkeit, mit denen das geistige Instrumentarium erneuert wurde, das auf die große Herausforderung der Gegenwart antworten soll: die Neuformulierung der Beziehungen zu dem Anderen – Beziehungen zu den anderen Kulturen, anderen Gesellschaften, anderen Staaten, anderen Erfahrungen, anderen Traditionen, anderen Schicksalen.

Ende der siebziger Jahre belegte Jean Baudrillard, einer der scharfsinnigsten Kritiker der ethnologischen Theorie und Praxis, wie die große Erschütterung, die jenes Ereignis bedeuten konnte, das heute als das wichtigste des ganzen 15. Jahrhunderts angesehen wird und das die Neuzeit einleitete, die Begegnung mit Amerika, eine Chance bot, die nicht genutzt wurde. Die konfliktreiche Begegnung zwischen der Kultur der Konquistadoren, der europäischen Kultur, und den Kulturen der unterworfenen Indios wurde nicht zum „Ausgangspunkt einer radikalen Infragestellung", sondern brachte lediglich eine interne Kritik des Abendlandes in Gang. Gerade Montaigne, der Autor der hochberühmten Seiten des Kapitels „Des Coches" („Über die Kutschen") im Dritten Band seiner *Essais*, die sowohl von der politischen Philosophie und der schöngeistigen Literatur wie auch von der Ethnologie für sich beansprucht werden, sollte das edelste und traurigste Beispiel für dieses Unvermögen geben. Denn als er über die Indianer schreibt, tut er dies, um die Grausamkeiten der Europäer und die Absurdität der europäischen Institutionen anzuprangern. Ansonsten herrscht symptomatisches Schweigen, während sich verschiedene Stimmen in der Neuen Welt äußern. Darin bestehen die „unerklärlichen Lücken", die „beinahe absolute Unkenntnis" der Verhältnisse in der Neuen Welt, was zwar nicht für die ganze Literatur des spanischen Goldenen Zeitalters gilt, wohl aber für Dokumente im Stil der Memoiren Kaiser Karls V. oder für die Kosmographien, die Ende des 16. Jahrhunderts die Welt weiter nach den Vorstellungen des Strabon, Ptolemäus und Pomponius Mela beschrieben. Dies kommentiert J. H. Elliot, Historiker und Professor am Londoner King's College, als er sich mit dem Eindruck beschäftigt, den die Neue Welt im 16. und frühen 17. Jahrhundert in Europa hervorrief: „Mag es sich nun um eine Frage der Geographie Amerikas, seiner Flora und seiner Fauna oder um die Natur seiner Bewohner handeln, die Haltung Europas scheint sich ständig zu wiederholen. Als wären seine geistigen Fähigkeiten blockiert, nachdem sie einen gewissen Punkt erreicht hätten; als wäre die Anstrengung für die Europäer zu groß, da sie unvermittelt so vieles sehen, aufnehmen und verstehen mußten, und als zögen sie sich in das Halbdunkel ihrer begrenzten traditionellen Welt zurück."

Eine wissenschaftliche Tatsache, die man bei der gegenwärtigen Untersuchung der schriftlichen Äußerungen in der Neuen Welt hervorheben muß – deren Schöpfer jene waren, die man gewöhnlich als „Chronisten der Indias" bezeichnet, die Teilnehmer und Zeugen der Konquista sowie der beginnenden Kolonialzeit waren –, ist, daß sich feststellen läßt: Auch diese Autoren können sich nicht dem Halbdunkel jener begrenzten Welt entziehen.

Diese Untersuchung wird heute im Zusammenhang mit einer sehr weitreichenden organisatorischen und institutionellen Operation und im Rahmen einer Neudefinition der Wissenschaftspolitik durchgeführt. Die Operation gehört zur Vorbereitung des 12. Oktobers 1992: An diesem Tag wird es 500 Jahre her sein, daß der Genuese Christoph Kolumbus, der Erfahrungen in den afrikanischen Kolonien Portugals gesammelt hatte und einen neuen Weg nach Indien suchte, in der Neuen Welt landete, ohne es zu wissen. Neue Editionen und neue Quellenübersetzungen wie auch die Mitarbeit zahlreicher Wissenschaftler aus Fachgebieten, die von der Geschichts- und Rechtswissenschaft bis zur Philosophiegeschichte, Theologie und Ethnologie reichen, haben im Rahmen der Diskussion über die Konquista zur Neubewertung der bisher anerkannten beruhigenden Gewißheiten beigetragen. Dazu gehörte beispielsweise das klassische und einfache progressive Muster: Ausbeuter gegen Humanisten, Kolonialisten gegen Antikolonialisten. Hier geht es nicht nur um die Entdeckungen der Wissenschaftler, die dazu geführt haben, solche Etiketts wie etwa „Kirchenrechtler", „scholastischer Theologe" oder „Humanist" in Frage zu stellen, wenn es sich zum Beispiel um die ständig wiederaufgenommene Inszenierung des Lehrstücks handelt, das jene Disputation bietet, die im Jahre 1550 vor dem Hof in Valladolid geführt wurde und wo der Dominikanerpater Bartolomé de Las Casas und Juan Ginés de Sepúlveda diskutierten, ob die Konquista rechtmäßig sei oder nicht. Der „Humanist" Sepúlveda, der für die Thesen über die angebliche „natürliche Knechtschaft" der Indios und auf diesem Wege für die Sicherung des spanischen Feudalismus gegen die Bestrebungen der kapitalistischen Bourgeoisie in den kastilischen Städten eintrat, argumentiert in entscheidenden Momenten nicht mit der Autorität des Aristoteles, sondern als Theologe und Kirchenrechtler. Der „Theologe" Las Casas, der für die Indios eintrat, was bei ihm zu einer idealisierenden utopischen Weltsicht gehörte, deren Kern die Kolonialexpansion war, um so das Bauernproblem in Spanien zu lösen, benutzt philosophische und naturrechtlich-theologische Begründungen. Was jedoch über das Interesse der Spezialisten und über die Neubewertung des einfachen Gegensatzes zwischen philosophischer (Vor-) Aufklärung und theologischem Konservatismus oder zwischen christlichem Humanismus und imperialem Kolonialismus hinausgeht und eine breite Öffentlichkeit direkt betrifft, die an dieser Diskussion im Zeichen der Auseinandersetzung um Andersartigkeit und Unterschied teilnehmen kann, ist etwas anderes: Pater de Las Casas und Ginés de Sepúlveda sind übereinstimmend der Meinung, sie hätten das erkenntnistheoretische Privileg, urteilen und interpretieren zu dürfen. Sie vertreten völlig identische Auffassungen über die grundlegenden Sachverhalte, die sie als unbewußte institutionelle Voraussetzungen anerkennen, nämlich, daß sie angeblich das unumschränkte Recht haben, entscheiden zu können, ob die Indios Menschen oder Tiere sind, und das Recht, sie zur wahren Religion zu bekehren. Das Ausmaß des von Pater de Las Casas vertretenen Ethnozentrismus veranschaulichen die Kriterien, die er als Beweise für die menschliche Natur der amerikanischen Indios vorbrachte: das Kriterium des Produktionsbereichs, also der technologische Entwicklungsstand und die Arbeitsorganisation; das Kriterium des militärischen Bereichs, also Strategie, Tapferkeit und Bewaffnung; und das Kriterium des Machtbereichs mit Rangordnung und Herrschaftssymbolik.

Die Welt der Maya-Zivilisation wird von der Archäologie heute mit vier Hauptmerkmalen gekennzeichnet: erstens eine eigenartige Hieroglyphenschrift mit mehr als siebenhundert unterschiedlichen Zeichen, von denen achtzig Prozent der am häufigsten gebrauchten sich gegenwärtig bereits entziffern lassen; zweitens ein besonderes Verfahren, um die drei wichtigsten Gebäudetypen, die alle aus Stein errichtet wurden, mit Gewölben aus überkragenden Steinschichten und mit Betondecken zu versehen; drittens gibt es einen beeindruckenden Komplex von Kultstätten, zu denen Stelen und Altäre gehören; schließlich ein eigentümliches System der Zeitmessung, diese geht von einem bestimmten Anfangsdatum aus, das „Beginn der Zeitrechnung" genannt wurde. Das Territorium, auf dem diese kulturellen Leistungen zu finden sind, umfaßt die heutigen guatemaltekischen Departements El Petén und Izabal, Belize und den Norden von Honduras sowie die mexikanischen Bundesstaaten Yucatán, Campeche, Quintana Roo und Teile von Tabasco und Chiapas. Ganzjährig hohe Temperaturen, die einer Lage von weniger als tausend Metern über dem Meeresspiegel entsprechen, und eine üppige, nicht frostbeständige Vegetation prägen seine Umweltbedingungen.

Symptomatische Bedeutung haben zwei Geschichtsepisoden, von denen Diego de Landa in seiner *Relación de las cosas de Yucatán* die erste eingehend schildert und die zweite nur kurz erwähnt; beide verdienen Aufmerksamkeit, weil sie Möglichkeiten für das Selbstverständnis und das Erkenntnisvermögen der Eroberer und ihrer Kultur in ihrer Beziehung zu den amerikanischen Kulturen zeigen. Die erste ist die ganz einmalige Biographie Gonzalo Guerreros. Bei ihm handelt es sich um den einzigen Fall, der in der gesamten Konquistazeit bekannt wurde, daß ein geborener Spanier die Formen der Eingeborenenkultur annahm, praktizierte und sich uneingeschränkt zu eigen machte, sich voll in deren Welt integrierte, um fortan in ihr zu leben. Gonzalo Guerrero war einer der ersten Spanier, die 1511 die Küste Yucatáns erreichten. Nachdem er Schiffbruch erlitten hatte und gefangengenommen wurde, tat er genau das, was kein indianischer Krieger getan hätte: Er floh und fand Aufnahme in einer anderen Eingeborenengruppe. Er erlernte ihre Sprache, unterrichtete die Indios in militärischen Verteidigungs- und Angriffstechniken und gewann Anerkennung, was ihm ermöglichte, ein Indio unter den Indios zu werden: Er gliederte sich in ihre symbolische Ordnung ein und gab ein Bild dieser Ordnung an seinem Körper wieder. Dies beweist die Übernahme eines visuellen Textes: Er benutzte die dekorative Körpermalerei der Tätowierungen und weiteren Schmuck, und er trat in das äußerst komplizierte Geflecht gegenseitiger Abhängigkeiten, Herrschafts- und Unterordnungsbeziehungen ein, die in den Maya-Clans mit Ehe und Verwandtschaft verbunden waren.

Schon im 4. Jahrhundert unserer Zeitrechnung hatten die Mayas ihre Kultur und gesellschaftliche Organisation so weit gestaltet, daß sie die Schrift und mathematische Kenntnisse, den auf Berechnungen und astronomischen Beobachtungen basierenden Kalender, die sich in den Stelen äußernde Kunst und die Priesterschaft ausgebildet hatten, unter deren Führung die staunenerregende kulturelle Einheit von Stadtstaaten entwickelt wird, die Hunderte Kilometer tropischer Urwaldniederungen trennen. Gerade aus diesem Grund handelt es sich um die älteste und am weitesten fortgeschrittene von allen Zivilisationen, mit denen die Spanier in Kontakt kamen, als sie die amerikanischen Indiovölker unterwarfen. Die damit in Zusammenhang stehende zweite Geschichtsepisode konfrontiert uns mit einer von jenen Greueltaten, wie sie bei der Errichtung der spanischen Herrschaft so zahlreich waren: Xiú, der Stammvater eines nach ihm benannten Maya-Geschlechts, das bis zur Konquista einen Teil Yucatáns beherrschte, soll der Gründer der Stadt Uxmal gewesen sein, die um die Mitte des 15. Jahrhunderts wegen der ständigen Kriege mit der Stadt Mayapán verlassen wurde; das Geschlecht der Xiú verlegte deshalb seinen Herrschaftssitz und hatte in der Konquistazeit sein Hauptzentrum in der Stadt Maní. Und gerade in Maní erreichte jene Geschichtsepisode ihren Höhepunkt; sie besitzt nach unserer Meinung allegorischen Wert, und der Autor der *Relación de las cosas de Yucatán* schildert sie so: „Als diese Leute in der Religion unterrichtet und die jungen Männer mit Nutzen belehrt waren, wie wir gesagt haben, wurden sie von den Priestern verführt, die sie in ihrem Götzendienst hatten, und auch von den Häuptlingen, so daß sie abermals Götzen anbeteten und Opfer brachten, die nicht nur aus Räucherwerk, sondern auch aus Menschenblut bestanden; hierüber stellten die Mönche eine kirchliche Untersuchung an und baten den Oberrichter um Hilfe, sie setzten viele gefangen und führten Prozesse gegen sie durch; und es wurde ein Autodafé abgehalten, bei dem sie viele auf Schaugerüste stellten, ihnen die Büßermütze aufsetzten, sie auspeitschten, sie kahlschoren und einigen für eine gewisse Zeit das Büßerhemd anzogen; andere, die vom Teufel getäuscht wurden, erhängten sich aus Trübsinn, und gemeinsam zeigten alle große Reue und den Willen, gute Christen zu werden."

Die hier berichteten Ereignisse fanden von Mai bis Juli 1562 statt und gipfelten in jenem Autodafé, das am 12. Juli 1562 von der damals höchsten religiösen Autorität der Kolonialmacht in Yucatán durchgeführt wurde. Die Indios kannten keinerlei institutionelle Justiz, und nun wurden einige Verurteilte für Jahre ins Gefängnis geworfen, von dem sie bisher nicht die geringste Vorstellung hatten. Ebenso fremd war ihnen die Büßermütze, die alle von der Inquisition verurteilten Ketzer als Zeichen vollständigen Ehrverlustes tragen mußten, und der Strafenkatalog der Inquisition enthielt auch das erzwungene Tragen des „Sambenito", des entwürdigenden Büßerhemdes. Doch darüber hinaus gibt es weitere Tatsachen, die Diego de Landas Bericht hier nicht aufführt. Um das mit der Wurzel auszurotten, was man für die Machtgrundlage der Priester hielt, verbrannte man bei diesem Autodafé die vollständige Sammlung der von den Priestern in der Stadt zusammengetragenen Maya-Kodizes. Bei einer anderen Erwähnung des Prozesses sagt Diego de Landa genauer: „Wir fanden bei ihnen eine große Zahl von Büchern mit diesen Buchstaben, und weil sie nichts enthielten, was von Aberglauben und den Täuschungen des Teufels frei wäre, verbrannten wir sie alle, was die Indios zutiefst bedauerten und beklagten."

In seinen Thesen über Philosophiegeschichte weist Walter Benjamin darauf hin, daß jedes Bild der Vergangenheit mit einer Gegenwart unwiederbringlich zu verschwinden droht, die sich nicht als in ihm gemeint erkennt. Jener Geschichtsepisode messen wir nun aus drei Hauptgründen allegorischen Wert bei, die sie zu einer statischen, rituellen, repetitiven Projektion machen, einer Metapher, die sich in eine fortlaufende Reihe einordnet. Erstens treten in ihr zwei konstitutive Schlüsselelemente der Andersartigkeit der Maya-Zivilisation gemeinsam auf: die Rituale des Blutopfers und die Maya-Glyphen, die Bilderschrift der Mayas. Seit der klassischen Periode ergaben sich die Rituale des Blutopfers aus einer Kosmogonie, deren Grundmythos zufolge sich die Götter opferten, um die Welt zu schaffen. Die Könige, die göttlichen Gebüts waren, mußten ihr Blut innerhalb eines Rituals vergießen, das den Mythos der Weltschöpfung nachgestaltete; dies war die gemeinsame Grundlage der Kulturen Yucatáns und ganz Mittelamerikas. Die Selbstkasteiung war ein Privileg der Priesterkönige und ihrer Gattinnen, das auf die Adligen und die übrigen Priester ausgedehnt werden konnte. Daher war dieser Ritus des Blutopfers unentbehrlich, um das Überleben der Gemeinschaft zu sichern. Bei den Maya-Glyphen und den Kodizes pflegte die Priesterschaft eine bimediale Art der Überlieferung, in der Mündlichkeit und Schriftlichkeit ständig kombiniert werden mußten. Die Maya-Zivilisation war in dieser Hinsicht, ebenso wie die übrigen Zivilisationen des amerikanischen Kontinents, eine orale Kultur, eine Kultur des Gedächtnisses: Die mit Maya-Glyphen beschriebenen Kodizes sollten als Gedächtnisstütze dienen und die mündliche Wiedergabe bestimmter Texte vervollständigen.

Der zweite Grund, der jener Geschichtsepisode allegorischen Wert verleiht, besteht gerade in der Tatsache, daß der Organisator des Inquisitionsgerichts und des Autodafés diese Entscheidung in Übereinstimmung mit dem gesellschaftlichen Umfeld traf. Als die höchste Autorität der spanischen Kirche in Yucatán mit den alteingesessenen Konquistadoren oder ihren unmittelbaren Nachkommen in Konflikt geriet, da diese Träger des Encomienda-Systems – der Verteilung von Indios als Arbeitskräften an die Spanier, was unter Bedingungen geschah, die allmählich der Sklaverei glichen – waren, und als sie außerdem das Wiederaufleben der geheimen religiösen Praktiken der Indios feststellen mußte, entschloß sie sich, der unterworfenen Eingeborenengesellschaft einen vernichtenden Schlag zu versetzen. Sie traf diese Gesellschaft an der empfindlichsten Stelle ihres symbolisch-kulturellen Universums und an ihrer Spitze: in ihren Trägern, den Priestern, den Bewahrern des Rituals, das sowohl reiche Ernten wie auch den Sieg über die Feinde sichern sollte.

Doch vor allem ein dritter Sachverhalt macht dieses Autodafé zu einem überaus bedeutsamen Ereignis im Rahmen einer typologischen Prüfung der Verhaltensweisen gegenüber der Kultur des Anderen: Die Autorität, die den Mechanismus in Gang setzte, der in dem Autodafé zu seinem Höhepunkt gelangte, und der Verfasser der *Relación de las cosas de Yucatán* sind ein und dieselbe Person: Diego de Landa. Derselbe, der die kostbaren Dokumente der Maya-Zivilisation vernichtete, begann wenig später, Zeugenaussagen von ebenjenen Eingeborenenpriestern und von einem unterworfenen Kaziken einzuholen, um auf dieser Grundlage und gestützt auf seine eigenen Erinnerungen und Erlebnisse das Buch zu verfassen, das „die ausführlichste Schrift über das Leben der Ureinwohner Yucatáns" ist, „die der Periode nach der Konquista entstammt", wie Charles Gallenkamp, der Koordinator der ersten großen und vollständigen Ausstellung über die Maya-Zivilisation (The Albuquerque Museum, 1985), schreibt. Eric Thompson, dem

Autor von *The Rise and Fall of Maya Civilization* („Aufstieg und Untergang der Maya-Zivilisation"), zufolge ist sie „die einzige uns überlieferte zuverlässige Quelle über die Mayas", zusammen mit authentischen, mündlich weitergegebenen Eingeborenentexten, die nach der Konquista in lateinische Schrift transkribiert wurden: das *Popol-Vuh* („Buch des Rates"), in dem Elemente aus der klassischen Zeit der Mayas zu finden sind, das *Memorial de Sololá* („Memorial von Sololá", auch „Annalen der Cakchiqueles" genannt) und der *Título de los Señores de Totonicapán* („Besitztitel der Herren von Totonicapán") aus Guatemala sowie die *Libros de Chilam Balam* („Bücher des Jaguarpriesters") aus Yucatán. Als Diego de Landa seine *Relación* beendet hatte und bereits Bischof Yucatáns war, ließ er alle noch erhaltenen bilderschriftlichen Kodizes suchen, sammelte sie und bewahrte sie auf.

Ethnologen wie Claude Lévi-Strauss und Alfred Métraux haben auf den Wert der sehr scharfsinnigen und vor allem ganz unersetzlichen Beobachtungen hingewiesen, von denen die Schriften der „Chronisten der Indias" voll sind. Bei adäquatem methodischem Herangehen vermögen sie den Historikern und Ethnologen ein viel größeres Wissen als jenes zu vermitteln, das die ersten Erforscher jener Gesellschaften im 19. Jahrhundert zusammentragen konnten. Was sich jedoch heute im Rahmen der Überlegungen als entscheidend erweist, bei denen in der Auseinandersetzung um die Begriffe *Andersartigkeit* und *Unterschied* so vieles von unserem eigenen Schicksal auf dem Spiel steht, ist der besondere Blickwinkel, unter dem jene Chronisten die Eingeborenengesellschaften betrachten. Die Zusammenhanglosigkeit ihrer Beobachtungen und deren mangelnde Ordnung sind auf eine grundsätzliche Voreingenommenheit zurückzuführen: Die geistige Umstellung, die es bedeutet hätte, die Dinge wie die Indios sehen zu wollen, mußte den Chronisten völlig fremd sein, was selbst für jene Mitglieder des Dominikaner- oder des Franziskanerordens gilt, die Mitgefühl angesichts des Völkermords zeigten, der mit Spaniens Anwesenheit in Amerika verbunden war. Die Tätigkeit der Chronisten ist Teil der kolonialen Eroberungs- und Herrschaftsstrategien, die einen radikalen Eingriff in die Strukturen der Eingeborenengesellschaften bedeuteten.

Die systematische Vernichtung der indianischen Kultur, die sich am Vorgehen der Konquistadoren und Missionare im Schlüsselbereich der Religion ablesen läßt, setzt andererseits ihr Bemühen voraus, sich indianischer Elemente, Formen und Institutionen für ihre eigenen Ziele zu bedienen. In diesem Punkt ähneln die Strategien der als Chronisten wirkenden Missionare denen der spanischen Kolonialherren, als diese versuchten, äußere Formen indianischer Institutionen zu ihrem eigenen Nutzen zu übernehmen, wie etwa das einheimische Tributsystem, Herrschaftsstrukturen oder kollektive Arbeitsmethoden. Diego de Landas Interesse, das über die Maya-Zivilisation gesammelte Wissen festzuhalten und weiterzugeben, läßt sich allein aus der Absicht erklären, die Tätigkeit der zukünftigen christlichen Missionare zu erleichtern. In seinem Bestreben, bei den Mayas eine dem Christentum ähnliche Religion zu entdecken, meint er, die Initiationszeremonien seien nichts anderes als die christliche Taufe. Er bediente sich in diesem Zusammenhang auch der Argumente des Thomismus, um sich auf das natürliche Gesetz zu berufen und dieses mit der Institution der Beichte zu verbinden, wobei er den entscheidenden kulturellen Sachverhalt nicht beachtete: Die Mayas hielten die „Verfehlung" (die „Sünde") nicht für ein persönliches oder moralisches Problem, sondern für einen negativ bewerteten gesellschaftlichen Sachverhalt, denn das Unheil traf ja nicht nur denjenigen, der die „Verfehlung" begangen hatte, sondern auch alle übrigen, die zu seinem gesellschaftlichen Umfeld gehörten. Die Faktoren und Erscheinungsformen der Maya-Kultur und -Gesellschaft befinden sich somit in einem fremdbestimmten Zusammenhang, der sie deformieren oder zensurieren kann, wie es bei vielen mit dem Körper verbundenen Praktiken (Sexualität, Medizin) oder bei Glaubensvorstellungen zutrifft, etwa jener, die besagte, daß die Mayas, die sich erhängt hatten, in ein glückseliges Jenseits eingingen, wo sie immer zu essen und zu trinken hätten. Die erzwungene Einführung des Europäischen und die Vereinnahmung der indianischen Kulturformen sind die beiden Seiten einer Medaille.

Diego de Landa Calderón wurde am 12. November 1524 in der nicht weit von Guadalajara entfernten altkastilischen

Ortschaft Cifuentes als Sohn einer aristokratischen, hochangesehenen Familie geboren, die sich ihrer „Reinblütigkeit" rühmte, also von der erstaunlichen spanischen Zwangsvorstellung zu Beginn der Neuzeit besessen war, den Anderen, das mögliche Vorhandensein maurischer und jüdischer Elemente als Teil ihrer Alltagswelt, zu negieren. Es handelt sich um einen Drang, der sich durchaus mit dem sogenannten christlichen Humanismus vereinbaren läßt, zu dessen bedeutendsten literarischen Vertretern der Priester Pedro Calderón de la Barca gehört, der mit Diego de Landas Familie verwandt war. Als jüngerer Sohn wurde Landa von seinen Eltern nach dem allgemeinen Brauch der damaligen spanischen Aristokratie für das Klosterleben bestimmt, und er trat als Novize in das Toledaner Kloster San Juan de los Reyes ein. Mit 25 Jahren erhielt er die Priesterweihe als Mitglied des Franziskanerordens. Hierauf bat er seine Ordensoberen, als Missionar nach Amerika geschickt zu werden. Um diese Zeit, kurz vor der bereits erwähnten Disputation von Valladolid (1550), hatte die Wirkung des *Kurzen Berichts über die Zerstörung der Indias*, den Pater Las Casas verfaßt hatte, am spanischen Hof nachgelassen, und die Zwangsarbeit der Indios, die das Encomienda-System sicherte, wurde wieder eingeführt, während die 1542 beschlossenen und erlassenen „Neuen Gesetze" diese Zwangsarbeit aufgehoben hatten, was auf Drängen des Dominikanerordens geschehen war, der die Konquista als ein juristisches Problem ansah, und um die Interessen der Krone zu schützen.

Für den Franziskanerorden, dem Diego de Landa beigetreten war, hatten die Ereignisse der Konquista den Wert eines mystischen Zeichens. Bei dieser Interpretation spielten die Prophezeiungen Joachims von Floris eine entscheidende Rolle, denn aus ihnen ließ sich folgern, daß die Entdeckung Amerikas nichts anderes als die Ankündigung des nahenden Endes der Zeiten, des Weltuntergangs und des Jüngsten Gerichts wäre. Mit der Konquista eröffnete sich die Möglichkeit, daß sich alle Menschen zum Christentum bekehrten, und wenn dies geschehen sei, werde die Geschichte an ihr Ziel gelangen, und es breche die Zeit des Heils an: Katechisieren und Missionieren bedeuteten also, die Geschichte ihrem Endpunkt entgegenzuführen. Mit dieser Vision verband sich eine andere Vorstellung, die lange Zeit das Handeln der Franziskaner bestimmt hatte: Nach ihrer Auffassung konnten die Europäer keine wahren Christen werden, so daß das Christentum in Europa gescheitert wäre. Die Möglichkeit, bei den Indios die christliche Utopie in ihrer franziskanischen Form zu verwirklichen, war gerade deshalb eine weitere Triebkraft für die missionarische Tätigkeit.

Diego de Landa kam 1549 nach Yucatán, dessen Eroberung kurz zuvor Francisco de Montejo abgeschlossen hatte, wenn auch Tayasal, das letzte Rückzugsgebiet der Mayas im Tiefland von El Petén, bis zum Ende des 17. Jahrhunderts seine Unabhängigkeit behauptete. Diego de Landa wurde noch im Jahr seiner Ankunft zum Stellvertreter des Guardians der Missionssiedlung San Antonio de Yzamal ernannt, und im Jahre 1552 übernahm er deren Leitung als Guardian. Dort ließ er aus den Steinen eines alten Maya-Tempels für die Indios das San-Francisco-Kloster errichten, das eines der ersten Klöster Mexikos war. In dieser ersten Etappe seines Wirkens als Missionar ordnete er auch den Bau der Muttergotteskirche für die Indios an. Danach unternahm er Reisen durch ganz Yucatán, die ihn in Konflikt mit den spanischen Kolonialherren, den „Encomenderos", brachten. Die Verkündigung des Evangeliums durch das System der Massenbekehrungen stieß also auf den mehr oder weniger offenen Widerstand der Kolonialherren, die nicht nur dem christlichen Gottesdienst fernblieben, sondern auch Anklagen gegen den Franziskanerorden erhoben, dieser wolle sich die Schätze Yucatáns aneignen und das Land beherrschen. Diego de Landa nahm in diesem Konflikt eine exponierte Stellung ein, da er vor allem als Anerkennung für seinen missionarischen Eifer – der nichts mit einer Haltung zu tun hatte, die man mit einem anachronistischen politischen Liberalismus verwechseln könnte – am 13. September 1561 zum Provinzial des Franziskanerordens für San José de Yucatán und Guatemala ernannt wurde.

Die Tatsache, daß die Eingeborenenbevölkerung weiter Geheimkulte praktizierte, muß in ihrer ganzen Tragweite verstanden werden, denn bei den Indios bildete die Religiosität keinen gesonderten Kulturbereich, sondern war in alle Handlungen integriert und demzufolge der zentrale Aspekt des kulturellen Lebens der Gemeinschaft. Als höchste religiöse Autorität in der Region übte Diego de Landa das Amt des Inquisitors aus und ließ sich bei seinem Vorgehen von der weltlichen Macht unterstützen, um die Indios zu verfolgen, die nach seinem Dafürhalten der Ketzerei schuldig waren. Nach dem Autodafé von Maní stellten die Encomenderos die Rechtsgrundlage der von Diego de Landa ausgeübten inquisitorischen Vollmachten in Frage. Am 14. August 1562 kam Fray Francisco de Toral, der 20 Jahre als Missionar in Mexiko gewirkt hatte, als erster in Yucatán residierender Bischof nach einem Aufenthalt in San Francisco de Campeche nach Mérida; er zweifelte die Zweckmäßigkeit der von Landa ergriffenen Maßnahmen an, die gefangengesetzten Indios erhielten ihre Freiheit zurück, und Diego de Landa wurde förmlich angeklagt, sich bischöfliche Macht bei einem Ketzerprozeß und Autodafé angemaßt zu haben.

Diego de Landa mußte 1563 nach Spanien zurückkehren, um sich gegen diese Anklage zu verteidigen. Der Westindienrat verwies den Prozeß an Pedro Bobadilla, den Provinzial des Franziskanerordens von Kastilien. Francisco de Guzmán wurde mit dem Verfahren beauftragt, das sechs Jahre dauern sollte und bei dem er sich von Beamten, Juristen und Ordensgeistlichen beraten ließ. 1566, während des Prozesses, schrieb Diego de Landa als Guardian des Klosters San Antonio de Cabrera seine *Relación de las cosas de Yucatán*, die er nach dem Vorbild anderer Reisender als eine Denkschrift verfaßte.

Der Bericht der Untersuchungskommission fiel zugunsten Diego de Landas aus: Es stellte sich heraus, daß sein Vorgehen sich in Übereinstimmung mit einer 1522 erlassenen Bulle Papst Hadrians VI. befand, in der Hadrian den in Amerika tätigen Bettelorden bischöfliche Vollmachten verlieh, wenn es in der betreffenden Provinz keinen residierenden Bischof gab. Mit dieser Bestätigung der Autorität und der Vorrechte des Ordens wurden nun die von Diego de Landa ergriffenen Maßnahmen nicht nur als sinnvoll, sondern sogar als zurückhaltend angesehen, und das Urteil von 1569 sprach Landa deshalb von jeder Anklage frei. Auf Grund dieser neuentstandenen Lage wurde Diego de Landa zum Bischof Yucatáns ernannt, um die Nachfolge des 1571 verstorbenen Francisco de Toral anzutreten: Der Westindienrat wandte sich an Philipp II. und dieser an Pius V., der Landa für das Amt bestimmte, was in den Bullen des neuen Papstes Gregor XIII. vom 15. und 16. November 1572 bestätigt wurde. Im folgenden Jahr trat Landa sein neues Amt in Mérida an, das er bis zu seinem frühen Tod am 29. April 1579 ausübte.

Diego de Landa hatte Freundschaft mit einem Kaziken geschlossen, der Juan Nachi Cocom hieß. Ihm und Gaspar Antonio Chi, einem anderen Kaziken, der 1582 eine eigene kurze *Relación* geschrieben hat, sowie einigen Maya-Priestern verdankte Landa die Kenntnisse, die er in seiner *Relación de las cosas de Yucatán* verarbeitet hat. Er gewann sein Wissen also durch den Zugang zu den mündlichen Überlieferungen der Indios, die er im Zusammenhang mit seinem allgemeinen Vorhaben aufzeichnete, die Predigt des Evangeliums und die Missionstätigkeit zu erleichtern. Deshalb gab er die oralkulturellen Inhalte nur fragmentarisch wieder, denn Sachverhalte, die Landa für unwichtig hielt, wurden von ihm nicht berücksichtigt. Seine Dokumentation und Interpretation ordnen sich somit in die kolonialen Strategien ein, das Wissen über die Eingeborenenkulturen zu systematisieren, um so das eigentliche Ziel des kolonialen Eingriffs zu unterstützen.

Die Rezeptions- und Wirkungsgeschichte der *Relación de las cosas de Yucatán* in ihrer Entstehungszeit ist weitgehend unbekannt. Es ist anzunehmen, daß Landa das Manuskript nach Amerika mitnahm und im Franziskanerkloster von Mérida hinterlegte; 1581 wird sein Werk in einer anderen *Relación* erwähnt. Da das Original vernichtet oder verschollen ist, wurde für seine Übermittlung eine Abschrift ausschlaggebend, deren Geschichte nur bis zur Mitte des 19. Jahrhunderts zurückreicht: 1863 entdeckte ein ehemaliger guatemaltekischer Verwaltungsbeamter, ein Sammler von Manuskripten und Kodizes, der außerdem katholischer Priester war, der französische Abbé Charles Étienne Brasseur de Bourbourg (1814–1874), in der Madrider Biblioteca de la Academia de Historia im Inneren eines anderen eingebundenen Manuskriptes die Blätter einer Abschrift der *Relación,* die sich allerdings als unvollständig erwies. 1864 veröffentlichte er diesen Text zusammen mit einer parallelen französischen Übersetzung. Doch es mußten noch ungefähr zwei Jahrzehnte vergehen, bevor die *Relación* – als Folge des internationalen Aufschwungs der archäologischen Forschungen, die Ende des 19. Jahrhunderts das Wissen über die Griechen, die Zivilisationen des Orients und Amerikas so grundlegend veränderten – neue Aktualität gewann. Durch die wissenschaftlichen Untersuchungen des Engländers Alfred Percival Maudslay wurde Diego de Landas Denkschrift aus einer antiquarischen Kuriosität allmählich zu dem „monumentalen" Werk, das man schon Anfang des 20. Jahrhunderts in ihr sah.

Diego de Landas Buch ist mit vier Problemen der Maya-Forschung verbunden, die seinen Quellenwert erneut bestätigt haben. Der Deutsche Ernst Wilhelm Förstemann konnte, ausgehend von Diego de Landas Bemerkungen über den Maya-Kalender, die Korrelation zwischen diesem und dem Gregorianischen Kalender herstellen, was bei den Forschern zu einer Neubewertung der Astronomie, der Mathematik und des eigentlichen Kalendersystems der Mayas führte. Später, bereits in den fünfziger Jahren unseres Jahrhunderts, griff der sowjetische Wissenschaftler Juri Knorozov auf das damals völlig in Mißkredit geratene, von Diego de Landa angeführte „Alphabet" zurück, als er sich mit dem Problem der Maya„schrift" beschäftigte. Dieses „Alphabet", das zweifellos Teil eines grundsätzlichen kulturellen Mißverständnisses ist, gehörte vielleicht auch zu Landas Traum, eines Tages die Bibel in Maya-Glyphen vorzulegen, so wie es Katechismen in Testerianischen Schriftzeichen gab, einer Kombination der bilderschriftlichen Prinzipien der Indiobevölkerung Mexikos und der europäischen Schriftprinzipien des Alphabetischen. Nachdem Champollion den Weg zum Verständnis der Piktogramme, Ideogramme und Phonogramme und ihrer Kombinationen in der ägyptischen Hieroglyphenschrift gebahnt und damit das Vorurteil gegen die nichteuropäischen Schriften durchbrochen hatte, die nicht mit dem chinesischen Ideogrammsystem übereinstimmen, das als vollkommen angesehen wurde, weil es unabhängig von der gesprochenen Sprache existiert, hielt man nun Diego de Landas „Alphabet" für den Rosette-Stein der Maya-Forschung, da Landa versucht hatte, Entsprechungen zwischen zwei Schriftsystemen festzuhalten.

Außer den 1954 von Paul Rivet veröffentlichten Forschungen über die Maya-Städte, in denen nachgewiesen wurde, daß sie tatsächlich Wohnstädte und nicht nur Zeremonialzentren waren, wie diese sich in den Städten befanden, sind auch die in den letzten Jahren geführten Diskussionen über den eigentümlichen Charakter der Maya-Zivilisation, -Kultur und -Gesellschaft zu erwähnen. Man konnte die Ursprünge der gesellschaftlichen Organisation und der politischen Machtstruktur der Yucateken im sogenannten konischen Clan ermitteln. Es handelt sich dabei um eine umfangreiche Gruppe von gemeinsamer Herkunft, deren Abgrenzungen und Schichtungen sich an den Abstammungslinien vollziehen und deren Mitglieder sich nach ihrer jeweiligen Entferntheit von dem gemeinsamen Vorfahren unterscheiden. Gerade deshalb ist der erstgeborene Sohn vor allen anderen Kindern dazu bestimmt, die höchste Stellung einzunehmen, während alle übrigen Nachkommengruppen sich in einen ältesten Zweig oder eine Hauptlinie und andere zweite oder jüngere Linien unterteilen. Die Stellung des Häuptlings (Kaziken) beruht als Institution auf dem Clan als geschlossener politischer Einheit mit gemeinsamer Abstammung, wie es Marshall Sahlins und andere zeitgenössische Ethnologen mit ihren Untersuchungen in anderen Weltregionen nachweisen konnten. Die Theokratie der Mayas stützt sich nach den Worten des Archäologen Miguel Rivera Dorado, des Herausgebers einer modernen, der vorliegenden Übersetzung als Ausgangspunkt dienenden Transkription der *Relación de las cosas de Yucatán* (Madrid 1985), „auf das Monopol der religiösen Aktivitäten durch das vornehmste Geschlecht, mit dessen Häuptling als höchstem Priester und Herrscher und mit dem Begründer der Verwandtschaftsgruppe als Gott und legitimierender Quelle aller Autorität". In der klassischen Periode der Maya-Gesellschaft soll eine männliche Abstammungslinie vorgeherrscht haben, wie man in Tikal feststellen kann, während es im Tiefland und in jüngerer Zeit wiederholt Darstellungen von Frauen gibt, deren Stellung jener der männlichen Figuren gleicht.

Die Tatsache, auf die Eric Thompson hingewiesen hat, daß die ganze Maya-Kunst anscheinend im Dienst der Götter gestaltet wird, war eine Bestätigung für die Leitung des gesamten Lebens der Mayas durch die Priester. Auf die notwendige Vorausbestimmung der genauen Zeitpunkte des landwirtschaftlichen Zyklus soll die Priesterwissenschaft eine Antwort gefunden haben: Ausgehend von astronomischen Beobachtungen wurde hierauf eine Methode ersonnen, um die Variationen der Himmelserscheinungen zu berechnen, was der Erfindung eines sehr genauen mathematischen Systems gleichkam. Schließlich setzte sich die Vorstellung einer friedlichen Theokratie allgemein durch, wo die politisch-religiösen Herrscher gemeinsam mit den Mitgliedern ihres Geschlechts in den als Kultmittelpunkten dienenden Städten lebten, die von den Bewohnern kleinerer Zentren, den Angehörigen jüngerer Geschlechter, und den Bauerngeschlechtern aufgesucht wurden, um den Tribut und die zu ihm gehörenden Dienste – bei den Bauten und anderen öffentlichen Arbeiten – zu leisten und die Feste des landwirtschaftlichen Zyklus innerhalb des heiligen zweihundertsechzigtägigen Jahres zu feiern. Die Bevölkerung, die verstreut im tropischen Urwald lebte, erlangte somit Integration und Zusammenhalt durch die Lebensweise, die ihr die herrschende Minderheit der Priester vorschrieb, indem sie Arbeiten auferlegte und Belohnungen übergab, was bei den großen Ritualen auf jenen Festen geschah. Das Ritual sollte der wichtigste Integrationsmechanismus sein, da die Verwandtschaftsgruppen sich nach ihrer jeweiligen Nähe zu einem gemeinsamen mythischen und göttlich verehrten Vorfahren aufgliederten. Das große Rätsel dieser friedlichen, sich ganz der Betrachtung des Himmels widmenden Theokratie war der Zusammenbruch, der vor zehn Jahrhunderten eintrat und ihre Auflösung bewirkte.

Die Wandgemälde der im tropischen Urwald von Chiapas liegenden und erst 1946 wiederentdeckten Maya-Stadt Bonampak, die eine blutige Schlacht und mißhandelte Gefangene darstellen, sowie die Festungswerke und Verteidigungsanlagen, die man zunehmend auffand, vor allem die Stadtmauer von Tikal, haben den Status der Kriegergruppen als spezialisierte soziale Schichten und die Rolle verdeutlicht, die sie im Rahmen des für die klassische Periode eigentümlichen politischen Strukturwandels spielen konnten. Hierzu gehören als Tendenzen sowohl die Möglichkeit, das kulturelle System zu säkularisieren, wie auch die, die stabilisierende hierarchische Ordnung zu durchbrechen, denn es ist anzunehmen, daß in dieser Ordnung die sozialen Rangstufen ebenfalls mit der ökonomischen Umverteilung verbunden waren: Die gesellschaftlichen Gruppen leiten ihren Status vom System der zentralisierten Sammlung der lokalen Überschüsse her, und dieser landwirtschaftliche Mehrertrag wurde demzufolge von staatlichen Organismen ausgetauscht; sie erhielten dafür andere Güter, die wieder unter der Bauernbevölkerung verteilt wurden. Der Charakter des Krieges selbst veränderte sich: Er verwandelte sich in einen Eroberungskrieg. Die kleinen Städte führten Kriege, um ihren Einflußbereich zu erweitern, während die Krieger sich persönlich bereicherten. Das alte Machtgefüge, die Institution des Königtums und die bis dahin gültige soziale Symbolik verloren ihre Gültigkeit. Das Bild, das die Maya-Kultur jetzt bietet, unterscheidet sich von dem früheren: Es ist das einer kriegerischen dynastischen Kultur und einer dynastischen Kunst.

Dieser sich gerade herausbildenden neuen Konzeption zufolge spielt in der Maya-Zivilisation allem Anschein nach das Opfer eine zentrale Rolle, und das sowohl bei der Institution des bereits aus Mexiko bekannten „Blumenkrieges" wie bei dem Ritual des Blutopfers der Maya-Könige, das im Jahre 1986 von Linda Schele und Mary E. Miller eingehend untersucht wurde. Diego de Landa schreibt hierüber in seiner *Relación:* „Sie opferten von ihrem eigenen Blut, indem sie sich manchmal runde Stücke aus den Ohren schnitten, und diese verunstalteten Ohren blieben ihnen als Zeichen zurück. Bei anderen Gelegenheiten durchbohrten sie sich die Wangen und dann wieder die Unterlippen; manchmal machten sie sich Einschnitte in bestimmte Körperteile; manchmal durchlöcherten sie sich die Zunge mit schrägen seitlichen Stichen, und unter schlimmsten Schmerzen zogen sie Strohhalme durch die Löcher; dann wieder rissen sie sich die überflüssige Haut des Schamgliedes ab, so daß dieses wie die Ohren aussah (…)". Die Untersuchung Scheles und Millers enthält detaillierte Beschreibungen des Ritus, seiner Instrumente, Bedingungen und Entwicklung, wie sich dies aus den Darstellungen der verfügbaren archäologischen Monumente ergibt. An einem Relief in Yaxchi-

ián, das eine am 28. Oktober 709 gefeierte Zeremonie dar-
stellt, kniet vor dem König Schild-Jaguar, der als Büßer
gekleidet ist und eine große, einen unterirdischen Raum er-
leuchtende Fackel trägt, die Königin Xoc, sie zieht durch
ihre durchbohrte Zunge eine lange Dornenschnur, die in einen Korb mit blutgetränktem Papier fällt. Auf einem anderen Relief hat sich Vogel-Jaguar, der Sohn Schild-Jaguars,
bei dem sich der Verwalter eines Distrikts befindet, die
Vorhaut mit einer Lanzette durchbohrt, die einen Feder-
busch trägt, und Vogel-Jaguar verteilt das austretende Blut
mit den Händen und läßt es in einen Behälter mit Papier
fließen, das verbrannt werden soll, nachdem es das Blut auf-
gesaugt hat. Auf dem zuerst erwähnten Relief von Yaxchilán erscheint Schild-Jaguars Gattin mit leeren Augen, als be-
fände sie sich in Trance. Auf einem dritten Relief derselben
Reihe ist wieder die kniende Xoc zu sehen, die in der linken Hand einen Behälter mit blutgetränktem Papier und
zwei heiligen Lanzetten trägt, während die andere Hand
eine Opfergeste macht. Aus dem Korb, der auf dem Boden
steht und blutgetränktes Papier, heilige Lanzetten und die
dornenbesetzte Opferschnur enthält, erhebt sich die Vision
einer doppelköpfigen Schlange, deren Rachen ein Krieger
zu entsteigen scheint: Er trägt die Attribute des Regengot-
tes Chac (dem der aztekische Gott Tlaloc entspricht) und
richtet seine Lanze auf die Königin. Das Bild der Schlange
ist – sowohl in Verbindung mit Darstellungen des Blutopfers als auch unabhängig von ihm – immer wieder auf Stelen, Reliefs, Keramiken und verschiedenen weiteren Ge-
genständen aus anderen Materialien zu finden. Es
vermittelt Vorstellungen, die in der Kosmologie verwurzelt
sind und von der Gemeinschaft geteilt werden, und stellt
die Verbindung zwischen Lebenden, Vorfahren und Göttern dar.

Die *Relación de las cosas de Yucatán* zeigt mit ihrer Anwen-
dung hispanischer Maßstäbe und ihrer eingeschränkten
Sicht der Maya-Kultur, die nur als Mittel für ihr fremde
Ziele – wie es etwa die Katechisierung sein konnte – mit
Aufmerksamkeit und Anteilnahme betrachtet wird, in
welch begrenztem Umfang die Erfahrungen verarbeitet
sind, die Diego de Landa während der Konquista und der

Kolonisation sammelte. Seine Haltung hat nichts mit jener „theoretischen Neugier" zu tun, wie sie Blumenberg zufolge den Beginn der Neuzeit kennzeichnete und man sie im Werk eines anderen Franziskaners entdecken konnte: in der *Historia general de las cosas de Nueva España* („Allgemeine Geschichte der Angelegenheiten Neuspaniens") Bernardino de Sahagúns. Wenn jedoch das christlich-eurozentristische Weltbild die Seiten der *Relación* Diego de Landas prägt, so verweist ihre Rezeptionsgeschichte heute auf eine andere Möglichkeit: die, andere Welten zu erkunden, wenn die bloße Möglichkeit des Exotischen in unserer eigenen Welt endgültig verschwunden ist.

Die 1864 erschienene Erstausgabe der *Relación de las cosas de Yucatán* enthielt auch, wie bereits erwähnt, die französische Übersetzung Brasseur de Bourbourgs. Alfred M. Tozzer legte die erste mit Anmerkungen versehene Ausgabe vor, die 1941 in der Reihe Papers of the Peabody Museum in Cambridge, Massachusetts, veröffentlicht wurde. Zu der französischen und englischen Übersetzung kam 1983 eine mit Anmerkungen versehene italienische Teilübersetzung von Giorgio Silvini hinzu. Die vorliegende Übersetzung von Ulrich Kunzmann ist die erste Ausgabe der *Relación de las cosas de Yucatán* in deutscher Sprache.

März 1989                                                   *Carlos Rincón*

# Quellen- und Rechtsnachweis

*Die moderne Erfindung der alten Maya* aus:
Linda Schele / Mary Ellen Miller: The Blood of Kings – Dynasty and Ritual in Maya Art. George Braziller, INC., New York, in association with the Kimbell Art Museum, Fort Worth 1986

The British Museum, London (Bild XVI und Umschlag)
Sächsische Landesbibliothek Dresden (Bild VIII, IX)
Seattle Art Museum (Bild III)
Kimbell Art Museum, Fort Worth (alle übrigen Bilder)

# Inhalt

Arnold Zweig
Bilanz der deutschen Judenheit

Ein Versuch

Herausgegeben von Kurt Pätzold
302 Seiten. RBL 1391. 12,– DM
ISBN 3-379-00680-7

Eine Fülle von Namen taucht auf, von Moses Mendelssohn
bis zu Sigmund Freud und Albert Einstein – Ärzte und
Philosophen; Naturwissenschaftler und Erfinder; Bankiers
und Unternehmer; Musiker und Schauspieler; Juristen,
Schriftsteller und Journalisten – viele von ihnen Pioniere,
Wegbereiter, Anreger des Neuen. Mehr noch: Die deutschen Juden waren, nach Zweig, auch »Vorposten und Vertreter Westeuropas im deutschen Geiste« – und die ver-
meintliche »nationale Erneuerung« des Jahres 1933, die all
dies verwarf und ausstieß, eine einzige nationale Verstüm-
melung!
Nun endlich, nach dem Ende der DDR, liegt zum erstenn-
mal eine »gesamtdeutsche Ausgabe« eines Buches vor, das
zu den letzten eindrucksvollen Selbstzeugnissen des deutschen Judentums zählt und noch einmal an die so fruchtbare wie konfliktreiche »deutsch-jüdische Symbiose« erinnert.

Achim von Borries in: Radio Bremen

Robert Schneider
Dreck

71 Seiten. RBL 1469. 12,– DM
ISBN 3-379-01469-9

Ein Mann betritt die Bühne mit einem Strauß Rosen im
Arm. Er verkauft an den Abenden die Blumen, um sein
Studium zu finanzieren. Der Mann heißt Sad, er ist Araber.
So sehr ist der Haß der Inländer in ihm Fleisch geworden,
daß er ihn gegen sich selbst richtet. Es stimmt, sagt er, ich
bin dreckig. Ich wasche meine Hände, aber ich bleibe drek-
kig. Das stimmt. Seine Rede steigert sich, wird leidenschaft-
lich, wird verzweifelt. Er redet weiter. Er schreit – schreit
um sein Leben. Der hilflose Versuch des Rosenverkäufers,
sich selbst zum Verschwinden zu bringen, macht beklem-
mend die Gnadenlosigkeit und Brutalität des Alltäglichen
erfahrbar, in dem für Fremdes kein Platz ist.

Es gibt kein besseres aktuelles Stück gegen Fremdenfeind-
lichkeit.

Ulrich Fischer in: Bayrischer Rundfunk

10. -